工业互联网赋能智造系列教材

区块链工业应用技术

主　编　孔宪光
副主编　孙雪华　殷　磊　冷杰武　林　颖
参　编　胡　雪　贾　超　高云鹏　廖宇桥
　　　　梁漱洋
主　审　张　洁

机械工业出版社

本书共 10 章，从区块链的工作原理、基础架构与发展趋势等方面，介绍了区块链技术与工业互联网大数据的关系，区块链在企业内部、供应链、跨产业链中的应用，还介绍了目前典型区块链与工业区块链平台，以及应用实践案例。本书实用易学、简繁得当，分析了当前的工业区块链的现状与发展趋势，描述了工业区块链与工业互联网的关系，紧密贴合平台服务与产业应用，帮助读者厘清概念、掌握技术、熟悉应用、了解趋势。

本书可作为普通高等院校或大专院校机械、控制、计算机、通信、网络安全、工业互联网、智能制造、大数据、人工智能等专业的选修教材，也可供从事工业区块链研究、教学的专业人员使用，以及企业、研究所、政府部门的工程技术人员、管理人员自学和参考。

图书在版编目（CIP）数据

区块链工业应用技术 / 孔宪光主编. -- 北京：机械工业出版社，2024.9. -- (工业互联网赋能智造系列教材). -- ISBN 978-7-111-76297-3

Ⅰ. F403-39

中国国家版本馆 CIP 数据核字第 2024HA3571 号

机械工业出版社（北京市百万庄大街22号　邮政编码100037）
策划编辑：赵亚敏　　　　　　　　　　责任编辑：赵亚敏　王　芳
责任校对：孙明慧　张慧敏　景　飞　　封面设计：张　静
责任印制：李　昂
北京捷讯佳彩印刷有限公司印刷
2024年10月第1版第1次印刷
184mm×260mm・12印张・271千字
标准书号：ISBN 978-7-111-76297-3
定价：39.80元

电话服务　　　　　　　　　　　　网络服务
客服电话：010-88361066　　　　　机　工　官　网：www.cmpbook.com
　　　　　010-88379833　　　　　机　工　官　博：weibo.com/cmp1952
　　　　　010-68326294　　　　　金　书　网：www.golden-book.com
封底无防伪标均为盗版　　　　　　机工教育服务网：www.cmpedu.com

工业互联网赋能智造系列教材编写委员会

指导顾问： 李培根（华中科技大学）

主任委员： 张　洁（东华大学）

委　　员（按姓氏笔画排序）

　　　　　　王万良（浙江工业大学）

　　　　　　孔宪光（西安电子科技大学）

　　　　　　冯毅雄（浙江大学）

　　　　　　史彦军（大连理工大学）

　　　　　　朱海华（南京航空航天大学）

　　　　　　吕佑龙（东华大学）

　　　　　　李　浩（郑州轻工业大学）

　　　　　　李敏波（复旦大学）

　　　　　　汪俊亮（东华大学）

　　　　　　高　亮（华中科技大学）

　　　　　　秦　威（上海交通大学）

　　　　　　雷亚国（西安交通大学）

Preface 前言

随着第四次工业革命的到来，以信息技术与制造技术融合为核心的智能制造、数字制造、网络制造等新型制造模式，正在对制造业未来的发展方向产生深远影响。工业互联网作为互联网和新一代信息技术与工业系统全方位深度融合形成的产业和应用形态，是工业智能化发展的关键综合信息基础设施。

在工业数字化、网络化、智能化转型需求带动下，以泛在互联、全面感知、智能优化、安全稳固为特征的工业互联网不断发展壮大。随着与制造业加快融合，新一代信息技术在产业链、供应链上下游不断延伸，网络和数据安全已成为关乎国家安全、经济社会发展、传统制造业转型升级的重大主题。2019年7月26日，工业和信息化部、教育部等10部门联合印发了《加强工业互联网安全工作的指导意见》，明确提出了利用区块链等新技术提升企业工业互联网安全防护水平。

区块链技术具有可信协作、隐私保护等技术优势，可与工业互联网实现深度融合，尤其是在工业互联网数据的确权、确责和交易等领域有着广阔应用前景。首先在工业互联网数据确权方面，利用区块链数字签名技术可以有效地解决工业互联网数据确权问题，保障数据所有方对数据的权属关系；同时利用区块链共享账本、智能合约、时间戳等技术，能够保障工业互联网数据流通的可靠性。其次，区块链加密技术、冗余存储和匿名隐私保护技术，可以有效解决工业互联网数据文件失窃和篡改问题，降低企业数据丢失带来的商业风险，为构建国家工业互联网数据资源管理和服务体系提供坚实的技术基础。因此，开展工业互联网+区块链的深度应用和创新发展相关研究，对促进我国工业生产数字化、网络化和智能化转型，推动实体经济高质量发展具有非常重要的意义。

2020年12月，工业和信息化部发布《工业互联网创新发展行动计划（2021—2023年）》，明确提出推动边缘计算、数字孪生、区块链等与工业互联网融合的技术研究，加强融合产品及其解决方案的测试验证和商业化推广。可以预见，工业区块链和工业互联网将在标识解析、协同制造、供应链金融、边云协同、行业创新应用等工业区块链多个领域实现融合发展。目前，我国区块链产业正在逐步形成中，已经开始在供应链金融、征信、产品溯源、版权保护、数字身份、政务数据流转、疫情防治等领域快速应用。加快区块链与工业互联网深度融合，有利于实体经济"降成本""提效率"，构建"诚信产业环境"，推动我国经济体系实现技术变革、组织变革和效率变革。

工业区块链在发展的过程中，也面临许多挑战。一是相关的法律法规和监管政策有待完善。区块链领域尚无完备的法律法规和监管政策，亟须建立健全工业数据有序流动监管机制。二是工控区块链标准化建设基本空白。区块链已有一些通用标准，但在工业互联网领域尚处于起步阶段，不利于"工业互联网+区块链"的应用推广。需要加快标准制定步伐，为"工业互联网+区块链"技术研发、产业推广和深化应用奠定坚实基础。三是工业应用场景复杂度高，落地难度大。"工业互联网+区块链"应用场景复杂，涉及工业生产制造全过程、全产业链、产品全生命周期等多环节、多领域、多场景，增加了区块链技术研发、产品开发和应用推广的复杂性。

区块链作为信息技术时代新型基础设施建设的信任基石，无论从安全角度还是改善运营效率和降低成本的角度，其应用空间都势必从虚拟货币、金融领域向工业互联网等领域渗透。因此，更需要大家全面了解工业区块链概念、技术及应用，急需一本深入介绍其原理、系统地介绍技术、全面地介绍平台应用汇聚多方面知识点的教材和专业书籍，为我国工业区块链人才培养和产业发展助力。

正如党的二十大报告所强调的："我们要坚持教育优先发展、科技自立自强、人才引领驱动，加快建设教育强国、科技强国、人才强国，坚持为党育人、为国育才，全面提高人才自主培养质量，着力造就拔尖创新人才，聚天下英才而用之。"本书正是在这一精神指导下，通过融入"数字技术的世界""大国工匠：大勇不惧""科学家精神""身经百战的'汉阳造'""'两弹一星'精神"等课程思政元素的融入，旨在培养学生的创新意识和社会责任感，激发他们对科技探索的热情，同时加深对国家发展战略和科技创新重要性的理解。

本书共 10 章，从区块链工作原理、基础架构与发展趋势等方面，介绍了区块链技术与工业互联网大数据的关系，区块链在企业内部、供应链、跨产业链中的应用，还介绍了目前典型区块链与工业区块链平台，以及应用实践案例。本书实用易学、简繁得当，分析了当前工业区块链的现状与发展趋势，描述了工业区块链与工业互联网的关系，紧密贴合平台服务与产业应用，帮助读者厘清概念、掌握技术、熟悉应用、了解趋势。因此，本书可作为普通高等院校或大专院校机械、控制、计算机、通信、网络安全、工业互联网、智能制造、大数据、人工智能等专业的选修教材，也可供从事工业区块链研究、教学的专业人员使用，以及企业、研究所、政府部门的工程技术人员、管理人员自学和参考。

本书由孔宪光教授担任主编，孙雪华、殷磊、冷杰武、林颖担任副主编，胡雪、贾超、高云鹏、廖宇桥、梁漱洋参编。孔宪光编写前言、第 1 章、第 2 章，贾超、高云鹏参与编写；殷磊编写第 4 章、第 5 章、第 8 章，胡雪、廖宇桥参与编写；冷杰武编写第 6 章、第 7 章；孙雪华编写第 3 章、第 10 章；林颖编写第 9 章，梁漱洋参与编写。东华大学张洁教授对本书大纲提供了指导，中国工业互联网研究院李霖、中国电子技术标准化研究院苏伟和王程安也对本书提出了宝贵意见，在此表示衷心的感谢。

感谢西安电子科技大学智能制造与工业互联网（大数据）研究中心、西安邮电大学工业互联网研究院、陕西省电子制造 SMT 产线质量大数据工程中心、陕西省 5G+ 工业互联网通信终端技术工程中心、西安市工业大数据与智能系统工程中心、西安市智能质检创新联合体的积极参与。感谢一直以来华为、中兴通讯、中国信息通信研究院、中国电子技术标准化研究院、中国工业互联网研究院、工业和信息化部电子第五研究所、国家工业信息安全发展研究中心、腾讯、网易、陕西瀚光数字科技有限公司、无锡启工数据科技有限公司、中国航天精密机械研究所、陕汽、陕西法士特汽车传动集团有限责任公司、陕西柴油机重工有限公司、中国航空油料集团有限公司研发中心、三一重机、西电集团、西飞、中航工业第一飞机设计研究院、南京康尼、中电科十所、西安市工业互联网研究院、安庆精密机电装备智能制造研究院等合作单位的大力支持！

编　者

Contents 目录

前言
第1章 绪论 ········· 1
  1.1 工业互联网的发展现状 ········· 1
  1.2 区块链的发展现状 ········· 3
  1.3 区块链对工业互联网发展的作用 ········· 5
  1.4 工业区块链的发展现状 ········· 7
  1.5 本章习题 ········· 9

第2章 区块链的工作原理 ········· 10
  2.1 区块链的基本概念 ········· 10
  2.2 区块链的类型 ········· 10
  2.3 区块链的特征 ········· 14
  2.4 区块链的发展历程 ········· 15
  2.5 区块链的核心技术 ········· 17
    2.5.1 分布式账本 ········· 17
    2.5.2 共识算法 ········· 19
    2.5.3 密码学 ········· 20
    2.5.4 智能合约 ········· 21
  2.6 本章习题 ········· 22

第3章 区块链的基础架构 ········· 24
  3.1 区块链体系架构和工业区块链架构 ········· 24
  3.2 数据层 ········· 27
    3.2.1 数据的存储 ········· 27
    3.2.2 数据安全 ········· 31
  3.3 网络层 ········· 33
    3.3.1 P2P 网络 ········· 33
    3.3.2 数据传播机制 ········· 35
    3.3.3 数据验证机制 ········· 35
  3.4 共识层 ········· 36
    3.4.1 共识层简介 ········· 36
    3.4.2 共识算法的理论基础 ········· 37
    3.4.3 拜占庭容错技术 ········· 40
    3.4.4 典型的共识层机制 ········· 42

3.5 合约层 ··· 44
　　3.5.1 智能合约框架 ··· 44
　　3.5.2 智能合约典型技术 ··· 46
3.6 应用层 ··· 47
　　3.6.1 应用层简介 ·· 47
　　3.6.2 应用层使用的技术 ··· 48
　　3.6.3 区块链工具 ·· 50
3.7 本章习题 ··· 51

第 4 章　区块链技术与工业互联网大数据 ·· 53

4.1 工业互联网大数据背景 ·· 53
　　4.1.1 工业互联网大数据的概念 ·· 53
　　4.1.2 工业互联网大数据的主体来源 ·· 54
　　4.1.3 工业互联网大数据的关键技术 ·· 56
　　4.1.4 工业互联网大数据的技术架构 ·· 61
　　4.1.5 工业互联网大数据的核心价值 ·· 63
4.2 工业互联网大数据的发展现状与困境 ·· 66
　　4.2.1 工业互联网大数据的发展现状 ·· 66
　　4.2.2 工业互联网大数据的发展困境 ·· 67
4.3 区块链技术与工业互联网大数据的融合 ··· 70
　　4.3.1 解决数据权属问题 ··· 72
　　4.3.2 解决数据资源丰富度问题 ·· 72
　　4.3.3 解决数据质量问题 ··· 73
　　4.3.4 解决数据孤岛问题 ··· 73
　　4.3.5 解决数据安全问题 ··· 74
4.4 本章习题 ··· 75

第 5 章　工业区块链在企业内部的应用 ·· 76

5.1 设备身份管理 ··· 76
　　5.1.1 设备身份管理的发展现状 ·· 76
　　5.1.2 设备身份管理存在的问题 ·· 77
　　5.1.3 基于区块链的设备身份管理解决方案 ··· 78
5.2 可信访问控制 ··· 80
　　5.2.1 访问控制的发展现状 ·· 81
　　5.2.2 访问控制存在的问题 ·· 82
　　5.2.3 基于区块链的访问控制机制 ··· 83
5.3 本章习题 ··· 88

第 6 章　工业区块链在供应链中的应用 ·· 89

6.1 传统供应链管理的难题 ··· 90

	6.2	工业区块链应用于供应链管理的优势	91
	6.3	基于工业区块链的企业信息化参考架构	92
	6.4	工业区块链在供应链管理中的应用场景	93
		6.4.1 工业区块链使能的工业物联网	93
		6.4.2 工业区块链增强的供应链数字孪生	95
		6.4.3 工业区块链智能合约使能的供应链资源调度	96
		6.4.4 工业区块链赋能的产品全生命周期管理	96
	6.5	工业区块链使能的供应链分布式管理模式	100
		6.5.1 认知制造式供应链	100
		6.5.2 全球制造式供应链	101
		6.5.3 云制造式供应链	103
		6.5.4 社群制造式供应链	104
		6.5.5 开放制造式供应链	105
	6.6	工业区块链在供应链管理中的应用方向展望	106
	6.7	本章习题	106

第7章　工业区块链在跨产业链中的应用　108

	7.1	工业企业供应链金融	108
		7.1.1 工业企业供应链金融发展现状	109
		7.1.2 工业企业供应链金融存在的问题	111
		7.1.3 基于区块链的工业企业供应链金融的解决方案	111
	7.2	工业设备融资租赁	113
		7.2.1 工业设备融资租赁发展现状	114
		7.2.2 工业设备融资租赁存在的问题	115
		7.2.3 基于区块链的工业设备融资租赁解决方案	117
	7.3	工业设备二手交易	121
		7.3.1 工业设备二手交易发展现状	121
		7.3.2 工业设备二手交易存在的问题	122
		7.3.3 基于区块链的工业设备二手交易解决方案	123
	7.4	本章习题	124

第8章　典型区块链与工业区块链平台　126

	8.1	国外区块链平台	126
		8.1.1 国外区块链平台发展现状	126
		8.1.2 国外典型区块链平台	127
	8.2	国内区块链平台	130
		8.2.1 国内区块链平台发展现状	130
		8.2.2 国内典型区块链平台	131
	8.3	国外工业区块链平台	140

         8.3.1　国外工业区块链平台发展现状 ………………………………… 140
         8.3.2　国外典型工业区块链平台 …………………………………… 140
　　8.4　国内工业区块链平台 ……………………………………………………… 143
         8.4.1　国内工业区块链平台发展现状 ………………………………… 143
         8.4.2　国内典型工业区块链平台 …………………………………… 144
　　8.5　本章习题 …………………………………………………………………… 154

第 9 章　工业区块链应用案例 ……………………………………………………… 155
　　9.1　旺链"云信用"区块链电子信用凭证平台 ………………………………… 155
         9.1.1　主要痛点 ……………………………………………………… 155
         9.1.2　解决方案及应用成效 ………………………………………… 156
　　9.2　船舶供应链管理及协同设计和制造区块链平台溯源 ……………………… 157
         9.2.1　主要痛点 ……………………………………………………… 158
         9.2.2　解决方案及应用成效 ………………………………………… 160
　　9.3　基于区块链的半导体设备行业生态 ……………………………………… 161
         9.3.1　主要痛点 ……………………………………………………… 161
         9.3.2　解决方案及应用成效 ………………………………………… 161
　　9.4　工业品防伪溯源服务平台 ………………………………………………… 163
         9.4.1　主要痛点 ……………………………………………………… 163
         9.4.2　解决方案及应用成效 ………………………………………… 163
　　9.5　物联网＋区块链环保大数据管理平台 …………………………………… 166
         9.5.1　主要痛点 ……………………………………………………… 166
         9.5.2　解决方案及应用成效 ………………………………………… 167
　　9.6　基于区块链的供应链应用 ………………………………………………… 168
         9.6.1　主要痛点 ……………………………………………………… 168
         9.6.2　解决方案及应用成效 ………………………………………… 169
　　9.7　本章习题 …………………………………………………………………… 171

第 10 章　工业区块链挑战与展望 ………………………………………………… 172
　　10.1　工业区块链面临的挑战 …………………………………………………… 172
          10.1.1　技术成熟度有待提高 ………………………………………… 172
          10.1.2　技术标准和相关法规尚不完善 ……………………………… 174
          10.1.3　应用安全性存在挑战 ………………………………………… 175
　　10.2　工业区块链发展展望 ……………………………………………………… 176
          10.2.1　技术发展展望 ………………………………………………… 176
          10.2.2　应用场景展望 ………………………………………………… 177
　　10.3　本章习题 ………………………………………………………………… 179

参考文献 ……………………………………………………………………………… 181

第 1 章 绪 论

本章结合工业互联网和区块链（Blockchain）发展现状，介绍区块链技术在工业中的应用。在工业应用中，为了实现机器、车间、企业、人之间的可信互联，需要确保设备端产生、边缘侧计算、数据连接、云端存储分析、设计生产运营的全过程可信，从而触发上层的可信工业互联网应用、可信数据交换、合规监管等。面向工业应用需求，通过引入区块链技术，将会加强工业互联网的各个层面，从而实现工业区块链的快速发展。

1.1 工业互联网的发展现状

从美国的"先进制造业战略计划"、德国的"工业4.0"、日本的"互联工业"战略、英国的"高价值制造战略"到法国的"未来工业"，全球主要的经济大国、制造业大国都在积极推动制造业转型升级，新一轮科技革命和产业变革蓬勃兴起。工业互联网作为新一代信息技术与制造业深度融合的产物，日益成为新工业革命的关键支撑，对未来工业发展产生全方位、深层次、革命性影响。工业互联网已经成为国际上大多数国家实现智能制造、寻求国家经济新增长点的共同选择。

1. 组建工业互联网产业联盟

产业联盟汇聚了成员单位的优势资源，推进产学研用协同发展，使成员单位之间的成果转化和对接更加高效，共同指导产业发展，推动工业互联网进步。2014年3月，通用电气、AT&T、思科和IBM等公司成立了美国的工业互联网联盟（IIC），以此推动工业互联网技术标准化和广泛应用。德国工业4.0平台由德国机械设备制造业联合会（VDMA）、德国电气和电子制造商协会（ZVEI）等发起，协会负责技术和理念推广，研究机构负责技术开发、标准制定和人才培养，大众汽车、西门子等大型制造企业提供技术与解决方案，中小企业则以联合方式参与创新研发并分享创新成果。2016年2月1日，在工业和信息化部的指导下，工业、信息通信业、互联网等领域百余家单位共同发起成立了我国工业互联网产业联盟（AII）。截至2023年7月，联盟成员数量超过2000家，设立了"15+7+X"组织架构，先后从工业互联网顶层设计、技术研发、标准研制、测试床、产业实践、国际合作等务实开展工作，发布了多项研究成果，为政府决策、产业发展提供智力支持。

2. 各大企业积极投入研发与应用

微软、亚马逊等IT巨头与工业企业联合研发，为工业互联网平台提供各类大数据、人工智能方面的通用算法框架和工具；通信巨头思科也开始与工业企业合作，将平台连接和服务的能力应用到工厂中，帮助工业企业从各种工业以太网和现场总线中实时获得生产数据；生产制造领域的日立和东芝也分别建立了 Lumada 平台和 SPINEX 平台，从而提高了生产效率，降低了企业的运营成本，优化了自身的价值链；自动化与装备制造领域的安川、霍尼韦尔、库卡分别建立了 MMcloud 平台、Sentience 平台和 KUKA Connect 平台，为自家生产的产品提供增值服务，提高市场竞争力；随着工业互联网的迅速发展，还有许多初创企业崭露头角，像 QiO、Particle、Uptake 这样的初创企业将工业大数据、人工智能技术与互联网平台进行深入融合，提供数据分析服务，Telit、DeviceInsight、SieraaWiless 等 M2M（Machine to Machine）通信领域的初创企业发挥其在数据连接方面的优势，帮助工业企业实现资产的远程连接和在线管理，推动了工业互联网的快速发展。

3. 工业互联网带动经济的发展

我国工业互联网平台发展水平全面提升，整体呈现平台供给拉动需求、产业链下游带动上游、沿海地区向内陆辐射的发展趋势，工业互联网赋能创造业不断转型升级。工业互联网产业经济包括核心产业及融合带动的经济影响，随着工业互联网加速向各行业拓展，2019 年融合带动的经济影响占工业互联网产业经济比重已达 74.8%，工业互联网将成为国民经济中增长最为活跃的领域之一。随着工业互联网的迅速发展，在市场需求及新技术的推动下，工业互联网平台市场会保持高速发展态势。MarketsandMarkets 统计数据显示：2018 年全球工业互联网平台市场规模初步估算达到 32.7 亿美元左右，较 2017 年增长 27.24%；2023 年增长至 138 亿美元左右，年均复合增长率达 33.4%。前瞻预计未来全球工业互联网平台市场仍保持高速发展态势，到 2025 年全球工业互联网平台市场规模约 199 亿美元左右。

4. 我国工业互联网呈现蓬勃发展的良好局面

为加强我国工业互联网的顶层设计，国家出台了一系列政策来推动工业互联网的发展，给予工业互联网强有力的政策支持，彰显出我国政府对工业互联网的高度重视及布局决心。国务院在 2017 年 11 月 27 日发布了《深化"互联网＋先进制造业"发展工业互联网的指导意见》，规范和指导我国工业互联网发展，深入推进"互联网＋先进制造业"，进而深化供给侧结构性改革；2018 年 7 月工业和信息化部印发了《工业互联网平台建设及推广指南》和《工业互联网平台评价办法》，部署自此以后未来三年工业互联网平台发展的顶层设计和行动纲领，明确了系统推进工业互联网平台创新发展工作的总体思路、发展目标和主要行动，形成建平台与用平台融合的发展机制；2019 年 3 月国务院在《政府工作报告》中明确提出要打造工业互联网平台，拓展"智能＋"，为制造业转型升级赋能；2020 年 3 月 4 日，中共中央政治局常务委员会会议提出，要加快 5G 网络、数据中心等新型基础设施建设进度；2020 年 4 月，国家发展和改革委员会首次明确"新基建"范围，工业互联网、数据中心、5G 等被纳入"新基建"体系。我国正在不断地推动工业互联网建设，推进智能制造。

5. 我国工业互联网成果丰硕

目前，依托工业转型升级支持资金，在工业互联网网络、标识解析、平台、安全 4 个方向上 91 个工业互联网创新发展工程项目获得支持。从网络化改造、标识解析、平台集成创新和安全集成创新 4 个方向遴选了 72 个工业互联网试点示范项目。在标识解析方面，目前初步形成"东西南北中"的服务架构，工业互联网标识解析国家顶级节点已在北京、上海、重庆、广州、武汉五大城市陆续完成部署上线。标识解析二级节点建设也已在广东、福建、贵阳、浙江、江苏、河北、北京、湖北等地陆续启动上线。在网络层面，包括企业外网商用网络，运营商积极引用 5G、SDN（Software Defined Network）技术。中国移动、中国联通已推出专门的网络，同时也建立了商用试验网络，该网络是基于国家未来网络实验平台的发展而来的。目前，这些网络已经形成了规模庞大的环境，为工业企业提供试验和验证的机会。在平台方面，我国各类型的平台数量总计已有数百家之多，培育了超过 70 家有一定影响力的区域工业互联网平台，华为、华能、海尔等行业领先企业纷纷推出了平台产品，将工业技术能力和先进制造经验转化成高效、灵活且低成本的平台服务，提高了生产效率，降低了经营成本。平台企业发挥持续创新能力，形成了一批创新解决方案和应用模式，例如在研发设计方面，出现了像华为的"沃土"云仿真设计、索为的研发设计与产品运维一体化的平台服务；在生产制造方面，形成了像富士康的 ICT（Integrated Circuit Tester）治具智能维护、紫金的钣金行业企业云图的平台解决方案；在企业管理方面，像天智智能、黑湖科技、用友等平台利用云 ERP（Enterprise Resource Planning，企业资源计划）、云 MES（Manufacturing Execution System，制造执行系统）、云 CRM（Customer Relationship Management，客户关系管理）等服务，解决企业的生产运营管理、供应链协同与客户管理问题；在产品服务方面，树根互联、徐工信息将工程机械远程管理解决方案进行推广，实现纺织机械、工业机器人、数控机床等设备产品的远程服务；在应用模式创新上，树根互联、智能云科、天正、生意帮等企业也探索出了"平台+保险""平台+金融""平台+订单"等新模式新业态，创新解决方案和应用模式有力带动了企业数字化转型升级。此外，重点工业互联网平台平均设备连接数近 60 万台，平均工业 App 数量突破 1500 个。

1.2 区块链的发展现状

区块链技术进入工程化发展期，向多层次融合创新、业务驱动优化演变。区块链基础功能架构已趋于稳定，面向业务场景需求的工程技术优化成为业界共识。以"高效、安全、便捷"为发展目标，以核心技术优化、扩展技术融合和跨链技术突破为技术演化重点方向。

1. 区块链技术持续融合优化，精准匹配复杂业务场景

区块链技术创新持续活跃，底层功能架构趋于稳定，下一阶段的工作重点是针对企业的应用场景进行技术的优化和升级。经过数年的发展，区块链技术已经逐渐建立起一种基本的功能体系，针对商业应用的需要进行工程技术的优化已经成为行业的共识，技术的发展也会朝着更快速、更庞大、更互通、更安全、更可控的方向发展。"更快速"意味着更高的吞吐量和更快的响应，"更庞大"意味着更多的区块链节点，"更互通"意味着需要铺开更为广泛互联的区块链生态体系，"更安全"意味着进一步提升在物理、数据、应用、加密、风险控制等方面的安全能力，"更可控"意味着技术创新的稳定发展。通过多方的共同努力，支持更广泛的区块链应用落地。

为迎接区块链技术大规模、深层次应用时代的到来，融合其他新型信息技术的"区块链+"日渐成为业界共识。区块链技术在各个领域落地和运用的过程，是区块链突破行业壁垒，与5G、物联网、人工智能、大数据、云计算等新技术结合和创新的过程。目前，区块链在跨行业跨技术融合中的作用日益增强，各个企业和机构都在积极探索"区块链+"的应用领域，比如"区块链+物联网"可以实现链上链下的信息锚定，"区块链+云计算"可以降低区块链应用开发部署成本，"区块链+隐私计算"为数据可信流通提供了有效解决方案。"区块链+"技术的提出和实施，极大地拓展了区块链的应用领域，打破了之前存在的限制，并为其带来更大的价值增长。

区块链与实体经济加速融合，有力支撑国家重大战略，应用边界不断扩展。区块链应用深度和广度持续提升，脱虚向实趋势明显，在智能农业、司法存证、疫情防控、数字政府等关键领域发挥重要作用，以及在"碳达峰""碳中和"等国家重大战略方向的实现中不断体现价值，为各行业数字转型提供了新的驱动力。

2. 区块链应用脱虚向实趋势显现，新应用领域不断拓展

区块链应用围绕数据信任，脱虚向实深度服务产业发展，加速行业水平化渗透速度。区块链与其他数字技术的结合，并非"颠覆"而是"补充"，通过技术的融合，促进产业数字化的发展。在实践中，"+区块链"和"区块链+"等业务模式，更多体现了区块链在促进数据可信共享、构建可信协作体系等方面的核心价值，并充分利用其"价值互联网信任基座"的变革潜力，不断向与其技术特征相契合的应用领域实现水平化拓展。总体而言，区块链应用布局探索呈现根状蔓延态势，在应用深度层面与实体经济进一步融合，市场潜能被持续激发，产业生态不断稳固繁荣。

产业界对"双碳""开放金融""数字权属"等新理念关注度持续提升，牵引区块链技术由传统业务改造向创新业务赋能转变，为其大规模推广开辟新路径。目前，区块链技术已步入深水区，其大规模推广需要与行业的深度融合，推动产业转型升级，提质增效，为实体经济创造新的价值增量。区块链实际应用中，需要考虑时间、人力、资源等诸多因素，相较于改造现有成熟业务，引入区块链技术赋能创新业务更清晰、成本更优化、风险更可控。比如在"双碳"方面，区块链能够实现碳排放管理的高效协同和可信透明。在分布式结算方面，利用区块链的多方共识、智能合约等特点，可以实现高效的交易结算及穿透式监管。在数字货币方面，区块链智能合约赋予数字人民币可编程性，助力打造高效、便捷、开放、透明的金融系统。

区块链产业联盟化、生态化格局组件形成，我国开源体系加速构建。近年来，我国区块链产业基础、产业链条、产业环境和产业生态日益完善，区域级、行业级区块链基础设施不断涌现，产业商业模式在业务运营联盟化、技术应用开放式中寻找机遇。与此同时，我国区块链开源社区蓬勃发展，生态体系加速形成。

3. 区块链产业生态纵深发展，开源生态建设提速

区块链产业发展迅速，技术赋能实体经济的路径和模式更加清晰，区块链基础设施趋势也越来越明显。区块链技术通过共享数据、流程和规则，以及基于信任的信息流，为生产协同、流通管理、产融管理、数字金融四大经济领域提供数据流、资金流，实现数据要素的可信互联，促进参与主体之间的可信协作，服务于实体经济，推进产业互联网纵深发展。区块链基础设施作为价值互联网的关键支撑底座，具备基础性、公共性、强外部性等基本属性，能够为社会提供信任传递能力和公共服务能力，降低信任构建成本，进一步提升经济运行效率，扩大区块链技术服务范围。

我国企业主导的联盟链开源项目陆续启动，开源生态建设驶入快车道。区块链开源项目在技术突破、应用推广、人才培养、产业支撑等方面发挥着举足轻重的作用。以Hyperledger（超级账本）为代表的开源项目对我国联盟链技术应用发展产生深远影响。随着区块链技术应用价值获得认可，为了产业长远发展，我国开源生态建设逐步受到业界重视，国内区块链企业主导的底层链、中间件、智能合约框架、跨链组件等开源项目陆续启动，相应的开源社区持续保持活跃，促进我国区块链开源生态走向繁荣。

1.3 区块链对工业互联网发展的作用

工业互联网作为新一代信息技术与制造业融合发展的产物，为区块链应用提供了大量应用场景，加快了区块链与工业互联网深度融合，有利于构建可信数据资源存储、管理和服务体系，推动了工业互联网平台数据的归属确权、可靠交易和安全传输。当前，区块链技术蓬勃发展，已应用到金融科技、供应链管理、数字资产交易等多个领域，同时在工业互联网领域开始探索应用。

1. 区块链构建工业互联网平台可信数据管理体系

（1）区块链增强工业互联网数据确权可信性　　数据确权是工业互联网数据应用的重要内容，以互联网为基础的信息网络不能定义数据的权属关系，阻碍了数据向数字资产转化。

通过"区块链+工业互联网"的融合发展模式，运用数字签名等技术，能在数据所有方和使用方之间搭建一个可信、透明、可追溯的数据权属证据链，将数据所有权和数据使用权分离，实现"数据链下""索引链上"，有效地解决数据确权问题。在满足使用方对工业产品、操作流程、管理事项等数据使用需求的同时，不直接对数据进行复制、传输，保障了数据所有方对数据的唯一权属，把数据变成受保护的数字资产，作为价值物在数据管理体系下进行记录和流动。

（2）区块链保障工业互联网数据流通可靠性　　区块链共享账本、智能合约、时间戳技术与工业互联网融合发展，有利于推动数据资源向生产要素的形态演进，在确权基础上加速数据共享、流动。

一是通过共享账本保证多方参与者可基于链上同步数据进行协同验证、保存，实现数据交易、交换透明化。二是通过建立智能合约，推动工业互联网平台数据和机理模型交易

契约规则的维护和履行，提升交易的自动化、智能化水平，降低交易信用成本。三是通过区块链时间戳，形成区块按照时间顺序依次连接的链条，辅助数据和机理模型交易问题溯源查询和追责，提高数据流动可追溯性。

(3) **区块链提升工业互联网数据安全性**　区块链加密技术、冗余数据存储和匿名隐私保护技术与工业互联网深度融合，有利于提升工业互联网数据的安全性、可靠性。

一是通过哈希函数、非对称加密、多方共识验证等技术手段，来保证链上交易信息、工业数据索引不被篡改，能够有效解决传统的工业信息化在传递过程中，由于缺乏防火墙应用、数据保护措施、设备安全策略等而出现的数据文件失窃和篡改问题。二是基于区块链的冗余数据存储技术有利于降低部分节点损坏所导致的完整数据无法恢复的风险，有效解决传统的工业设备数据记录存储在单独的系统中，节点损坏会造成数据丢失的问题。三是基于区块链的匿名隐私保护技术，可降低企业数据丢失带来的商业风险。

2. 应用场景及实践

区块链具有可信协作、隐私保护等技术优势，可与工业互联网实现深度融合，尤其是在工业互联网设备工控监管、供应链透明管理、跨行业征信服务等领域应用前景广阔。

(1) **设备工控监管**　工业互联网平台可推动"三哑"设备走向互联互通，但工业设备工控监管问题也伴随而来。传统的防火墙、网闸等中心化防护设备及工控防护策略缺乏有效的交互校验机制，危险性较高。特别是对于流程工业，一旦关键控制指令被篡改，其故障流将随生产的进行向制造流程上下游传递。基于区块链技术，可建立设备工控可信鉴别机制，有效提升设备工控安全防范能力。

例如，华龙讯达烟草生产智能管控平台利用区块链技术，能够实现信息管理层、现场控制和设备层等多层级的数据安全加密防护，有效防止安全身份认证信息、生产数据文件等被恶意篡改，强化了现有系统安全防护能力，提高了整体工控系统的安全性，保障了生产系统稳定运行。

(2) **供应链透明管理**　供应链管理机制难以实现物流全流程实时追溯，为工业物料中间链的偷、跑、漏提供了风险漏洞。以区块链设计理念，将供应链管理与工业互联网结合，有利于创新云制造认证服务技术和模式，通过区块链源头追踪功能实时追踪物料流转信息，为供应链中的物流信息提供认证服务，支撑工业互联网跨企业业务协同，实现供应链全链透明管理。

例如，海尔卡奥斯（COSMOPlat）平台基于区块链技术打造的跨境"双链平台"，把货物的生产信息、物流信息、货代信息等整个链条相应节点信息上链，以客户为中心，从厂—货—箱—船—车—物联网等角度进行信息可视化，解决了信息不对称、资金周转效率低的问题。该平台上一家汽车客户企业使用系统一年时间，交付周期缩短了18%。

中电工业互联网有限公司基于中电云网和区块链技术，构建了中电工业电子商务平台，突破了高并发可信物联接入构件、工业设备资产智能评估、资产证券化、智能信用评价体系等技术瓶颈，目前已经在SMT（Surface Mounting Technology）等行业推广应用，通过将SMT生产环节数据上链，并与上游原材料采购和下游产品销售数据打通，为SMT企业融资提供便利。

（3）**跨行业征信服务**　诸多制造业企业均在建设企业信用系统，系统之间彼此割裂，政府、金融等领域信用板块之间并不互通，导致企业信用信息不对称。信用数据的共享是互联网金融的基础。区块链技术可采取分布式存储处理信用数据，使得节点间的数据完全同步且不可被篡改，有助于统一信用体系的建设，保障制造业企业征信信息安全共享，降低企业征信成本、融资成本和交易成本，进一步激活数据资产价值和创新应用。

例如徐工集团（简称徐工）在金融服务方案中运用区块链技术，探索海外二手车、备件、租赁等后市场业务形态，提供包括支付结算、在线融资等完善的跨境线上综合金融服务，从而支持基于工业互联网平台为供应链上下游客户提供金融服务，促进徐工与上下游客户的合作。

1.4　工业区块链的发展现状

工业区块链应用已进入探索阶段。近年来，国家高度重视工业互联网和区块链创新发展，已陆续发布多项政策，旨在利用区块链技术优化工业互联网中的数据互通共享、隐私和数据保护、设备安全可靠性等问题。2020年4月28日，工业和信息化部发布《工业和信息化部关于工业大数据发展的指导意见》，强调促进工业数据汇聚共享和深化数据融合创新的重要性。同年9月，工业和信息化部信息技术发展司参加2020年中国国际区块链技术与应用大会，明确提出应加快应用落地步伐，大力发展"工业互联网平台+区块链"。2021年1月，工业和信息化部发布《工业互联网创新发展行动计划（2021—2023年）》，明确提出推动边缘计算、数字孪生、区块链等与工业互联网的融合技术研究。2021年6月，工业和信息化部和中央网络安全和信息化委员会办公室联合发布了《关于加快推动区块链技术应用和产业发展的指导意见》，提出要推进"区块链+工业互联网"，提升"平台+区块链"技术融合应用能力，打造基于区块链技术的工业互联网新模式、新业态。在国家政策的指导下，钢铁、电子信息、电力等垂直行业的企业基于自身发展特点，在特定工业场景中创新性地引入区块链技术，建设工业区块链应用示范场景，目前我国工业区块链应用整体处于产业探索阶段。

工业互联网和区块链的结合被视为又一个超级风口，工业区块链的诸多应用场景渐次落地，但相关企业需要跳出传统思维，厘清自身现状与技术、资源等细节，明晰如何用好工业区块链这一"利器"。工业区块链将区块链技术运用工业互联网领域，为工业互联网上数据交换共享、确权、确责以及海量设备接入认证与安全管控等方面注入新的安全能力。区块链赋予数据难以篡改的特性，进而保障数据传输和信息交互的可信和透明，有效提升各制造环节生产要素的优化配置能力，加强不同制造主体之间的协作共享，以低成本建立互信的"机器共识"和"算法透明"，加速重构现有的业务逻辑和商业模式。

早在数年前，《2016—2045年新兴科技趋势报告》即做出预测，到2045年，将有超过1000亿的设备连接在互联网上，包括移动设备、可穿戴设备、家用电器、医疗设备、工业探测器、监控摄像头、汽车和服装等。显然，这份报告低估了万物互联的超大规模与超快速度，上述数值早已被逼近乃至迅速超越。在此期间，区块链正加速融入各行各业，与其他新兴技术加速融合，催生出新的技术和应用。其中，工业领域的拓展步伐超出预期，工业区块链更强调人与设备、设备与设备的协作，能为工业提供高质量数据，融合人工智能、大数据等新技术，能产生"化学反应"。

区块链在工业产业中有着催生新产业模式、支撑产业链大规模协作、保障工业互联网安全等功用，中国信息通信研究院工业互联网与物联网研究所所长金键提出要以区块链的技术优势作为工业互联网新型基础设施发展的关键，尽快落地针对不同工业领域和场景的应用。

目前我国工业区块链应用整体面临覆盖量级和渗透能力有限、应用供给能力不足、行业标杆性示范项目缺乏、配套应用指南尚未出台等问题，发展潜力尚待进一步挖掘。更直白的说法是，现状是工业互联网已迈入深耕阶段，工业区块链仍处于社会试验阶段，区块链技术在工业的应用有赖于工业互联网发展和工业企业数字化改革进程。

工业区块链市场领跑者之一的树根格致2021年11月发布的区块链底层技术服务平台——根链（RootChain）区块链可信产业数字化赋能平台为所在园区内的工业、制造业和软件开发企业提供针对市场通用需求的可直接使用的应用或微服务，覆盖"可信存证""工业品防伪溯源""设备融资租赁平台""产能融资""园区企业服务"五个区块链应用的典型场景。

工业区块链的概念正在兴起，相关应用加速落地，但是工业区块链落地仍面临一些难点及挑战。区块链技术仍在"性能、安全、分布式"三者兼顾方面存在"难题"，难以满足工业实际应用场景中对海量数据吞吐率、数据存储、数据安全性和隐私保护性、高并发场景续航等方面能力的要求，需要根据具体项目的特点做出取舍。其市场经济效益尚未凸显，工业场景中加入区块链技术需要对原有业务系统、底层设施进行改造，企业初期建设成本较大及业务迁移成本高昂。在区块链赋能工业互联网的经济效益尚未凸显的情况下，企业容易出现对工业区块链认知不足、建设积极性降低等情况。区块链的产业应用生态尚不完善。工业区块链的覆盖量级和渗透能力较为有限，工业区块链应用供给能力不足，行业内标杆性示范项目缺乏，配套的应用指南尚未出台，短期内发展规模有限，潜力还需进一步挖掘。

1. 技术层面

目前，大量工业产品和设备数据都存储在中心化的工业互联网平台上，但这些平台自身很难证明数据在上传到工业互联网平台之后未被篡改过。直接应用现有的区块链技术做存储（当前的大多数区块链技术只能支持100～1000TPS这个量级的写入能力）很难满足支撑工业互联网的要求。目前存在一个较大的问题是现有的区块链技术在查询分析方面的支持比较有限，通常情况下，区块链只能在数据被写入链之前进行查询和分析，或者将数据从区块链中提取出来，并在传统数据库或其他分析工具中查询和分析，这样就带来了一致性的问题。在数据存储能力方面，由于区块链的数据只有追加，没有移除，数据只会增加不会减少，随着时间的推移，区块链对数据存储大小的需要也只能持续地增大，在处理企业数据时这一趋势增长更甚。上链数据的隐私问题一直是值得研究的重点问题。工业区块链项目涉及交易信息、信用信息等敏感商业信息，因此授信平台对数据隐私保护要求很高，数据存储必须有很强的防截获、防破解能力。另外，在区块链中，几乎每一个参与者都能够获得完整的数据备份，所有交易数据都是公开和透明的，在很多场景下，对于商业机构而言，账户和交易信息是重要资产和商业机密，不希望公开分享给同行。工业 4.0 的产品或者设备所产生的数据往往是可以直接驱动后台的设备与设备、设备与人、设备与企业之间的交易协作流程的，但是如果这个数据在传输到云端的过程中被篡改，或者到了云端只能先使用云端的中心化分析引擎来提取事件，之后才能去触发相关智能合约的执行，那么就有一个"中间人"信任问题。此外，基于智能合约的大量规则流程的工业区块链应用编写，可能会阻碍可信共享应用的落地。

2. 推广层面

区块链技术在工业的应用，虽然目前市场有初步测试，但真正落地有难度。这是因为加入区块链系统需要对原有业务系统进行改造，初期可能成本很高。客户对新的技术应用需要一段适应期，短期内市场规模有限，市场潜力还需进一步挖掘。数据共享、机理共享、资源共享的关键，除了技术以外，还要有一个合理的组织形态，要使相关利益方愿意共享。区块链在解决现代工业应用痛点方面前景看好，但也面临不少问题和挑战，不仅需要在技术上、法律上、监管上有所配套，而且需要一系列行动——包括政府、工业链条各参与方、技术提供方等在内的利益相关方共同参与、推动平台建设，设立区块链标准，制订相关法律和政策及共享信息等，使区块链在工业的应用，既风险可控，又达到支持实体经济和服务企业的目的，以便获得良好的社会效益和经济效益。

1.5 本章习题

1-1 为推动工业互联网的发展，国家针对工业互联网的设计出台了哪些政策？
1-2 从网络、标识解析、平台、安全四个方向阐述我国工业互联网的成果。
1-3 区块链发展在技术层面的重点方向是什么？
1-4 区块链在"双碳"、分布式结算、数字货币等方面都有什么作用？
1-5 区块链通过何种方式促进参与主体之间的可信协作，推进产业互联网纵深发展？
1-6 区块链在构建工业互联网平台可信数据管理体系中有哪些作用？
1-7 区块链如何提升工业互联网数据安全性？
1-8 区块链与工业互联网实现深度融合有哪些前景广阔的领域应用？
1-9 用区块链设计理念，将供应链管理与工业互联网结合有哪些好处？
1-10 工业区块链在解决现代工业应用痛点方面面临哪些问题和挑战？

第 2 章 区块链的工作原理

本章主要介绍区块链的基本概念、区块链的类型、区块链的特征、区块链的发展历程以及区块链的核心技术。2.1 节从狭义和广义的角度解释区块链的基本概念；2.2 节介绍区块链的类型，从区块链的去中心化程度入手，将区块链分为公有链、联盟链和私有链三类；2.3 节介绍区块链的特征，对去中心化、不可篡改等特征进行了详细的解释；2.4 节介绍区块链的发展历程，概述了区块链从 1.0 到 4.0 各个阶段的发展情况；2.5 节介绍区块链的核心技术，如分布式账本、共识算法、密码学以及智能合约。

本章将帮助读者理解区块链的工作原理，为后续学习和应用奠定扎实的基础。

2.1 区块链的基本概念

目前尚未形成行业公认的区块链定义。

从狭义角度来讲，区块链是一种基于时间序列的分布式账本技术，它将数据区块通过首尾相连的方式组合成一种链式数据结构，以密码学为基础来保障数据的不可篡改、不可伪造等特征，其能够安全存储简单的、有先后关系的、能在系统内验证的数据。

从广义角度来讲，区块链是基于密码学、时间戳等技术来传输和验证数据，通过链式数据结构来存储数据，利用分布式节点共识机制来生成和更新数据，并通过设计可编程智能合约来实现的一种全新的去中心基础架构与分布式计算范式。

综合来看，区块链是一种由多方共同维护，使用密码学保证传输和访问安全，能够实现数据一致存储、难以篡改、防止抵赖的记账技术，也称为分布式账本技术（Distributed Ledger Technology，DLT）。区块链是比特币的一个重要概念，它本质上是一个去中心化的数据库，同时作为比特币的底层技术。区块链是一串使用密码学方法相关联所产生的数据块，每一个数据块中都包含了一次比特币网络交易的信息，用于验证其信息的有效性（防伪）和生成下一个数据块。

2.2 区块链的类型

随着区块链的不断发展以及应用，对区块链的分类也越来越细化。目前主要按照两种形式进行划分。

1）按照区块链的去中心化程度，可以将区块链分为公有链、联盟链和私有链三类。

在公有链上，任何人都能读取区块链信息，发送交易并能被确认，参与到共识过程。

公有链是真正意义上的去中心化区块链。以太坊、莱特币等也都建立在公有链架构基础之上。公有链的区块链网络采用分布式、去中心化的组织结构。正是由于这种组织结构的灵活性，公有链对网络扩展能力和共识算法的稳健性提出了更高的要求。公有链交易的安全性和不可篡改性本质上来源于底层密码学算法（数字签名、哈希算法、加密算法等）的保证，这使得其在公开的互联网环境中，建立了一套互信和共识机制。共识过程可以决定哪个区块可被添加到区块链中和明确当前区块的状态。公有链主要采取工作量证明（Proof-of-Work，PoW）、权益证明（Proof-of-Stake，PoS）、股份授权证明（Delegated Proof-of-Stake，DPoS）等共识算法，将经济奖励和加密数字验证结合起来，达到去中心化和全网达成共识的目的。公开与透明是公有链的最主要特征，任何个人都可以加入记账。也正因为如此，随着参与共识的人越来越多，验证和完整交易需要越来越长的时间，效率变低，资源消耗巨大。例如，在2018年，比特币挖矿算力所消耗的电量堪比瑞士一个国家的总耗电量，这相当于当年全球供电量的0.21%。公有链如图2-1所示。

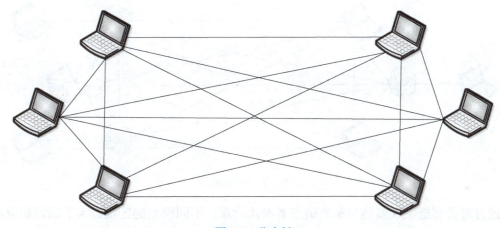

图2-1　公有链

私有链具有与公有链完全相反的诸多性质，强调的是数据的私密性，即仅限在某些特定的个体、组织及结构内的用户访问和交易。它是指完全中心化的区块链，开放程度最低，是局限于内部节点使用、不对外公开、需要注册、需要身份认证的区块链。私有链只使用区块链的总账技术进行记账，公司或者个人可以独享某私有链的写入权限。为了形象地描述，如果将公有链比作今天无处不在的互联网，那么私有链就可以称为一个完全封闭的局域网。例如，一些金融、审计机构正在尝试基于区块链技术，以一种分布式账本的模式存储相关的交易数据，只有拥有特殊权限的用户才能访问及更新数据。因为这种特性，有的私有链也就省略了"挖矿"共识这一过程，只是采用链式结构来构建区块链平台，从而大大提升了执行效率。私有链如图2-2所示。

联盟链是介于公有链与私有链之间的一种区块链模式，它的去中心化程度不及公有链，但效果又比私有链更加分散，可实现部分去中心化。它根据一定特征所设定的节点能参与交易，其共识过程受预选节点控制。联盟链中的节点通常分属于不同的组织或联盟，想要加入其中的节点需要获得中心化或权限较高节点的授权；维护规则需要由多个联盟链的参与方协调制定。联盟链适用于范围小、数据交换频繁的组织间共享数据或服务的应用场景，如跨境汇款结算业务。超级账本是典型的联盟链。考虑到工业互联网应用的特点，有权限身份管理的联盟链更加适合工业互联网当中的各种应用。联盟链如图 2-3 所示。

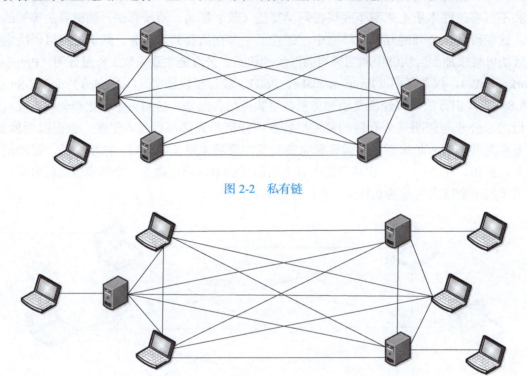

图 2-2　私有链

图 2-3　联盟链

通过对公有链、联盟链与私有链三者对比发现，不同模型的区块链为了满足相应的场景而进行了不同的方案设计，总体在安全性、可扩展性、去中心化等之间平衡，见表 2-1。

表 2-1　各类区块链的比较

	公　有　链	私　有　链	联　盟　链
参与者	任何节点自由进出	个人或企业内部成员	联盟协议成员
共识机制	PoW/PoS/DPoS 等	分布式一致性算法等	分布式一致性算法等
记账人	所有参与者	自定	联盟成员协商决定
激励机制	需要	不需要	可选
中心化程度	去中心化	中心化	多中心化
突出的优势	参与节点完全自治	节点内部透明和可追溯	效率和成本优化
典型应用场景	数字加密货币	审计、发行	清算
承载能力	(3～20万) 笔/s	(1000～10万) 笔/s	(1000～1万) 笔/s

2) 按照对区块链网络中节点的访问权限，可以将区块链分为无许可区块链和许可区块链。

无许可区块链也称为无信任或公共区块链，是一种开放网络，每个人都可以参与区块链用于验证交易和数据的共识过程。区块链的节点完全分散在各未知方之间，在这些区块链中所有节点都可以参与交易，并且这些节点对彼此来说都是匿名的。

无许可区块链为所有用户提供对区块链网络的伪匿名访问。任何用户都可以成为节点，享有不受限制的网络权利。因为区块链的性质，无许可的网络比有许可的网络更安全。这是因为它们有更多的节点来验证每笔交易，从而减少了通过串通用户进行恶意操纵的机会。然而，这样的网络通常具有较长的处理时间。无许可区块链采用"挖矿"或凭证类技术等共识算法对节点提供参与共识的激励，这意味着无许可区块链会消耗大量的电力，并且现有的 PoW 和 Po* 类共识算法的出块效率较低，系统的交易吞吐量会受到限制。无许可区块链的典型代表有比特币和以太坊。

无许可区块链的主要特征包括：
① 交易完全透明。
② 开源开发。
③ 匿名。
④ 缺乏中央权威。
⑤ 大量使用代币和其他数字资产作为参与激励。

许可区块链，如 AKA 私有区块链或许可沙箱（Sandbox）是封闭网络，其中先前指定的各方，有时是联盟成员，互动并参与共识和数据验证。许可区块链的参与者是已知的，而不是未知的，因此许可区块链是部分去中心化的，就像在无须许可的区块链中一样。代币和数字资产是可能的，但不如无许可的常见。

许可区块链可以限制节点访问网络并控制作为区块链一部分的节点的网络权限。许可区块链网络上的所有用户共享他们的身份。由于这种类型的区块链在访问方面受到限制，因此其网络托管的节点是少于无许可区块链网络的。访问限制的一个关键优势是提高效率，因为更少的节点意味着每笔交易的处理时间更短。许可区块链建立在完全已知的和可验证的节点之上，很容易找到犯罪方。许可区块链常由拥有共同业务目标的组织创建和维护，保证网络稳定和业务正常进行是所有组织的共同目标，因此无须使用"挖矿"等共识方式对网络节点进行激励，这意味着它不会像无许可区块链那样耗电，其资源的消耗与普通的分布式网络接近。

许可区块链的主要特征包括：
① 根据参与组织的目标控制透明度。
② 私人团体开发。
③ 缺乏匿名性。
④ 缺乏中央权威，但由私人团体授权决策。

无许可区块链的开放、高度去中心化使其具有一定的优点和缺点。

优点：与许可区块链相比，更广泛的去中心化扩展了更多网络参与者的访问权限；高度透明，可加速未知各方之间的和解；具有广泛的可访问性和对审查制度的抵制；安全性强；攻击者无法针对单个存储库，并且很难破坏 51% 的网络，从而难以破坏共识机制。

缺点：由于全网交易验证的资源密集性，能源效率低下；由于其验证过程对计算资源造成压力,而导致性能和可扩展性降低;隐私和用户对信息的控制更少。

许可区块链对外界封闭使其具有明显的优势,但也有带来一些缺点。

优点:去中心化可以是增量的,这允许多个企业参与,而没有高度中心化模型的所有风险;因为访问交易信息需要许可,所以隐私性强;因为它允许不同的配置、模块化组件和混合集成,所以具有特定用途的可定制性;因为管理交易验证和共识的节点更少,所以具有高性能和可扩展性。

缺点:因为参与者比未经许可的区块链少,所以腐败和勾结的风险增加;因为所有者和运营商可以改变共识、不变性和挖矿的规则,所以共识更容易被覆盖;由于参与者数量有限且网络运营商决定隐私要求,因此对外部监督的透明度较低。

2.3 区块链的特征

区块链技术涉及数学、密码学、互联网和计算机编程等多个复杂技术学科,具有去中心化、信息不可篡改、公开透明、可追溯性高、可编程性高和安全可信、时序数据、集体维护等特征。

(1)去中心化 区块链最明显的特征就是去中心化。区块链采用去中心化的组织形式,扁平化是其系统表现出的一大特点,即整个系统中不存在自顶向下的中心化,没有层级结构的管理与控制,而是通过自下而上的、分布式节点之间的围观交互和竞争博弈来实现宏观系统的自适应组织和高层涌现。可以从网络拓扑结构、控制权和功能三个方面对去中心化进行深入的理解。

从网络拓扑结构方面来看,去中心化系统是指通信网络中不存在影响其他节点相互连接的中心节点系统。去中心化的系统中各个通信节点之间可以相互连接,并且没有中心节点干扰其他节点之间的通信和数据传输。例如,P2P 网络就是一种去中心化网络,网络中没有中心节点,各个通信节点的地位都是平等的,任何一个节点失效都不会影响网络上其他节点的正常通信。

从控制权方面来看,去中心化系统是指不存在具有超级权限、可控制其他节点的"中心节点"的系统。每个节点都有一定的独立自主权,可以不受其他节点的控制,如果去中心化系统中的规则使系统中的节点难以接受,那么节点有权选择退出或者加入其他系统。

从功能方面来看,去中心化系统中每个节点所承担的功能都是对等的,系统中的所有节点都没有特殊功能,而且可以被替换。因此,整个系统在缺失部分节点的情况下可以运转,即使在损失一些节点的前提下,该系统也会实现所需功能。区块链采用的分布式点对点网络模型如图 2-4 所示。

(2)信息不可篡改 区块链中所有节点参与记账、共同参与记录和存储交易数据,所有区块共同维护数据库,因此区块中的信息极难篡改和伪造,也无法否认区块中的数据。交易数据只有经区块链中全部或者大多数区块节点验证通过

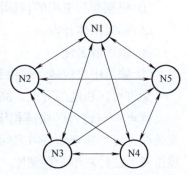

图 2-4 分布式点对点网络模型

并且达成共识之后,才会被写入区块链,任何人都无法对数据进行篡改和否认。在区块链中,每个区块都保存着完整的交易历史记录,如果有人想要单独修改某个节点中的历史记录,其他节点就会提供自己的备份,来证明被修改记录的节点试图作弊,然后其他节点就会将这个节点剔除出这个网络。

(3) 公开透明 区块链系统使用基于隐私保护的形式来对公开数据进行读取操作。区块链使用与密码学相关的技术保护其中的交易数据,并且具备一定的匿名性,一个新的数据要写入数据区块中,需要获得所有节点的验证,数据在写入后不需要花费任何代价,就可以被区块链中所有节点公开查询,因此可以消除信息不对称并降低系统节点信任成本,具有公开透明的特点。

(4) 可追溯性高 区块链通过带有时间戳的链式区块数据结构存储创世区块之后的所有历史交易数据,而时间戳可以对数据产生的时间进行认证,从而验证这段数据在产生后是否经过篡改,因此区块链具有很高的可追溯性。区块链使用了时间戳技术,不仅可以将交易的每次变更都按照时间顺序记录在区块链上,前后关联,而且可以方便地检索交易从发布源头到最新状态间的整个变更流程。

(5) 可编程性高 区块链技术具备变化多样的脚本代码系统,支持用户使用编程语言实现高级的智能合约或其他去中心化应用。例如:比特币系统的智能合约层使用Script编程语言,可以支持其应用层的比特币交易;以太坊系统的智能合约层使用Solidity/Serpent编程语言支持其应用层的DApp/以太币交易;超级账本的智能合约层使用Go/Java编程语言支持其企业级区块链应用。

(6) 安全可信 区块链采用非对称密码学技术对交易各方的敏感信息进行加密,只有权限节点才能访问或使用。区块链还通过许多密码学的工具和分布式节点的共识算法形成强大的算力来抵御外部攻击,因此有效保证了区块链中的数据安全和用户隐私。

(7) 时序数据 区块链采用带有时间戳的链式区块结构存储数据。时间戳是指一个能表示一份数据在某个特定时间之前已经存在的、完整的、可验证的数据,通常是一个字符序列,唯一地标识某一刻的时间,可以为数据提供一份完整的可验证的时间数据证明。在区块链中,区块按照生成时间顺序前后相连,后一区块中记录前一区块的特征信息,使时间戳成为数据时间维度的公证人,从而产生极强的可验证性和可追溯性。

(8) 集体维护 区块链系统中的数据区块由具有维护功能的所有节点共同维护。在一定时间内,如果数据发生变化,那么系统中每个节点都可以记账。系统通过共识算法选择特定节点,将其记账内容写入系统,并以副本形式广播至系统内所有其他节点进行备份。在维护过程中,区块链利用特定的经济激励机制来保证分布式系统中所有节点均可参与数据区块的验证过程。

2.4 区块链的发展历程

区块链的发展历程

普遍认为,区块链的出现始于2008年年末称为中本聪的人或者团体发表在比特币论坛的一篇论文——《比特币:一种点对点电子现金系统》,该文指出比特币系统的基础技术是区块链。一直到 2016 年，区块链这个名字才得到大多数从业者的认可。经过近 10 年的发展，区块链技术在政治、经济等很多领域产生了很大的影响，专家将区块链发展分为 4 个阶段，即区块链 1.0、区块链 2.0、区块链 3.0、区块链 4.0，如图 2-5 所示。

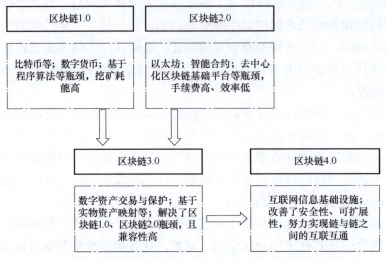

图 2-5　区块链 1.0 至区块链 4.0 演进过程

第一个阶段是区块链 1.0 阶段，此阶段的区块链主要应用于可信公链与数字货币。主要包括比特币、莱特币等数字加密货币项目。比特币的诞生标志着区块链 1.0 时代的到来。在这个阶段，区块链技术的发展离不开数字货币，这两者具有紧密的关系，相关的应用普遍集中在货币转移、兑换和支付等方面，解决了电子现金中点对点支付的安全和信任问题，实现了数字货币公开透明和不可篡改的特性。从某种意义上讲，该阶段的区块链技术提出了一个能够解决货币和支付去中心化的方案。在区块链 1.0 时代，主要创新是创建了一套去中心化的、公开透明的交易记录总账：其数据库由所有的网络节点共享，由"矿工"更新，全民维护，没有人可以控制这个总账。本阶段存在基于程序算法等瓶颈，挖矿耗能高。

第二个阶段是区块链 2.0 阶段，此阶段的区块链主要应用于智能合约与通证经济。区块链 1.0 解决的是货币和支付的去中心化问题，而区块链 2.0 解决的是市场的去中心化问题。区块链 2.0 时代的代表是以太坊的出现，并且该阶段区块链的发展与智能合约技术发展紧密相关。以太坊的设计最初是为了解决比特币在可扩展性方面存在的不足。以太坊是一个开源的区块底层系统，所有区块链和协议都可以运行在该系统之上。以太坊也与比特币一样，不受任何个人控制，而是通过全世界的所有参与者共同维护。以太坊的一个显著特点是智能合约，智能合约是可编程货币和可编程金融的基础技术。本阶段存在去中心化区块链基础平台等瓶颈，手续费高，效率低。

第三个阶段是区块链 3.0 阶段，此阶段的区块链主要应用于多链融合与资产上链。区块链 3.0 时代是区块链全面应用的时代，以此构建一个大规模的协作社会。此时的区块链应用范围十分广泛，除了金融、经济等领域外，还涉及了社会生活中的方方面面，特别是在政府、健康、科学、文化和艺术等领域。可以说，区块链3.0是数字资产交易与保护技术的集合，它的目标是实现各种数字资产权益在"真实世界"与"数字世界"两个平行时空之间的映射和转移，从而推动全球数字经济的进一步发展。区块链技术从去中心化应用发展到去中心化自治公司和去中心化自治组织，再发展到去中心化自治社会。当区块链技术应用到社会治理时，也就迈进了区块链3.0时代。本阶段解决了区块链1.0和2.0的瓶颈，且兼容性高。

第四个阶段是区块链4.0阶段，区块链4.0以提供全球价值互联网信息基础设施为目标，形成基于区块链技术的可信任生态体系，把区块链应用到各个行业以及人们日常生活的基础设施之中，涉及诸如物联网、社会治理等多方面，全面地改变人类的生活方式。区块链4.0不仅吸收了区块链1.0至区块链3.0的所有优点，而且还集中关注区块链基础设施和平台层核心技术，并对其进行优化。随着越来越多区块链的诞生，区块链之间的互联互通成为必然的发展趋势。因此，区块链4.0不仅改善了安全性、可扩展性，而且还会努力实现链与链之间的互联互通。

总之，区块链1.0到区块链4.0是一个不断进化、不断完善的过程，在这个过程中区块链的底层技术、效率、安全性均不断改善，其应用场景也不断丰富，其本身的技术和协议在应用的过程中自然而然地得到完善和发展。

2.5 区块链的核心技术

区块链四大核心技术是分布式账本、共识算法、密码学以及智能合约，它们分别起到数据存储、数据处理、数据安全和数据应用的作用。首先，分布式账本构建了区块链的结构，它的本质是一个分布式数据库，当一笔数据产生并经节点处理后就会存储在这个数据库里面。所以它在区块链中起到数据存储的作用。其次，分布式账本决定了区块链是一个分布式网络结构，每个人都可以加入其中，但这就引出了一个问题——拜占庭将军问题。全网参与的人越多，越难以达成共识，于是就出现了共识算法，即哪个节点处理数据越快越好，那么该节点就拥有记账权来处理数据。所以共识算法在全网中起到统筹节点、明确数据处理的作用。此外，数据进入分布式数据库中，底层数据结构规则是由区块链密码学来决定的，将打包好的数据通过密码学中的哈希算法或非对称加密算法加密，进而在保证数据安全的同时也验证数据的归属。最后在想要解决一些信任问题时，可以在分布式数据库的上方搭建应用层面的智能合约，即用户之间的约定可以通过代码来明确，由程序执行；区块链中的数据也可以通过智能合约来调用。

2.5.1 分布式账本

分布式账本是区块链的骨架。分布式账本是一个去中心化的数据库。其本质上是一种可以在多个网络节点、多个物理地址或者多个组织构成的网络中进行数据共享、同步和复制的去中心化数据存储技术。分布式账本

分布式账本

与传统的分布式存储系统相比有以下特点：

1）在传统的分布式存储系统中，中心节点或者权威机构控制整个系统；分布式账本在共识规则的基础上，使用多方决策、共同维护的方式进行数据的存储、复制等操作。

传统的分布式系统中，数据会被分割成很多片段，这些片段分别存储在不同节点中；分布式账本中的每一个节点都分别拥有一份完整的、独立的数据，节点之间互不干涉、权限相同，通过相互之间周期性的或事件驱动的共识达成数据存储的最终一致性。

2）分布式账本可以大幅减少管理成本。由于数据分散存储的特点，使用分布式账本技术的系统不仅能避免故障，而且能有效降低被黑客入侵或信息丢失的概率，可以保证交易的稳定性。除此之外，因为分布式账本技术中的数据被分散存储在各节点中，数据很难被篡改，所以保证了数据的可信度。理论上，除非所有节点都被破坏，否则交易记录就不会丢失，从而保证了数据的安全性。

从分布式记账问题出发可以设计一个简单的分布式记账结构，如图 2-6 所示，账本为一个记录队列，由多方共同维护。多个参与方均对账本中记录拥有操作权限，并相互约定：一旦发生新的交易，就立即追加到账本上，已发生的交易记录不得篡改。这种情况下，如果多个参与方均诚实可靠地依照约定执行，则该记账方案可以正常工作。但是一旦有参与方恶意操作，篡改已发生过的记录，就无法确保账本记录的正确性，并且他人无法获知篡改是否发生。

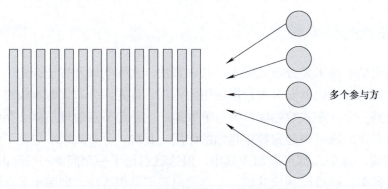

图 2-6 一个简单的分布式记账结构

为了防止有参与方篡改交易记录，需要引入一定的验证机制，该验证机制的核心为对已发生过的交易历史进行校验。因此借鉴信息安全领域的数字摘要技术，每次有新的交易记录被追加到账本上时，各参与方可以使用约定的摘要算法对完整的交易历史计算数字摘要，获取当前交易历史的"指纹"。此后，任何参与方都可以随时对交易历史重新计算摘要，一旦发现"指纹"不匹配，就说明交易记录被篡改过。同时，通过追踪"指纹"改变位置，还可以定位到被篡改的交易记录。每次摘要时实际上已经确保了从头开始到摘要位置的交易历史的正确性，因此当新的交易发生后，需要进行额外验证的只是新发生的若干交易，即增量部分。因此，计算摘要的过程可以改进为对旧的摘要值以及增量部分进行验证。这样就既解决了防篡改问题，又解决了可扩展性问题。这就是区块链分布式账本结构，如图 2-7 所示。

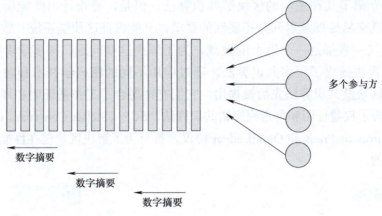

图 2-7　区块链分布式账本结构

2.5.2　共识算法

共识算法能够让区块链中的其他节点认同某一节点的记录，它建立了所有参与者在进行交易时必须遵循的规则。共识算法创建了一个允许一组相互独立的系统对单一版本的认知达成一致的网络架构和流程。区块链共识算法保证所有参与者对全区块链网络数据达成一致共识，同时也确保和维持整个区块链的稳定性。区块链已经发展了多种区块链共识算法。

最初，比特币区块链选用了依赖节点算力的工作量证明共识算法来保证比特币网络分布式记账的一致性。之后随着区块链技术的改进，研究者陆续提出了一些不过度依赖算力就能达到全网一致的算法，比如权益证明共识算法、股份授权证明共识算法、拜占庭容错（Byzantine Fault Tolerance，BFT）共识算法、实用拜占庭容错（Practical Byzantine Fault Tolerance，PBFT）共识算法等。其中，工作量证明共识算法资源耗费大，受网络传播延迟影响大，交易和区块不能得到及时的确认。权益证明共识算法不同于工作量证明共识算法，它根据每个节点拥有代币的比例和时间，依据算法等比例地降低节点的挖矿难度，从而加快了寻找随机数的速度。这种共识机制可以缩短达成共识所需的时间，但是本质上仍然需要网络中的节点进行挖矿运算。不过，这种算法确实避免了消耗大量的计算资源，减少了维护区块链的成本。股份授权证明共识算法可以大大缩减参与验证和记账的节点数量，从而实现秒级的共识验证。拜占庭容错共识算法能够实现交易的及时确认，不同程度上克服了共识协议在性能和安全性上的挑战，但它依然难以满足低计算复杂度、低处理延迟等性能要求。在实用拜占庭容错共识算法中发一个交易是无须等待确认的，如果一个区块通过实用拜占庭容错共识算法被系统认可，那么这个区块就会是最终区块，不会被撤销。实用拜占庭容错共识算法无须挖矿，每一次共识过程也不会像工作量证明共识算法那样需要耗费大量电能。但它不适用于节点数量过大的区块链，扩展性差；无法应对公有链的开放环境，只适用于联盟链或私有链环境；实用拜占庭容错共识算法要求总节点数 $n \geqslant 3f+1$（其中，f 代表作恶节点数），系统的失效节点数量不得超过全网节点的 1/3，容错率相对较低。

以上简单介绍了几种主流的区块链共识算法。但是，要设计出既能满足性能方面低计算复杂度、低交易处理延迟和高扩展性的要求，又能保证区块链系统一致性和活跃性的区块链共识协议一直都是一个巨大的挑战。为了解决这些问题，很多学者在前人的基础上，通过改进算法提出了很多共识算法。通过应用不同的密码学技术和融合上述共识算法，许多新的区块链共识算法先后被提出，它们有些融合了工作量证明和拜占庭容错共识算法，有些结合了权益证明和拜占庭容错共识算法。SCP（Stellar Consensus Protocol）以及Ouroboros、OuroborosPraos 和 OmniLedger 协议，都是为了解决区块链在性能和安全性等方面问题而提出的。

2.5.3 密码学

区块链以块链结构存储数据，使用密码技术保证数据安全，能够实现数据的一致性存储、难以篡改和无法抵赖。密码技术是区块链最核心、最底层的技术，是区块链系统安全运行的基石。

数字技术的世界

密码学

最早期比特币系统涉及的密码学知识较为简单，主要为数字签名、哈希等。随着区块链去中心化应用的不断推广，越来越复杂的密码学技术，例如零知识证明、同态等被引入区块链领域。

区块链技术的应用和开发中，数字加密技术是关键。密码学是一种使用先进的数学原理以特定的形式存储和传输数据的技术，以便只有目标用户才能够读取和处理数据。密码学已经被人们用于在不被发现的情况下转发信息。随着互联网及信息技术的飞速发展，密码学被赋予了新的含义。密码哈希、电子签名等被广泛使用在防篡改、身份认证等场合。加密算法分为对称加密算法和非对称加密算法，区块链中主要应用非对称加密算法。

对称密码体制是一种传统的密码体制，也称私钥密码体制。在对称密码体制中，加密和解密采用相同的密钥。由于加解密采用的密钥相同，所以通信的双方必须选择和保存相同的密钥，并且双方密钥的传输必须通过安全信道，保证不会被攻击者窃听或者截获，此外双方也必须信任对方不会将密钥泄露出去，以此实现数据的保密性和完整性。目前典型的算法有 DES 算法、3DES 算法、AES 算法、IDEA 等。

非对称密码体制中加密密钥和解密密钥不同。非对称密码体制有两个密钥：能够公开的密钥作为加密密钥，也称为公钥；对应的不公开的密钥作为解密密钥，也称为私钥。两个密钥存在对应关系，采用公钥加密后，只能由相应的私钥解密。在区块链系统中，非对称密码算法应用较多的是椭圆曲线算法（ECC），用于保障数据交互的安全以及确认数据的完整性和不可抵赖性。常见的非对称加密算法有 RSA 算法、Diffie-Hellman 密钥交换算法、ElGamal 算法、椭圆曲线密码算法、SM2 算法等。

对称与非对称加密体制特征对比见表 2-2。

表 2-2 对称与非对称加密体制特征对比

特　　征	对称密码体制	非对称密码体制
密钥的数目	单一密钥	一对密钥

(续)

特　征	对称密码体制	非对称密码体制
密钥种类	密钥是秘密的	一个私有、一个公开
密钥管理	不好管理	需要数字证书及可靠第三方
运算速度	非常快	慢
用途	大量数据加密	少量数据加密或数字签名

2.5.4　智能合约

智能合约概念于 1995 年由尼克·萨博（Nick Szabo）首次提出，设计初衷是在不需第三方可信权威的情况下，智能合约可以作为执行合约条款的计算机交易协议，嵌入某些由数字形式控制的、具有价值的物理实体，担任合约各方共同信任的代理，高效、安全履行合约并创建多种智能资产。例如自动贩卖机、自动刷卡机、电子数据交换市场等都可以看作智能合约的雏形。

智能合约的定义：智能合约可以看作是运行在分布式账本上，预置规则、具有状态、条件响应的，可封装、验证、执行分布式节点复杂行为，完成信息交换、价值转移和资产管理的计算机程序。

智能合约的形式在简单意义上是一段计算机程序。当满足一定条件（有效的数据输入）时，智能合约中记录的事务处理和保存机制会被自动执行。智能合约收到事务信息后，会改变合约中的数据状态，从而被触发，并且根据预设信息选择合约动作自动执行。在系统角度上，智能合约不只是一个可以自动执行的计算机程序，它本身就是一个系统参与者，既可以接收和储存价值，也可以向外发送信息和价值。目前，很多区块链平台都提供了智能合约的执行和编译环境，例如以太坊、超级账本。智能合约常用于运作自动服务机构，用来提供透明公开的信息服务。在以太坊中，智能合约是包含计算机程序代码与状态数据的集合，在无须依赖第三方的情况下进行可信数据传播、执行以及验证，其特性主要体现在以下几方面。

1）计算机程序：智能合约是计算机程序代码。

2）自行验证：智能合约通过对输入数据进行解析，来自行验证数据是否满足此前所预置的响应条件。

3）自动化执行：支持在可信环境中依据相应规则，自动执行某些代码和协议，其他参与方无法干预执行的过程和条件。

4）防篡改：已经部署后的智能合约代码和状态数据是无法被篡改的。

智能合约模型如图 2-8 所示，它包括一段运行在区块链上的代码，这段代码可以维护自身的状态，控制其上所具备的数字资产，同时与外界的输入请求进行交互，执行相应的指令动作。可以看出，在该模型中，智能合约存储了持久化合约的状态以及其中所存储数据的状态，这种链上状态的自我维护是区块链构建可信分布式账本的基础。

在该模型中，输入为数据和规则，将真实世界的信息导入模型中。智能合约十分依赖输入信息的质量，交易发送数据到合约中，事件发送规则到合约中。预置的响应条件中已经编写好 If-Then 和 What-If 等类似语句，预置了合约条款的相应触发场景和响应规则；执行动作的指向箭头意味着，当满足条件语句中的某一条语句时，就会按照预置的响应规则做出相应的动作。这些动作经 P2P 网络传播、矿工验证后存储在区块链特定区块中，用户得到返回的合约地址及合约接口等信息后即可通过发起交易来调用合约。模型最下方的区块链是由数据区块

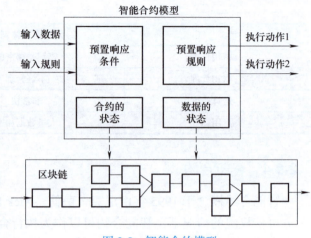

图 2-8　智能合约模型

构成的，模型中区块链中的第一个区块的前继为上一个数据区块，且该数据区块已经建立并存储了相关交易信息，最后一个箭头指向区块链中的下一个数据区块，该数据区块是一个新的数据块，暂时还未建立。

随着以太坊区块链的发展，智能合约已经有了更多的意义和应用。它们已成为在虚拟机（VM）中运行的不可变的计算机程序，并且是区块链网络协议的一部分。不可变意味着一旦部署了智能合约，便无法对其进行修改。因为智能合约基于布尔逻辑、数学和加密算法来实施，所以其执行会始终如一。换句话说，它是确定性的，每次运行的结果都是相同的。用户只能访问智能合约状态、调用智能合约的交易以及存储在智能合约区块链中的历史交易的部分信息。

2.6　本章习题

2-1　关于密码学，下列说法正确的是（　　）。
　　A. 密码学是关于数据加密的，只有目标人员才可以掌握数据
　　B. 密码学是关于数据混合的，只有拥有者才可以知道数据
　　C. 密码学是关于数据公开的，任何人都可以读取数据
　　D. 密码学是一门关于数学运算的技术

2-2　在区块链的某个节点中，删除一个或多个区块，下列说法正确的是（　　）。
　　A. 删除的区块会在区块链网络中丢失
　　B. 删除的区块只影响本节点，对其他节点的区块没影响
　　C. 删除区块后，区块链不能稳定运行
　　D. 删除区块时，其他节点也会获取到通知，一起删除对应区块

2-3　分布式账本的特征包括（　　）。
　　A. 中心化　　　　　　　B. 点对点　　　　　　　C. 抗毁坏
　　D. 防篡改　　　　　　　E. 全透明

2-4 公有链、联盟链的基本特征主要有（   ）。
　　A. 去中心化　　　　B. 不可篡改　　　　C. 公开
　　D. 透明　　　　　　E. 中心化
2-5 联盟链智能合约和中心账本的区别是什么？
2-6 什么是区块链？
2-7 什么是共识机制？
2-8 什么是数字签名？
2-9 什么是挖矿？

第 3 章

区块链的基础架构

区块链技术经过多年的发展,已逐步形成一套稳定的基础功能架构。在工业应用中,为了实现机器、车间、企业、人之间的可信互联,需要确保设备端产生、边缘侧计算、数据连接、云端储存分析、设计生产运营的全过程可信,从而触发上层的可信工业互联网应用、可信数据交换、合规监管等。区块链技术的特点是面向工业应用需求,加强工业互联网的各个层面,从而实现工业数据共享和柔性监管。

本章主要介绍区块链的基础架构,包括数据层、网络层、共识层、激励层、合约层和应用层等。第1小节简要介绍区块链体系架构和工业区块链架构。第2小节介绍数据层,该层通过区块存储数据,并且所有数据都包含在每个数据节点中。数据层主要解决这些数据组合形成有意义的区块的形式问题,每个区块包括区块头、区块体。第3小节介绍网络层,该层扮演着区块链网络中节点和节点之间信息交换的角色,负责用户点对点信息交换,它主要包括 P2P 机制、数据传播和验证机制。正是由于区块的 P2P 特性,数据传输在节点之间进行,因此即使某些节点或网络被破坏,也不会对其他部分的传输产生影响。第4小节介绍共识层,该层允许高度分散的节点在 P2P 网络中对区块数据的有效性达成一致,确定谁可以向主链中添加新的区块。第5小节介绍合约层,该层封装了各种脚本、程序和合约,使区块链可编程。第6小节介绍应用层,该层封装了区块链在应用层使用的各种技术和区块链工具。

本章将通过介绍区块链的各层以及每层对应的功能帮助读者更深入地学习区块链。

3.1 区块链体系架构和工业区块链架构

1. 区块链体系架构

区块链是密码学、对等网络、分布式存储、共识算法、智能合约等多种技术的组合创新。尽管区块链参考架构尚不统一,但大都包含账本模拟、网络通信、数据存储、共识算法、智能合约等基础性技术服务模块。

区块链在架构上被分为6层,即数据层、网络层、共识层、激励层、合约层和应用层。各层之间相互协同,共同打造技术驱动的信任机器,其中数据层、网络层、共识层是基本层,激励层一般只在公有链中设计,联盟链和私有链可以不包含该层。区块链体系架构如图 3-1 所示。

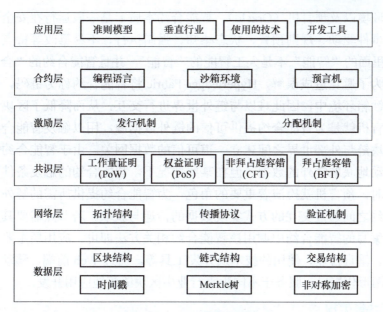

图 3-1 区块链体系架构

数据层主要定义了区块结构、链式结构和交易结构,通过密码技术保证交易数据安全性。区块链通过链式结构链接以时间戳顺序打包的区块结构,实现交易数据的不易篡改性。网络层主要定义了区块链节点网络拓扑结构、区块或交易等数据传播协议和验证机制。区块链的节点具有分布式、自治性、开放自由进出等特性,因而区块链采用对等网络(Peer-to-Peer Network,即 P2P 网络)组织记账和参与验证的节点。每个参与节点地位对等,既可以是资源和服务的使用者,也可以是整个资源和服务的提供者。区块链节点以扁平化拓扑结构相互连通和交互,每个节点均拥有网络路由、发现新节点、广播交易和区块等功能。在区块链网络中,节点时刻监听网络中广播的数据。当接收到邻居节点发来的新交易和新区块时,其首先会验证这些交易和区块是否有效,如检查区块数据结构、交易语法、输入输出、数字签名等。只有通过验证的交易和区块才会被处理,如新交易被放入待打包的交易池,同时继续向邻居节点转发;若没有通过验证,则立即丢弃,从而保证无效交易和区块不会在区块链网络中继续传播。共识层主要保证在不可信的网络环境下账本数据全网存储的一致性。总体上,区块链共识过程可分为如下步骤:

1) 记账节点选择。
2) 区块生成。
3) 区块验证。
4) 区块上链。

激励层主要定义经济激励的发行机制和分配机制。根据区块链的部署类型特点,一般需要在去中心化的公有链中设计激励层,对于多中心化的联盟链和中心化的私有链则可以不需要设计激励层。公有链中激励层的主要设计目标是保证参与节点价值分配的合理性和激励相容性,通过合理有效的分配机制实现各参与节点的利益最大化,并且能够有效激励更多节点参与,从而保证公有链的稳定性和可持续运行。合约层主要定义了智能合约的编程语言、沙箱环境以及预言机（Oracle）。智能合约本质上是一段运行在安全环境中的计算机程序，具有事件驱动、规则预置、状态感知、强制执行、不易篡改等特点。需要说明的是，智能合约里面的"智能"不是人工智能的"智能"，并且智能合约的"合约"也不是法律合约，因此为了避免造成误解，Hyperledger Fabric 将智能合约称为链码。由于智能合约运行在封闭的沙箱环境中，因此难以与链外世界进行交互，从而降低了区块链和智能合约的实用性。预言机就是为智能合约提供可信的链外数据源，用以触发智能合约执行相应操作，从而在区块链与外部世界之间建立一道可信的数据网关。由于智能合约的执行环境限制，它无法主动地获取链外的数据，但在某些情况下，智能合约的触发条件可能依赖于链外的数据。这时，预言机就扮演着重要的角色，为智能合约提供所需的链外数据服务。预言机与智能合约之间通过交互的方式实现数据的传递与获取。若节点需要其数据服务，则只需要在自己编写的智能合约中调用该智能合约相关方法即可。应用层主要定义区块链应用的准则模型、垂直行业、使用的技术及开发工具等。通过 Web 前端、移动开发等开发工具设计友好的图形化接口，服务于不同垂直行业中区块链落地应用开发。

2. 工业区块链架构

工业区块链（Industrial Blockchain，IB）是依托互联网和工业物联网在内的网络基础设施，利用各个设备及节点的存储和计算能力建立的，集现代化数字管理、检测和业务调度等多种服务于一身的综合性技术平台。

区块链赋能工业互联网应用，已实现在全生命周期管理、资产运营管理、产品质量追溯、供应链金融、可信存证等应用场景的落地。赋能工业互联网全生命周期管理，例如某汽车零部件企业通过将生产原材料、生产过程、成品信息、物流运输等全流程数据"上链"存证，将追溯流程交由物联网设备和程序控制，降低人为因素在数据传输中的影响，实现产品的全生命周期管理。赋能工业互联网资产运营管理，例如某畜牧业企业利用"区块链+物联网"技术，完成了现实世界中不同时间点的肉牛价值在区块链上的映射，形成了动态化的、可追溯的肉牛区块链数字资产，打造生物资产可信监管平台。赋能工业互联网产品质量追溯，例如某钢铁集团利用区块链技术结合工业互联网标识解析，将每块钢材的生产制造质量检测全过程在区块链上可信存证，实现工业生产环节无人工干扰生产质量可信追溯，对内打造无介入式的透明高效管理，对外连接上下游企业，提升产品质量可信度。赋能工业互联网供应链金融，例如某商业银行将核心企业应付账款转化为数字资产上传至区块链，其供应商可以将数字资产转移给其上游供应商或者转让给银行进行融资，实现信用价值的穿透式流转，有效解决核心企业上游供应商融资难的问题。赋能工业互联网可信存证，例如某电力企业将数字化工作票、安全资信、违规行为、安全工器具、事故追溯 5 类安全监管业务数据"上链"应用，形成"设备凡检修必有人名"的数字化工作票，实现从"事后取证"向"同步存证"的转变，提升现场作业感知与监督能力。

基础设施带动了工业互联网与区块链的融合。2020 年，中国信息通信研究院在其承担的工业互联网创新发展工程项目基础上，打造区块链基础设施"星火·链网"，面向工业互联网推动标识与区块链的融合发展。目前，该基础设施已进入上线运行阶段，并在北京、武汉、济南、沈阳等地建设节点，累计完成1500多万新型区块链标识数据的注册，促进各类数据的互联互通。产业联盟正在推进工业区块链应用生态发展。2016年，中关村区块链产业联盟成立，该联盟致力于推动区块链新型基础设施建设与应用的协同创新。产业联盟通过举办产业交流活动、沙龙座谈、应用大赛等方式扩大业界共识，并搭建区块链公共服务平台，培育行业服务和区域性产业汇聚能力，同时发布行业相关标准体系、白皮书、应用案例集等，培育落地应用能力。除中关村区块链产业联盟外，工业互联网产业联盟、"可信区块链推进计划"（TBI）等相关产业联盟也在积极推动"工业互联网＋区块链"产业生态融合发展。产业界也在不断加快工业区块链应用探索。除上述五大应用场景外，产业界正在供应链仓单管理、物流管理、票据交易、智能监测、电子合同、工业设备预警管理、安全认证、工业系统灾备等场景进行积极探索。随着区块链技术的创新发展，产业界有望推动工业互联网在数据要素配置、生产流程管理、设备安全互联、产业链协同、产融生态构筑等方面的跨越式发展，助力工业互联网实现产业创新变革。

3.2 数据层

3.2.1 数据的存储

1. 区块与链式结构

区块链是一个去中心化的数据库，同时也是一个账本，用于保存每个交易的详细信息。交易按时间顺序添加到账本中，并存储为一系列的块（或称区块），每个块引用前面的块以形成一个互联的链条。账本分布在多个节点上，每个节点都保存一个完整的副本。区块链自动同步和验证所有节点上的交易。账本对所有参与成员都是透明的，可以验证，不需要中央机构或第三方验证服务。区块链存储系统的一般结构如图3-2所示。

区块链的存储系统会为存储准备数据，然后通过一个去中心化的基础架构进行分发，这个过程可以分为以下6个步骤：

（1）创建数据分片　存储系统将数据分成更小的片段，这个过程称为分片（Sharding）。这一步将数据分解为可管理的块，这些块可以分布在多个节点上。具体的分片方法取决于数据类型和进行分片的应用程序。

（2）加密每个分片　在分片后，存储系统需要对本地系统上的每个数据分片进行加密。内容所有者可以完全控制这个过程。其目标是确保除了内容所有者以外的任何人都无法查看或访问分片中的数据，无论数据位于何处，数据是静态还是动态的。

（3）为每个分片生成哈希（Hash）值　区块链存储系统根据分片的数据或加密密钥生成唯一的哈希值，即固定长度的加密输出字符串。哈希值将被添加到账本和分片元数据，以便将记录链接到存储的分片。生成哈希值的确切方法因系统而异。

（4）复制每个分片　存储系统会复制每个分片，因此有足够的冗余副本，确保可用性和性能，并防止性能下降和数据丢失。由内容所有者来决定每个分片的副本数量以及这些分片所在的位置。此过程中，内容所有者应该为需要维护的最小副本数建立阈值，以确保不会丢失数据。

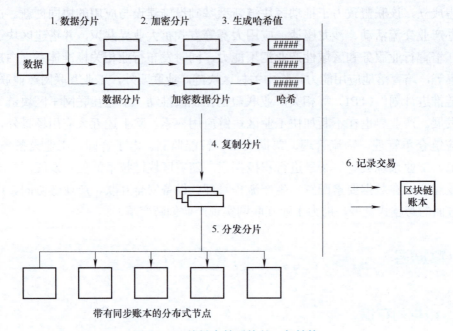

图 3-2 区块链存储系统的一般结构

（5）分发复制的分片　P2P 网络将复制的分片分发到地理上分散的存储节点，无论是区域还是全局。多个组织或个人（有时也称作 farmer）拥有存储节点，通过使用额外的存储空间可以换取某种类型的补偿，通常是加密货币。没有一个实体能够拥有所有存储资源，或者控制存储基础架构。

（6）将交易记录到账本　存储系统存储区块链账本中的所有记录，并在所有节点之间同步信息。账本存储与记录相关的详细信息，例如分片位置、分片哈希值和租赁成本等。由于账本基于区块链技术，因此它具有透明性、可验证性、可追溯性以及防篡改性。

区块链一般结构如图 3-3 所示，每个区块包含两种关键的数据结构，即区块头（Block Header，BH）和区块体（Block Body，BB），其中区块头记录当前区块的元数据，区块体则存储封装到该区块的实际交易数据。

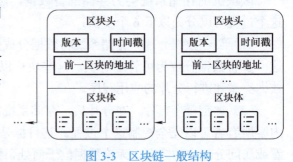

图 3-3 区块链一般结构

2. 区块头

区块头主要封装了当前版本号（Version）、前一个区块的地址（Prev-block）、当前区块的目标哈希值（Bits）、当前区块 PoW 共识过程的随机数（Nonce）、Merkle 根（Merkle-root）以及时间戳（Timestamp）等信息，见表 3-1。

表 3-1 区块链中区块头的数据项及说明

数 据 项	说　　明	更 新 时 间	大小 / B
Version	当前版本号，表示本区块遵守的验证规则	版本升级时	4
Prev-block	引用区块链中父区块的哈希值	创建一个新区块时	32
Bits	压缩格式的当前区块的目标哈希值	当挖矿难度调整时	4
Nonce	32 位数字（从 0 开始）	共识过程中实时更新	4
Merkle-root	基于一个区块中所有交易的哈希值	交易列表发生变化时	32
Timestamp	该区块产生的近似时间，精确到秒的 UNIX 时间戳	构建区块时	4

这些信息大体上分为三类：第一类是引用父区块哈希值的数据，这组数据用于将当前区块与前一区块相连，形成一条起始于创世区块且首尾相连的区块"链条"；第二类是当前区块链所有交易经过哈希运算后得到的 Merkle 根，主要用于快速验证交易的有效性；第三类由目标哈希值、时间戳与随机数组成，这些信息都与共识竞争有关，是决定共识难度或者达成共识之后写入区块的信息。

（1）区块标识符　每个区块的主标识符都是区块头的哈希值，即通过 SHA256 哈希算法对区块头进行两次运算之后得到的数字摘要。例如，比特币的第一个区块头哈希值为 000000000019d6689c085ae165831e934ff763ae46a2a6c172b3f1b60a8ce26f。区块头哈希值可以唯一标识一个区块链上的区块，并且任意节点通过对区块头进行简单的哈希计算都可以得到该区块头的哈希值。区块头哈希值也包含在区块的整体数据结构中，但是区块头的数据和区块体的数据不一定一起存储，为了提升检索效率，在实现中可以将二者分开。

区块链系统通常被视为一个垂直的栈。创世区块是栈底的首区块，随后每个区块都被放置在前一个区块之上。如果用栈来形象地表示区块依次叠加的过程，就会引申"区块高度"来对区块进行识别。例如高度 0 和前面 000000000019d6689c085ae165831e934f-f763ae46a2a6c172b3f1b60a8ce26f 所索引的区块都是首区块。但是与区块头哈希值不同的是，区块高度并不能唯一地标识一个区块，这是因为区块链存在着分叉情况，所以可能存在两个或两个以上区块的区块高度是一样的。

前一个区块与后续建立的区块通过哈希值建立联系，区块与区块之间具有前后指向关系，所有区块按照顺序相连就构成了区块链。

（2）区块体　区块体存储着交易信息，在区块中它们是以一棵 Merkle 树的数据结构进行存储的，而 Merkle 树是一种用来有效地总结区块中所有交易的数据结构。Merkle 树是一棵哈希二叉树，树的每个叶子节点都是一笔交易的哈希值。以比特币网络为例，Merkle 树被用来归纳一个区块中的所有交易，同时生成整个交易集合的数字指纹——Merkle 树根，且提供了一种校验区块是否存在某交易的高效途径。生成一棵 Merkle 树需要递归地对每两个哈希节点进行哈希得到一个新的哈希值，并将新的哈希值存入 Merkle 树中，两两结合直到最终只有一个哈希值，这个哈希值就是这一区块所有交易的 Merkle 树根，存储到上面介绍的区块头结构中。

3. Merkle 树

默克尔树

Merkle 树又称默克尔树，也称哈希树，是用于存储哈希值的二叉树。Merkle 树包含叶节点和非叶节点，其中叶节点用于存放每一笔交易的哈希值，所有非叶节点存放的是其对应所有子节点的组合结果的哈希值。

Merkle 树示意结构如图 3-4 所示。树的最底层是叶节点，类似于哈希列表，需要计算的数据被分割成不同的数据块，数据块的哈希值存放于叶节点。然后把相邻的两个叶节点的哈希值合并成一个字符串，然后运算这个合并字符串的哈希值。例如图 3-4 中 H6=H（H2，H3）=H（H（L1），H（L2）），从而得到一个"子哈希值"。如果最底层的叶节点总数不是偶数，那么必然出现一个无法配对的单个哈希数据块，这种情况就直接对它进行哈希运算，也能得到它的子哈希值。以此类推，就可以计算出数目更少的上一层的哈希值，最终一定会形成一个 Merkle 树结构，直到树根的位置，就只剩一个根哈希值，称为 Merkle 树根节点值。

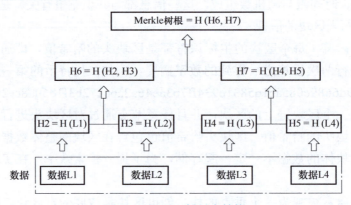

图 3-4　Merkle 树示意结构

Merkle 树与其他数据结构相比有以下特殊性质：

1）Merkle 树是一种树状结构，大多数是二叉树，也有一些是多叉树，它们都有树状结构的所有特点。

2）Merkle 树所有叶节点的值都是数据集合的单元数据的哈希值。

3）Merkle 树非叶节点的值是根据它左右子节点的值，按照特定的哈希算法计算得出的。

在区块链中，假设一个 Merkle 树包含 N 笔交易数据，当需要验证一笔指定的交易是否存在于某一区块中时，一个节点只需计算 $\log_2^N$ 个 32 位字节的哈希值，就可以形成一条 Merkle 树根到特定交易的路径，Merkle 树的效率见表 3-2。

表 3-2　Merkle 树的效率

交易数量（笔）	区块的近似大小 /KB	路径大小（哈希数量）	路径大小 /B
16	4	4	128
512	128	9	288
2048	512	11	352
65535	16384	16	512

3.2.2 数据安全

1. 非对称加密算法

非对称加密是指明文到密文加密和密文到明文解密时使用不同的密钥。非对称加密算法需要两个密钥：公钥（Public Key）和私钥（Private Key）。基于非对称加密算法可使通信双方在不安全的媒体上交换信息，安全地达成信息的一致。公钥是对外公开的，私钥则是保密的，其他人都不能通过公钥推算出对应的私钥。每一个公钥都有其对应的私钥：如果我们使用公钥对信息加密，那么必须有对应的私钥才能对加密后的信息解密；如果用私钥加密信息，则只有对应的公钥才可以解密。在区块链中，非对称加密主要用于信息加密、数字签名等场景。

非对称加密算法的工作原理如图 3-5 所示。

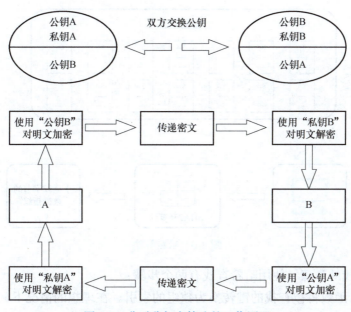

图 3-5 非对称加密算法的工作原理

1）A 要向 B 发送信息，A 和 B 都要产生一对用于加密和解密的公钥和私钥。
2）A 的私钥保密，A 的公钥告诉 B；B 的私钥保密，B 的公钥告诉 A。
3）A 要给 B 发送信息时，A 用 B 的公钥加密信息，因为 A 知道 B 的公钥。
4）A 将这个消息发给 B（已经用 B 的公钥加密消息）。
5）B 收到这个消息后，B 用自己的私钥解密 A 的消息。其他所有收到这个报文的人都无法解密，因为只有 B 才有 B 的私钥。

非对称密码体制的特点：算法复杂，安全性依赖于算法与密钥。然而，由于其算法复杂，所以加密解密速度没有对称加密解密的速度快。对称密码体制中只有一种密钥，并且是非公开的。如果要解密，对方必须知道密钥。因此，保证安全性就是保证密钥的安全；非对称密钥体制有两种密钥，其中一个是公开的，这样就不需要像对称密码那样传输对方的密钥了,安全性就高了很多。

2. 哈希算法

哈希算法又常称为散列算法,它是一类数学函数算法,需具备3个基本特性:输入可为任意大小的字符串,产生固定大小的输出,能在合理的时间内算出输出值。

哈希算法

哈希算法有很多,区块链主要使用的哈希算法是SHA-256算法:将任意数据串作为输入值,可以得到一个独一无二的输出值,但是用输出值无法倒推出输入值。

哈希算法与对称加密很相似,只是不包括使用密钥来解密数据的功能。数据本身会通过一种单向的数学证明创建一段固定长度的密文,而数据本身就是密钥。如果输入数据的任意一部分发生变化,哈希算法就会产生完全不同的新的密文(即"数据指纹"),即新的哈希值,如图3-6所示。

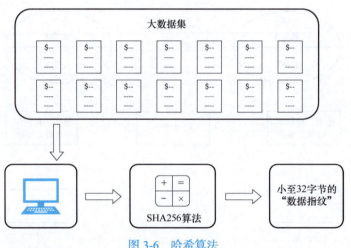

图3-6 哈希算法

(1)哈希查找的步骤 使用哈希查找有两个步骤:

1)使用哈希函数将被查找的键转换为数组的索引。在理想的情况下,不同的键会被转换为不同的索引值,但是在有些情况下我们需要处理多个键被哈希到同一个索引值的情况。所以哈希查找的第二个步骤就是处理哈希碰撞冲突。

2)处理哈希碰撞冲突。有很多处理哈希碰撞冲突的方法,本文后面会介绍拉链法和线性探测法。哈希表(Hashtable)是一个在时间和空间上做出权衡的经典例子。如果没有内存限制,可以直接将键作为数组的索引,那么所有的查找时间复杂度为$O(1)$;如果没有时间限制,那么我们可以使用无序数组并进行顺序查找,这样只需要很少的内存。哈希表使用了适度的时间和空间来在这两个极端之间找到了平衡——只需要调整哈希函数即可在时间和空间上做出取舍。

在哈希表中,记录在表中的位置和其关键字之间存在着一种确定的关系。这样我们就能预先知道所查关键字在表中的位置,从而直接通过下标找到记录,使平均查找长度(ASL)趋近于0。

1）哈希函数是一个映像，即将关键字的集合映射到某个地址集合上，它的设置很灵活，只要这个地址集合的大小不超出允许范围即可。

2）由于哈希函数是一个压缩映像，因此，在一般情况下，很容易产生"冲突"现象，即 key1 不等于 key2，而 f（key1）等于 f（key2）。

3）只能尽量减少冲突而不能完全避免冲突，这是因为通常关键字集合比较大，其元素包括所有可能的关键字，而地址集合的元素仅为哈希表中的地址。在构造这种特殊的"查找表"时，除了需要选择一个"好"（尽可能少产生冲突）的哈希函数之外，还需要找到一种"处理冲突"的方法。

（2）常见哈希算法的原理　常见哈希算法的原理如下：

散列表是基于快速存取的角度设计的，也是一种典型的"空间换时间"的做法。顾名思义，其数据结构可以理解为一个线性表，但是其中的元素不是紧密排列的，而是可能存在空隙的。散列表是根据关键码–值（Key-Value）而直接进行访问的数据结构。也就是说，它通过把关键码–值映射到表中一个位置来访问记录，以加快查找的速度。这个映射函数叫作散列函数，存放记录的数组叫作散列表。

比如我们存储 70 个元素，但我们可能为这 70 个元素申请了 100 个元素的空间。70/100=0.7，这个数字称为负载因子。我们之所以这样做，也是为了"快速存取"。我们基于一种尽可能随机平均分布的散列函数 H 为每个元素安排存储位置，这样就可以避免遍历性质的线性搜索，以实现快速存取。但是此随机性也必然导致一个问题，那就是冲突。所谓冲突，即两个元素通过散列函数 H 得到的地址相同，那么这两个元素称为"同义词"。这类似于 70 个人去一个有 100 个椅子的饭店吃饭。散列函数的计算结果是一个存储单位地址，每个存储单位称为"桶"。设一个散列表有 m 个桶，则散列函数的值域应为 $[0, m-1]$。

（3）哈希算法的一些关键特征

1）哈希值是确定的，一个区块的数据无论运行多少次哈希函数，得到的哈希值都是相同的。

2）对于节点来说，哈希值很容易计算。这就像数独游戏，很容易验证一个答案是否正确，但很难重现计算过程，很难从哈希值推导出初始数据。

3）哈希算法必须对输入数据非常敏感。对区块链记录的任何改变都将产生完全不同的哈希值。

4）哈希值必须是抗碰撞的。这意味着找到两个拥有相同哈希值的不同数据几乎是不可能的。

3.3 网络层

3.3.1 P2P 网络

P2P 网络即"点对点"或者"端对端"网络，也被称为对等网络。其定义为一种分布式应用体系结构，用于对等节点之间划分任务或负载。在 P2P 网络环境中，彼此连接的多台计算机都处于对等的地位，它们共同为全网提供服务，而且没有任何中心化的服务端，每台主机都可以作为服务端响应请求，也可以作为客户端使用其他节点所提供的服务。P2P通信不需要从其他实体或CA（Certificate Authority）获取地址验证，因此有效地消除了篡改和第三方欺骗的可能性。可见，P2P网络是去中心化和开放的，这也正符合区块链技术的理念。P2P网络如图3-7所示。

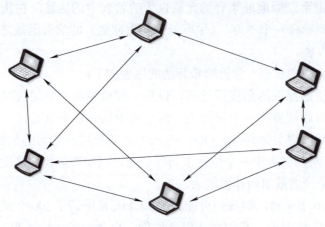

图3-7 P2P网络

P2P网络技术的特点体现在以下几个方面：

（1）**去中心化** 网络中的资源和服务分散在所有节点上，信息的传输和服务的实现都直接在节点之间进行，可以无须中间环节和服务器介入，避免了可能的瓶颈。P2P的去中心化基本特点，带来了其在可扩展性、健壮性等方面的优势。

（2）**可扩展性** 在P2P网络中，随着用户的加入，不仅服务的需求增加，而且系统整体的资源和服务能力也会同步扩充，以便更容易地满足用户的需求。理论上，它的可扩展性几乎可以认为是无限的。例如在传统的FTP文件下载方式中，当下载用户增加之后，下载速度会变得越来越慢，然而P2P网络正好相反，加入的用户越多，P2P网络中提供的资源就越多，下载的速度反而越快。

（3）**健壮性** P2P架构天生具有耐攻击、高容错的优点。由于服务是分散在各个节点之间进行的，部分节点或网络遭到破坏对其他部分的影响很小。P2P网络一般在部分节点失效时能够自动调整整体拓扑，保持其他节点的连通性。P2P网络通常都是以自组织的方式建立起来的，并允许节点自由地加入和离开。

（4）**高性价比** 性能优势是P2P网络被广泛关注的一个重要原因。随着硬件技术的发展，个人计算机的计算和存储能力以及网络带宽等性能依照摩尔定律高速增长。采用P2P架构可以有效地利用互联网中散布的大量普通节点，将计算任务或存储资料分布到所有节点上。利用其中闲置的计算能力或存储空间，达到高性能计算和海量存储的目的。目前，P2P在这方面的应用多在学术研究领域，一旦技术成熟，就能够在工业领域推广，从而可以为许多企业节省购买大型服务器的成本。

（5）**隐私保护** 在P2P网络中，由于信息的传输分散在各节点之间进行而无须经过某个集中节点，用户的隐私信息被窃听和泄露的可能性大大缩小。此外，目前解决互联网隐私问题主要采用中继转发的技术方法，从而将通信的参与者隐藏在众多的网络实体之中。在一些传统的匿名通信系统中，实现隐私保护依赖于某些中继服务器节点。在 P2P 中，所有参与者都可以提供中继转发的功能，因而大大提高了匿名通信的灵活性和可靠性，能够为用户提供更好的隐私保护。

（6）负载均衡　P2P 网络环境下由于每个节点既是服务器又是客户端，因此减少了对服务器计算能力、存储能力的要求，同时因为资源分布在多个节点，更好地实现了整个网络的负载均衡。

3.3.2 数据传播机制

在新的区块数据生成后，生成该数据的节点会将其广播到全网的其他节点以供验证。目前区块链底层平台一般会根据自身的实际应用需求，在比特币传输机制的基础上重新设计或者改进得出新的传输机制，如以太坊区块链集成了所谓的"幽灵协议"，以解决因区块数据确认速度快而导致的高区块作废率和随之而来的安全性风险问题。我们以中本聪设计的比特币系统为例，列出其传播协议的步骤：

1）复杂交易的节点将新的交易数据向全网所有节点广播，节点接收后会将数据存储到一个区块中。

2）每个节点基于自身算力在区块中找到一个符合难度要求的工作量证明，之后便向全网所有节点广播此区块。

3）只有区块中所有的交易有效且未曾出现，其他节点才会认同并接收该数据区块。节点在该区块的末尾制造新的区块以延长链，将被接收区块的随机哈希值视为新区块的前序区块哈希值。

如果交易的相关节点是一个未与其他节点相连接的新节点，比特币系统通常会将一组长期稳定运行的"种子节点"推荐给新节点以建立连接，或者推荐至少一个节点连接新节点。此外，进行广播的交易数据不需要被全部节点都接收到，只要有足够多的节点做出响应，交易数据便可整合到区块链账本中。未接收到完整交易数据的节点可以向邻近节点请求下载缺失的交易数据。

3.3.3 数据验证机制

在区块链网络中，所有节点都会时刻监听网络中广播的交易数据和新产生的区块。在接收到相邻节点发来的数据后，节点会首先验证该数据的有效性：若数据有效，则按接收顺序为新数据建立存储池来暂存这些数据，并且继续向邻近节点转发；若数据无效，则立即废弃该数据，从而保证无效数据不会在区块链网络中继续传播。验证有效性的方法是根据预定义好的标准，从数据结构、语法规范性、输入输出和数字签名等各方面进行校验。数据验证机制的原理如图 3-8 所示。

以比特币为例子，首先，节点 C1、C2 会收集和验证比特币系统广播中尚未存储的交易数据；其次，从数据结构、语法规范性、数字签名等各方面按照预定义的标准去验证数据有效性；再次，节点对存储池的有效交易数据，进行工作量证明，在完成工作量证明后，存储到自己当前的数据区块中，然后产生新的区块；最后，其他节点按照预定义的标准验证该区块是否包含足够的工作量证明以及时间戳是否有效等。

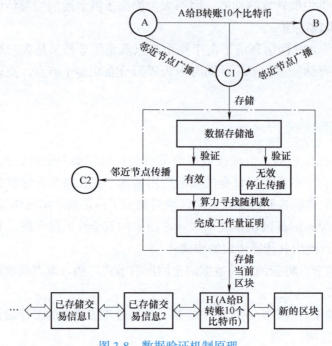

图3-8　数据验证机制原理

正是通过这样的数据传播机制和验证机制，一个层层嵌套、永不停歇的区块链网络才得以形成。

3.4 共识层

3.4.1 共识层简介

分布式共识打破了传统模式中集中式共识的限制，分布式共识采用了一个中央数据库来检索交易并确认交易的有效性。分布式共识将权力和信任关系转移到了分布式网络中，并且允许网络中的节点持续地将交易记录在公开的区块中，通过密码学的手段将区块进行串联，最终形成区块链这样的链式结构，从而保证记录的安全可靠。除分布式共识外，共识层还要保证分布式网络中节点的一致性。保证网络中节点一致性的算法决定了提交交易的方式，是分布式系统对外提供服务的必要保证。

目前共识算法有30多种，主流的共识算法主要有PoW算法、PoS算法、DPoS算法和PBFT算法等。去中心化的区块链由多方共同管理维护，其网络中的节点可由任意一方提供。当网络中缺乏准入机制时，部分节点并不可信，因此需要可以容忍更多异常情况的共识算法，如PBFT算法。超级账本添加了准入机制，只有被授权的节点才能加入网络，因此,它采用更高效、不支持容忍拜占庭错误的 Raft 算法。比特币使用 PoW 共识算法,PoW 共识算法通过比特币区块链上被称为矿工的一些参与者来解决复杂的计算问题,解决了问题的矿工首先向比特币的区块链添加新的交易块,并获得比特币作为"块奖励"。共识算法有很多应用,例如:决定比特币等加密货币中分布式交易的有效性;确认一个分布式任务的领导者的身份;确保状态机副本之间的一致性,并使它们同步。谷歌有一个分布式锁服务(Chubby),它使用 Paxos 算法来保持其副本在失败情况下的一致性(Burrows,2006)。共识算法可用于解决现实世界的问题,如分布式系统中的时间同步(Schenato 和 Gamba,2007)、网络中的负载平衡、网页排名,以及控制多个无人机、机器人和代理。

不同的共识算法保证了在不同场景下区块链节点可以达成一致,共识只是一种手段,最终的目的还是要让分布在不同地理位置的节点,按相同的顺序执行相同的交易,得到相同的结果和一致的状态。

3.4.2 共识算法的理论基础

1. FLP 不可能定理

因为同步通信中的一致性证明是可以达到的,因此一直有人尝试用各种算法解决异步环境的一致性问题。菲舍尔(Fischer)、林奇(Lynch)和帕特森(Patterson)三位作者于 1985 年发表了一篇论文——*Impossibility of Distributed Consensus with One Faulty Process*,提出并证明了一个定理,即"FLP 不可能定理":在网络可靠,存在节点失效(即便只有一个)的最小化异步模型系统中,不存在一个可以解决一致性问题的确定性算法。

FLP 不可能定理论证了最坏的情况是没有下限的,要实现一个完美的、容错的、异步的一致性系统是不可能的。

2. CAP 定理

CAP 定理最初是由加利福尼亚大学伯克利分校的计算机科学家埃里克·布鲁尔(Eric Brewer)于 2000 年提出的,当时他只提出了猜想。2002 年,麻省理工学院的赛斯·吉尔伯特(Seth Gilbert)和南希·林奇(Nancy Lynch)两人对该猜想进行证明和发表,CAP 定理正式诞生。CAP 定理指出对于一个分布式系统来说,不可能同时满足以下三个性质,即一致性、可用性和分区容错性。

CAP 定理示意如图 3-9 所示。

1)C(一致性)是指在某个写操作完成之后的任何读操作都必须返回该写操作写入的值,或者在之后的写操作写入的值。也就是说,分布式系统中所有节点的数据时刻保持同步且都为最新数据。

2)A(可用性)是指当集群中部分节点出现故障的时候,集群整体仍然可以处理客户端的请求,所有请求都能在一定时间内接收到响应。也就是说,不论成功还是失败,都有响应。

3)P(分区容错性)是指当网络出现分区,不同分区的节点之间无法相互通信时,被分隔开的节点仍然可以对外提供服务。也就是说,不同的节点可能会数据不一致,这种情况下需要保证系统能够正常运行。

CAP 定理表明任何分布式系统只可同时满足两者，没法三者兼顾，即数据一致、响应及时、可分区执行不可能同时得到满足。

举个例子：

一个分布式网络中，某一个节点有一组依赖数据 X，当网络无延迟、无阻塞时，依赖于 X 的操作可正常进行。但是网络无延迟、无阻塞在现实世界中是没法 100% 保证的，那么当网络异常时，必然会产生分布式系统的分区和孤岛，当一个执行操作的节点位于与数据 X 所在分区不同的分区时，如果要保证分区容错性，即当系统发生分区时仍可运行，就需要在分布式系统中多个节点有 X 的备份数据，以应对分区情况，则这时候就需要在一致性和可用性之间做出选择。

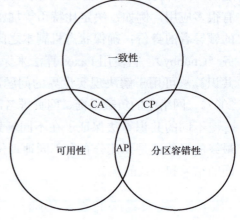

图 3-9　CAP 定理

假如选择一致性，即要保证数据在分布式网络中的一致性，就需要在 X 数据每次改动时，将全网节点的 X 数据同步刷新成最新的状态，那么在等待数据刷新完成之前，分布式系统是不可响应依赖 X 数据的操作的，即可用性的功能缺失。

假如选择可用性，即要突出低延迟的实时响应，那么在响应的时候，可能全节点的 X 数据并没有同步到最新的状态，就会导致一致性的功能缺失。

在工程实践中，通常可以适当地放宽对特定性质的假设，来达成对三个性质的部分满足。首先，分区容错性在 CAP 定理中的正式表述为"允许丢失任意多的一个节点发往另一个节点的消息"。对于可能发生网络丢包、节点宕机的分布式系统，特别是可能存在正常故障节点和拜占庭故障节点的区块链系统来说，分区容错性是基本要求和必选项。因此，对于分布式系统实践而言，CAP 定理就转化为：在满足分区容错性的基础上，不能同时满足一致性和可用性。其次，在保证分区容错性的前提下，放宽约束后可以兼顾一致性和可用性，两者不是非此即彼的。一方面，可以通过牺牲部分一致性来满足可用性：CAP 定理给出的一致性是强一致性，要求无论更新操作是在哪一个副本执行，之后所有的操作都要能获得最新的数据。这种强一致性在实践中可以放宽为弱一致性，即用户读到某一操作对系统特定数据的更新需要一段时间。另一方面，可以通过牺牲部分可用性来满足一致性：CAP 定理的可用性要求所有读写操作必须能终止，实际应用中从主调、被调两个不同的视角，可用性具有不同的含义。当出现网络分区时，主调可以只支持读操作，通过牺牲部分可用性达成数据一致。

3. DSS 猜想

不同于中心化的分布式系统，去中心化是区块链系统的一个核心特性。去中心化的系统中，为了保证数据可信，需要：所有节点参与共识；避免被攻击（如 51% 攻击）；任何节点都要有能力验证交易的合法性；所有交易要按顺序执行和验证；所有节点都要保存所有的交易数据, 等等。

在分布式系统中,可扩展性是指系统的总体性能随着节点的增多而提升。在中心化的分布式系统设计中,可扩展性是必须保证的、最基本的要求之一;中心化的分布式系统要保证可扩展性也是相对简单的。然而去中心化的全量共识和存储的要求,使得提高可扩展性很难:若要获得可扩展性,就不能要求节点执行全量共识、全量存储,而是要分散计算和存储,每个节点只保存部分数据,即每个交易数据只存储在少数节点中,但这样一来,安全性就无法保证,因为攻击者只要攻击少数节点,就能控制区块数据。例如,数据分成100份保存在不同节点中,那攻击者只要实施1%攻击,就能控制其中1份区块数据,攻击难度大大降低。

由于去中心化的要求,区块链的分布式系统有自身特有的理论,其中一个描述了去中心化与可扩展性之间的矛盾,它尚未被严格证明,只能被称为猜想,但在实际系统设计过程中却能时时感觉到。这个猜想就是DSS猜想。DSS猜想认为去中心化(Decentralization)、安全性(Security)和可扩展性(Scalability)这三个属性,区块链系统最多只能三选其二。

区块链在这三个属性之间做选择及对应的策略如图3-10所示,例如若要满足安全性与去中心化要求,则需要所有节点参与共识、计算、全量存储,但由此带来的问题是失去可扩展性,也就是系统的总体性能无法随着节点的增多而提升;若要满足可扩展性与安全性要求,则需要中心化管理,需要保证参与共识的节点是可信的;若要满足可扩展性与去中心化要求,则需要采用分散存储、计算的策略,不做全量共识,则攻击网络的难度降低,安全性难以保证。

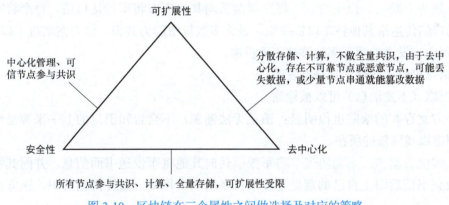

图3-10 区块链在三个属性之间做选择及对应的策略

4. 共识算法应该满足的条件

尽管算法多种多样,可以根据需要采用各种策略,但大家公认的、理想的共识算法应该满足以下条件:

1) 可终止性(Termination):一致的结果在有限时间内能完成。
2) 共识性(Consensus):不同节点最终完成的决策结果应该相同。
3) 合法性(Validity):决策的结果必然是其他进程提出的提案。

3.4.3 拜占庭容错技术

1. 拜占庭将军问题

拜占庭容错技术

拜占庭将军问题（Byzantine Failures，BF），是由莱斯利·兰伯特（Leslie Lamport）提出的点对点通信中的基本问题。拜占庭将军问题的一般表述为：拜占庭帝国的将军们率领他们各自的军队围攻敌方的一座城池，每位将军都只能控制自己的军队，并且通过信使来传递消息给其他将军，以期就一个合理的战斗行动计划达成共识。然而，将军中可能存在叛徒，他们试图通过制订和传播错误的行动计划，来欺骗其他忠诚的将军。因此，拜占庭将军问题就是如何找到一个可行的算法，使得忠诚的将军们能够在少数叛徒的扰乱行为下仍然能够达成共识的问题。具体来说，忠诚的将军必须按照算法要求来行动，而叛徒将军则可以任意行动。此时，拜占庭将军算法必须保证忠诚将军的通信和决策同时满足一致性条件（A）和正确性条件（B），即

（A）：所有忠诚将军必须按照相同的行动计划做出决策。

（B）：少数叛徒不能使忠诚的将军采纳错误的行动计划。

拜占庭将军问题延伸到互联网生活中来，其内涵可概括为：在互联网大背景下，当需要与不熟悉的对方进行价值交换活动时，人们如何才能防止不会被其中的恶意破坏者欺骗、迷惑，从而做出错误的决策。进一步将拜占庭将军问题延伸到技术领域中来，其内涵可概括为：在缺少可信任的中央节点和可信任的通道的情况下，分布在网络中的各个节点应如何达成共识。

（1）解决方案一：口头协议　将军派信兵向其他所有将军传达口信，每个将军再将自己收到的口信传达给其他将军以供决策，最终多数投票即为共识。该方案实现了以下三点：

1）每个被发送的消息都能够被正确投递。

2）信息接收者知道消息是谁发的。

3）沉默（不发消息）可以被检测。

这个方案存在的缺陷也很明显：消息无法溯源，不会告知消息的上一来源是谁，如有叛徒，则难以找到叛徒所在。

（2）解决方案二：书面协议　将军派信兵向其他将军发送书面信息，并附其签章，其他将军收到书信后附上自己的意见与签章再发给剩余将军，最终得到共识。该方案实现了以下三点：

1）签章有记录，解决溯源问题。

2）签章难以伪造，篡改会被发现。

3）将军们都可验证签章的真伪。

这一解决方案依然存在缺陷：签章记录的保存人不一定可信，真正可信的签名体系很难实现。

以上两个方案，在任意时间，系统中都可能会存在多个提案，即每位将军都可以传出自己的意见。这就是一个由互不信任的军队所构成的分布式网络，要获得最大的利益，又

必须一起努力才能完成，如何达成一致的共识，变成了一个难题。

虽然，拜占庭将军问题是由莱斯利·兰伯特提出的，但真正解决这一难题的是中本聪。

（3）解决方案三：区块链技术 区块链中通过引入工作量证明机制来提升做叛徒的成本，在工作量证明下，只有第一个完成规定计算工作的节点才能广播区块。通过工作量证明，增加了发送信息的成本，降低了节点发送消息的速率，即一段时间内（10min）只有一个节点可以传播信息。同时节点在广播时会附上自己的签名，由于签名是不可伪造的，所以就保证了消息来源的可追溯性。这个过程就像一位将军在向其他将军发起一个进攻提议一样，如果是诚实的将军，就会立刻同意进攻提议，而不会发起自己新的进攻提议。这就是比特币网络中单个区块达成共识的方法。

假设攻下一个城池需要多次进攻，每次进攻的提议必须基于之前最多次数的胜利而提出，这样约定之后，将军在收到进攻提议时，就会检查一下这个提议是不是基于最多胜利提出的，如果不是，将军就不会同意这样的提议，如果是的，将军就会把这次提议记下来。这就是比特币网络最长链选择机制。如果不同的节点先后解出了题，各自先后在这个网络发布消息，于是网络中各个节点都会收到来自不同节点发起的消息，那怎么办呢？只有时间最早的发起者才是有效的。中本聪巧妙地设计了时间戳，为每个节点在解好题的时间（出块时间）盖上时间印章。节点们又凭什么要一起做工作量证明呢？中本聪设置了一个奖励机制，比特币的奖励机制是每打包一个块，奖励一定数量的比特币，这样节点们就会尽最大努力维护系统的稳定性。

2. 拜占庭容错系统

区块链网络的共识记账和拜占庭将军问题是相似的。参与共识记账的每一个记账节点相当于将军，节点之间的消息传递相当于信使，某些节点可能由于各种原因而产生错误的信息并传达给其他节点。通常，这些发生故障的节点被称为拜占庭节点，正常的节点即非拜占庭节点。

拜占庭容错系统是一个拥有 n 个节点的系统，整个系统对于每一个请求，满足以下条件：

1) 所有非拜占庭节点使用相同的输入信息，产生同样的结果。

2) 如果输入的信息正确，那么所有非拜占庭节点必须接收这个信息，并计算相应的结果。

与此同时，在拜占庭容错系统的实际运行过程中，还需要假设整个系统中拜占庭节点不超过 m 个，并且每个请求还需要满足两个指标：①安全性，任何已经完成的请求都不会被更改，它可以在以后请求看到；②活性，可以接受并且执行非拜占庭客户端的请求，不会被任何因素影响而导致非拜占庭客户端的请求不能执行。

拜占庭容错系统普遍采用的假设条件包括：

1) 拜占庭节点的行为可以是任意的，拜占庭节点之间可以共谋。

2) 节点之间的错误是不相关的。

3) 节点之间通过异步网络连接，网络中的消息可能丢失、乱序并延时到达，但大部分协议假设消息在有限的时间里能传达到目的地。

4）服务器之间传递的信息，第三方可以嗅探到，但是不能篡改、伪造信息的内容和验证信息的完整性。

3. 实用拜占庭容错系统

原始的拜占庭容错系统由于需要展示其理论上的可行性而缺乏实用性，另外它还需要额外的时钟同步机制支持，算法的复杂度也是随节点增加而指数级增加的。实用拜占庭容错系统，降低了拜占庭协议的运行复杂度，从指数级别降低到多项式（Polynomial）级别，使拜占庭协议在分布式系统中应用成为可能。

实用拜占庭容错系统是一种状态机拜占庭容错系统，要求共同维护一个状态，所有节点采取的行动一致。为此，需要运行3类基本协议，包括一致性协议、检查点协议和视图更换协议。我们主要关注支持系统日常运行的一致性协议。

一致性协议要求来自客户端的请求在每个服务器节点上都按照一个确定的顺序执行。这个协议把服务器节点分为两类，即主节点和从节点，其中主节点仅有一个。在协议中，主节点负责将客户端的请求排序，从节点按照主节点提供的顺序执行请求。每个服务器节点在同样的配置信息下工作，该配置信息被称为视图。主节点更换时，视图也随之变化。

一致性协议至少包含若干个阶段：请求（Request）、序号分配（Pre-prepare，也称预准备）和响应（Reply）。根据协议设计的不同，可能包含交互（Prepare，也称准备）、序号确认（Commit）等阶段。

3.4.4 典型的共识层机制

1. 工作量证明

工作量证明（PoW）是由亚当·贝克（Adam Back）设计的 Hashcash 系统，最初被创造出来用于预防邮件系统中铺天盖地的垃圾邮件。2009年，中本聪将PoW机制用于比特币区块网络中，作为达成全网一致性的共识机制。PoW算法是一种竞争性共识算法，在这种算法中，区块链上的每个节点为竞争记账权力而解决一个数学难题。这个数学难题的解决是通过哈希函数完成的。节点是尝试计算哈希函数的计算机，将尝试以哈希值满足预定义条件的方式查找特定值作为Nonce，例如查找使其哈希值的前30位为零的Nonce。通过更改这些预定义的条件，网络可以非常灵活地扩展到任何条件。在PoW中，网络的每个节点都在计算区块头的哈希值。换句话说，为了在网络中达成共识，链上每个节点都试图找到等于或小于某个给定值的哈希值。当一个节点找到目标值时，它将向整个网络广播该块，所有其他节点应确认哈希值的正确性。因此，如果该块被验证，所有节点都会将这个新块附加到自己的链中。在比特币系统中，运算哈希值的节点被称作"矿工"，而 PoW 的过程也被称为"挖矿"。

工作量证明

该算法的优点是完全去中心化和分布式账簿。缺点包括：交易速度比较慢，需要等待交易被确认；交易费用比较昂贵；经过时间的推移，挖矿的资源会被集中在少数人的手里或者是算力最大的群体手中。

2. 权益证明

权益证明（PoS）也是一种竞争性共识算法。PoS 是 PoW 的一种节能替代选择，它不需要用户在不受限的空间中找到一个随机数，而是要求他们证明"货币"数量的所有权，因为它相信拥有"货币"数量多的人攻击网络的可能性更低。PoS 算法与 PoW 算法有很大的差异，PoS 节点不挖掘加密货币，而是下一个区块的创建者通过随机选择、股份供应（节点在网络中所拥有的加密货币数量）和年龄（节点的持续参与时间）的各种组合来选择，这可以提供良好的可扩展性。将通过准随机过程选择用于制作下一块的选定节点，其中选择取决于与该节点相关的钱包（或共享池）中存储的资产。这种方法不需要很高的计算能力来验证任何证据，因此，矿工除了交易费用外不会获得任何奖励。尽管这种方法不需要证明工作的计算能力，但它强烈依赖于拥有最多利益的节点，区块链将以某种方式变得集中。

该算法的优点是：效率高并且节能，挖矿时消耗的电力很少；攻击需要花费的代价比较高；可扩展性好。缺点是：奖励会按照权重分配给使用其加密货币时间最长的人，矿工持有加密货币的时间越长，回报就越大；网络结构允许有更多加密货币的一方拥有更多网络的控制权，于是可能会造成中心化集权。

3. 股份授权证明机制

股份授权证明（DPoS）类似于现代企业中的董事会制度，在 DPoS 中将代币持有者称为股东，区块的股东们通过民主选举的方式投票推举其代表，所推选出的代表将负责新的区块的生成与数据验证工作。只有有限数量的验证者，他们可以对新提出的区块进行建议和投票，利益相关者可以将他们的加密货币"委托"给他们选择的验证者，由验证者代表他们投票。这样，验证者可以成为专业的操作人员（类似于 PoW 系统中的矿池），如果他们投票给无效的区块将受到处罚。

该算法的优点是：与 PoS 类似，它们都是节约能源的，结合了去中心化与中心化的特性，大幅加快了区块链上的交易速度。缺点是：为了性能，对去中心化做了一个妥协，变成了一个"弱中心"或者说"部分去中心"，容易受到攻击。

4. 实用拜占庭容错算法

实用拜占庭容错（PBFT）算法可以用来解决拜占庭将军问题，而且解决了原始拜占庭容错算法效率不高的问题，将算法的复杂度由指数级降低到多项式级，使得拜占庭容错算法在实际系统应用中变得可行。PBFT 算法主要分为 3 个阶段：预准备（Pre-prepare）阶段、准备（Prepare）阶段、确认（Commit）阶段。具体共识过程如图 3-11 所示。

（1）预准备阶段 主节点收到客户端的交易请求后，为该请求分配编号，将请求封装成预准备消息并发送给所有从节点，发送的预准备消息为 <<Pre-Prepare,n,

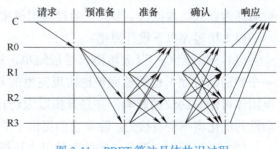

图 3-11 PBFT 算法具体共识过程

v,d>signature,m>>，其中 n 为序列号，v 是视图的编号，m 是请求消息，d 是 m 经过哈希运算后的摘要。

（2）准备阶段 从节点收到预准备消息后，对消息进行验证并将消息添加到本地，然后构造准备消息并向其他从节点广播，消息格式为：<Prepare,v,n,d,i>。同时该节点会不断接收其他从节点的准备消息，并对其进行验证。

（3）确认阶段 当从节点累计确认通过 $f+1$ 个准备消息后，则进入确认阶段，该节点会构造确认消息并向网络中的其他节点发布。确认消息格式为：<Commit,v,n,d,i>。当从节点验证通过 f 个确认消息后，确定大部分节点都已经进入确认阶段，即完成本次的共识过程。

如果已经收到超过 1/3 不同节点的确认，服务操作就是有效的。使用 PBFT，区块链网络 n 个节点在信息添加到分布式共享账簿之前达成共识。目前，超级账本联盟、中国分布式总账基础协议（ChinaLedger）联盟等诸多区块链联盟都在研究和验证这个算法的实际部署和应用。

该算法的优点是：共识效率高，可满足高频交易量的需求；共识的时延在 2～5s，基本达到商用实时处理的要求。缺点是：当有 1/3 或者 1/3 以上的记账人联合作恶，且其他所有记账人被恰好分割为两个网络孤岛时，恶意记账人可以使系统出现分叉，但是会留下密码学证据。

3.5 合约层

3.5.1 智能合约框架

比较经典的智能合约框架有以太坊和超级账本。

1. 以太坊

维塔利克·布特林（Vitalik Buterin）受比特币启发，于 2015 年 7 月 30 日正式发布了以太坊，大意为"下一代加密货币与去中心化应用平台"。截至 2023 年 8 月，以太币是市值第二高的加密货币，仅次于比特币。以太坊是一种具有高效共识机制、高图灵完备性并支持智能合约的区块链。它也是一个通用的全球性区块链，一种编程语言——包括数字货币（以太币）和用来构建、发布分布式应用的智能合约编程语言。以太坊中的智能合约是运行在以太坊虚拟机上的，这是一个智能合约的沙箱，合约存储在以太坊的区块链上，并被编译为以太坊虚拟机字节码，通过虚拟机来运行。

以太坊遵循以下设计原则：

（1）简洁原则 以太坊协议尽量简单，即便以某些数据存储和时间上的低效为代价。一个普通的程序员也能够完美地实现完整的开发说明，这将有助于降低任何特殊个人或精英团体可能对协议的影响，并且开拓以太坊作为对所有人开放的协议的应用前景。添加复杂性的优化将不会被接受，除非它们提供了非常根本性的益处。

（2）通用原则 没有"特性"是以太坊设计哲学中的一个根本性部分。取而代之的是，以太坊提供了一个内部的、图灵完备的脚本语言,供用户构建任何可以精确定义的智能合约或交易类型。通过以太坊合约的关联以及适当的维护,可以构建任何想要的应用,无论是一个全规模的守护程序还是一个天网。

(3) 模块化原则　以太坊的不同部分应被设计为尽可能模块化的和可分的。开发过程中,对协议某处做一个小改动时,应用层应能够不加改动地继续正常运行。以太坊开发应该最大限度地做好这些事情,以助益整个加密货币生态系统,而不仅是自身。

(4) 无歧视原则　协议不应主动地试图限制或阻碍特定的类目或用法,协议中的所有监管机制都应被设计为直接监管危害,不应试图反对特定的不受欢迎的应用。人们甚至可以在以太坊上运行一个无限循环脚本,只要他们愿意为其支付按计算步骤计算的交易费用。

以太坊是一个平台,它上面提供各种模块让用户来搭建应用,如果将搭建应用比作造房子,那么以太坊就提供了墙面、屋顶、地板等模块,用户只需像搭积木一样把房子搭起来,因此在以太坊上建立应用的成本和速度都大大改善。具体来说,以太坊通过一套图灵完备的脚本语言(Ethereum Virtual Machine Code,EVM 语言)来建立应用,它类似于汇编语言。我们知道,直接用汇编语言编程是非常痛苦的,但以太坊里的编程并不需要直接使用 EVM 语言,而是使用类似 C、Python、Lisp 等高级语言,再通过编译器转成 EVM 语言。

上面所说的平台之上的应用,其实就是合约,这是以太坊的核心。合约是以太坊系统里的自动代理人,它有一个自己的以太币地址,当用户向合约的地址里发送一笔交易后,该合约就被激活,然后合约会根据交易中的额外信息,运行自身的代码,最后返回一个结果,这个结果可能是从合约的地址发出另外一笔交易。需要指出的是,以太坊中的交易,不仅是发送以太币而已,它还可以嵌入相当多的额外信息。如果一笔交易是发送给合约的,那么这些信息就非常重要,因为合约将根据这些信息来完成自身的业务逻辑。

合约所能提供的业务,几乎是无穷无尽的,它的边界就是你的想象力,因为图灵完备的语言提供了完整的自由度,让用户搭建各种应用,如储蓄账户、用户自定义的子货币等。

2. 超级账本

超级账本(Hyperledger)是一个旨在推动区块链跨行业应用的开源项目,由 Linux 基金会在 2015 年 12 月主导发起,成员包括金融、银行、物联网、供应链、制造和科技行业的"领头羊"。其核心重点是促进企业级、开源"分布式账本"框架和代码库的发展。

Hyperledger 的网络虽然是私有的,但是是开源的,因此你可以将其应用于自己的分布式账本技术(DLT)。它属于私有区块链的范畴,被称为许可区块链。一个实体要加入一个私有或许可的区块链网络,必须获得管理员的许可,这与公有链网络相反。

Fabric 是第一个在 Hyperledger 上实现的区块链。它已经成为开发许多商业解决方案的框架,并且在区块链生态系统中是独一无二的——Fabric 允许开发人员部分使用其功能,而无须承诺使用完整的区块链功能。Fabric 是一个许可区块链,并没有利用加密货币。它可以作为一个量身定制的即插即用的区块链私下运行,是完全中心化的。它砍掉了大部分区块链用于防止串通的安全功能,这并不总是一件坏事——它取决于你的开发目标。Fabric 上的所有参与者都是已知的,而典型的公有链上所有参与者默认都是匿名的。在 Fabric 上,所有的交易都是安全、私有和保密的。它只允许通过所有参与者节点的共识进行更新,从而保持完整性。这意味着,当记录被输入后,它们永远不能被更改。

3.5.2 智能合约典型技术

1. Solidity

Solidity 是一种接近 JavaScript 语法的程序语言,也是一种面向对象的语言,作为一种真正运行在网络上的去中心合约语言,有一些特点:

以太坊底层是基于账户,而非 UTXO(Unspent Transaction Output)的,所以有一个特殊的地位(Address)类型,用于定位用户、合约、合约的代码(合约本身也是一个账户)。由于语言内嵌框架是支持支付的,所以提供了一些关键字,如"payable"可以在语言层面直接支持支付。数据的每一个状态都可以被永久存储,所以需要确定变量(数据位置)使用内存,还是使用链。运行环境是在去中心化的网络上的,会比较强调合约或函数执行的调用方式。异常机制非常独特,一旦出现异常,所有的执行都会被回撤,这主要是为了保证合约执行的原子性,以避免中间状态出现的数据不一致。

2. Vyper

Vyper 是一种用在以太坊虚拟机(EVM)上的面向合约的 Python 风格的编程语言。Vyper 代码编译成字节码后在 EVM 上运行。Vyper 语言最主要的特点是简单和安全。它的出现主要是针对 Solidity 语言编写合约时难于阅读(或编写)和安全性较差的问题,从语言层次上做出了一些改进和支持,并抛弃了 Solidity 中一些复杂的特性。它虽然使用 Python 风格的语法,但实际上是由 Serpent 语言升级而来的。

Vyper 语言的目标和原则是安全性。Vyper 语言的设计目的是让人们能自然而然地编写出安全的智能合约。其语言和编译器都得以简化。Vyper 提供了以下一些特性:

1)边界和溢出检查。该特性被用在数组访问和算术计算时(注:在 Solidity 中也有数组边界检查,但是没有溢出检查,通常使用 SafeMath 库)。

2)支持有符号整数和十进制固定浮点数(注:在 Solidity 中也有这两种支持功能,但 Vyper 中的符号整数可以用来访问数组,负数就是从后向前访问,同 Python)。

3)可判定性。在 Vyper 中可以精确地计算一个函数调用消耗的 Gas[⊖]上限(注:在 Vyper 编译成的 ABI 中,就有每个函数的 Gas 消耗)。

4)类型加强,包括支持单位(分为内置单位和自定义单位等)。

5)对纯函数的有限支持。任何标记为常量的元素都不允许改变以太坊状态(注:这个主要是针对 Solidity 旧版本而言的,在 0.5.0 以前的版本中,标记为 view 的方法通过不恰当的类型转换,可能会改变状态。在 0.5.0 版本时已经修复了这个问题)。

Vyper 并不想完全替代 Solidity,它不会实现 Solidity 中的所有功能。Vyper 的设计目标之一是简化合约的编写和审计过程,并降低智能合约中的漏洞风险。为了实现这一目标,

---

[⊖] Gas在以太坊中是一种计算资源的度量单位和支付单位,用于确保网络的公平性、安全性和可持续性。通过控制Gas价格和调整操作的Gas成本,可以影响交易的优先级和执行速度。

Vyper 故意禁止一些在 Solidity 中可能存在的危险或难以理解的功能。它通过限制合约编程的某些方面，提供了更严格的安全保证。Vyper 适合用于开发一些小型的、开发人员不需要过多考虑安全性的合约；复杂的、相互之间耦合度高、代码重用度高的合约还是需要使用 Solidity 来编写。

3.6 应用层

3.6.1 应用层简介

应用层主要定义区块链应用的准则模型、垂直行业、使用的技术（即区块链工具）等。应用层通过 Web 前端、移动开发等开发技术和工具设计友好的图形化接口，服务于不同垂直行业中区块链落地应用开发。

为了优化产业结构、赋能数字经济、提升行业竞争力，当前很多垂直行业都尝试引入区块链技术。现有研究从不同角度就是否需要区块链给出了不同的决策模型，如 BBP 模型。该模型的优点在于从共享账本这个本质概念出发，而不是仅仅关注区块链技术本身，它更关注使用区块链来解决什么问题。但它并不符合金字塔原理的 MCME 原则，即相互独立、完全穷尽。在实际应用中，存在交叉的地方，比如说瑞波是一个基于互联网的全球开放支付网络，但是其共识算法是基于特殊节点列表的，从而使得一组节点就可以达成共识。BBP 模型如图 3-12 所示。

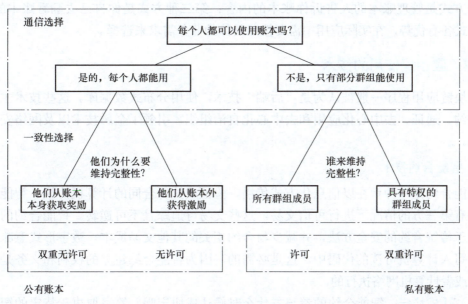

图 3-12　BBP 模型

如果把区块链看作一种操作系统，应用层就像是操作系统里安装的各种应用程序。在区块链中的应用层中，运行着各种区块链应用产品，例如去中心化应用（DApp）。各种各样的案例和应用场景都储存在区块链的应用层中。目前人们已经尝试将很多现实世界中的商业场景迁移到区块链中，以智能合约的形式进行交易，只要满足合约条件，自动执行条款，从而能够大大提升交易效率。未来，区块链能够和人们生活的方方面面联系到一起，应用层功不可没。

1. 应用层的作用

应用层直接体现了我们日常生活中的一些应用场景，例如金融、数字货币、供应链、互联网医疗、公益、能源、法务、电商、文学创作、娱乐、版权等。开发者只要了解区块链的基本原理以及如何使用区块链平台，并且能够通过应用层与底层平台进行交互，就可以利用区块链技术将数据真实可信地放到区块链上，这也是我们常说的"区块链+"，通过对应用层的合理规划，将利用区块链的解决方案落地到各行各业。

2. 应用层的设计

应用层与区块链的交互可以参考以下两种设计方式：

1）客户端通过应用层发起请求，应用层将信息发送给区块链（信息上链），应用层捕获处理结果，然后将处理结果返回给客户端。

2）客户端通过应用层发起请求，应用层信息上链，应用层不去捕获处理结果，而是由客户端通过查询的方式自行在区块链上获取处理结果。

第一种方式很常见，其用户体验更好，这种方式最大的问题是，如果应用层被劫持或攻击，那么返回的结果就会失真。第二种方式由客户端自行查询获取结果，可以减少对应用层的依赖。以记录账本为例来说明这两种方式的区别：当你向账本写入一条信息的时候，第一种方式是管理账本的人告诉你账本的内容；第二种方式是你自己去翻看账本的内容。两种方式各有优势，在实际应用中需要按照具体的业务需求来选择。

3.6.2 应用层使用的技术

区块链应用程序一般被认为是"后端"技术，使用分布式数据库。这些技术主要包括智能合约、通证、去中心化应用和去中心化自治组织，引领了金融技术以及网络安全方面的变革。

1. 智能合约技术

智能合约是一种旨在以信息化方式传播、验证或执行合同的计算机协议。智能合约允许在没有第三方的情况下进行可信交易，这些交易可追踪且不可逆转。智能合约的目的是提供优于传统合约的安全方法，并减少与合约相关的其他交易成本。数字形式意味着合约不得不写入计算机可读的代码中。这是必需的，因为智能合约建立的权利和义务是由一台计算机或者计算机网络执行的。

（1）达成协定　智能合约的参与方什么时候达成协定呢？答案取决于特定的智能合约实施。一般而言，当参与方通过在合约宿主平台上安装合约，致力于合约的执行时，就达成协定了。

（2）合约执行　"执行"的真正含义也依赖于实施。一般而言，执行意味着智能合约会按照协议中定义的条件和规则自动进行相应的操作。

（3）计算机可读的代码　　合约需要的特定"数字形式"非常依赖于参与方同意使用的协议。协议是技术实现，在这个基础上，合约承诺被实现，或者合约承诺实现被记录下来。选择哪个协议取决于许多因素，最重要的因素是在合约履行期间被交易资产的本质。

以销售合约为例。假设参与方同意货款以比特币支付。选择的协议很明显就会是比特币协议，在此协议上，智能合约被实施。因此，合约必须要用到的"数字形式"就是比特币脚本语言。比特币脚本语言是一种非图灵完备的、命令式的、基于栈的编程语言，类似于 Forth。

部署智能合约的案例有：以太坊在其区块链上实施了一种近乎图灵完备的语言，这是一个突出的智能合约框架；RootStock（RSK）是一个智能合约平台，通过侧链技术连接到比特币区块链。RSK 兼容为以太坊创造的智能合约。

2. 通证技术

通证可以这么理解：某人现在要出卖自己的劳动时间，他明码标价自己工作 1h 需要 10 元人民币作为报酬。这时候此人工作 1h=10 元人民币，人民币在这个时候就相当于通证。某人也可以说自己工作 1h 只需要一件衣服作为报酬。那么衣服在这个时候就是通证。通证是需要流通的，所以就需要加密，需要数字化。通证具备以下 3 个要素：

（1）数字权益证明　　通证必须是以数字形式存在的权益凭证，它必须代表的是一种权利，一种固有和内在的价值。通证可以代表一切可以数字化的权益证明，从身份证到学历文凭，从货币到票据，从钥匙、门票到积分、卡券，从股票到债券、账目、所有权、资格、证明等人类社会全部权益证明都可以用通证来代表。

（2）加密　　通证的真实性、防篡改性、保护隐私等能力，由密码学来保障。每一个通证，就是由密码学保护的一份权利。这种保护更坚固、更可靠。

（3）可流通　　通证必须能够在一个网络中流动，并随时随地被验证。

通证是区块链的特色应用，没有通证可能会降低激励效果，区块链的优势就可能无法充分发挥。通证就是区块链技术结出来的最美好的鲜花和果实，它们二者是不可分的。通证的关键就是能在一个经济体里做资产的确权和交易行为的确权。通证有很多类型，如权益型、货币型、实物型等。

3. 去中心化应用

去中心化应用（DApp）一般是指运行在分布式网络上，参与者的信息被安全保护（也可能是匿名的），通过网络节点进行去中心化操作的应用。在以太坊上，它是一个交易协议，根据区块链上设定的条件来执行的一个合约或者一组合约。

DApp 一般具有 3 个特征：

1）应用程序必须是开源的，大部分由 DApp 所发行的代币自主运行，而不是由某个实体控制，所有的数据和记录都必须加密保存在公开且去中心化的区块链上。

2）应用必须通过一个标准算法或者一组标准来生成代币，操作开始时就可能分配一部分或者全部代币。这些代币必须根据应用的需要来使用，任何做出贡献的用户都应该获得应用支付的代币奖励。

3）应用能够根据市场反馈来改进并且调整自己的协议，但所有的更改必须得到大多数用户的一致同意。但总体而言，每个区块链项目对去中心化应用组成条件的确切技术的看法会有一些不同。

4. 去中心化自治组织

去中心化自治组织（Decentralized Autonomous Organization，DAO）是去中心化应用的更复杂的形式。在去中心化自治组织中，会有一些智能合约在区块链上运行，根据预先设定的范围，也可能是根据事件和条件的变化来自动执行预先批准的任务。为了从形式上更像一个组织，一个 DApp 应该具有类似于宪法章程的更加复杂的设置，能够更加公开地概述其在区块链上的功能和金融运作机制，比如它可以通过众筹来发行股票。去中心化自治组织或去中心化自治企业（Decentralized Autonomous Corporation，DAC）也许能够衍生出人工智能的概念。去中心化自治网络能够在完全没有人类干预的情况下，在预先设定的业务规则之下，在类似于公司的模式下自动运行。

区块链上，这些智能合约不仅能够以一个自治企业的模式运作，还能够构建一些完全和现实世界中商业模式一样的功能。比特币交易的流行，使得汇款市场变得更加有效率，而 DAO 和 DAC 也能够完成相同的事情。一个现实世界中的汇款公司可能与当地行政管理机构有不少需要协调的事宜，也必然会耗费许多成本，如面对营业许可、登记、保险、税务等许多行政事务和监管法律，也由此会产生许多成本。这些事宜如果能够到区块链中实现，也许将变得更加高效，甚至完全不需要了。基于区块链的自治企业实体能够像根据智能合约和电子合同来完成它们所需要的操作，通过网络这些企业将能变成全球性企业，它们的商业模式也由此可能获得更好的选择。

3.6.3 区块链工具

1）Ethers.js 是一个完整实现以太坊钱包功能的工具包，其 API 文档非常详细。

2）Truffle 是开发合同工程的框架，是一组本地集成开发环境和编译测试调试工具。在 Truffle 提供的开发环境中，整合了前端实例化合同的方法，可以简单地调用合同功能。此外，各种盒子在解包后即可使用，以便前端 App 调用合同项目。

3）Geth 是用 Go 语言编写的以太坊客户端，是目前最常用的以太坊客户端之一，拥有丰富的 API，但没有可视化操作界面。它可以与 Mist 协作进行以太坊智能合约的开发调试。

4）Solc 是以太坊官方提供的 Solidity 编译工具。

5）OpenZeppelin 是一系列经过安全性验证的合同工具和 ERC 标准合同库，开发者可以通过继承这些合同工具和合同库来轻松开发合同。

6）Mist 是以太网电脑钱包，同时也具备连接到不同网络的功能。它提供了账户管理、交易、呼叫合同、部署合同以及 DApp 功能的接口化操作。这些功能对于发送事务和调用合同的操作非常有用。通过使用 Mist，可以轻松连接到以太网的测试网络，从而支持智能合约的开发、部署和调试。

7）Remix 是一个集成的浏览器 IDE，用于创建部署调试合同。用户可以在其提供的浏览器页面上快速创建部署合同，包括正式的网络连接、测试、静态检查、本地调试、事务日志、事件和日志查询。另外，通过与 Remixd 工具提供的 WebSocket 服务建立连接可以实现与本地文件的开发交互。对于与以太坊智能合约兼容的连锁平台来说，Remix 是一个非常易于使用的合同编辑、测试和部署工具，用户众多且成熟。

8）Docker 在区块链上有多种用途，如用作基础组件以在 BaaS（Blockchain as a Service，区块链即服务）中实现动态节点管理，或用作结构中智能合约的执行容器。

9）RocksDB 是一个具有高性能、易用性特征的 NoSQL 数据库，许多区块链项目将 RocksDB 作为底层存储数据库。

10）MyEtherWallet 是一个热门的网络版以太坊在线钱包，具有丰富的资产管理、账户备份功能。对于不想在本地安装钱包客户端，而是存储所有数据块信息的用户来说，它是个不错的选择。用户可以使用私钥和密码来访问他们的钱包，这使得他们可以随时在其他钱包中恢复他们的账户。MyEtherWallet 注重安全性，并提供了额外的保护措施，如助记词和双因素身份验证，以确保用户的资产安全。

11）MetaMask 是谷歌浏览器 Chrome 中使用的插件类型的以太网钱包。这个钱包不需要下载，只需要添加支持谷歌浏览器的扩展程序，使用方便，不需要下载全部数据块信息。MetaMask 在推广和普及以太坊 DApp 方面发挥了重要作用，尤其在以太坊游戏的热潮中功不可没。

12）Embark 目前集成了 EVM 区块链（以太网）、去中心化存储（IPFS）、去中心化通信平台（Whisper 和 Orbit），为开发者构建自己的区块链应用程序提供了 Swarm。

13）Ganache 是 Truffle 官方推荐的以太坊客户端之一，用于本地开发和测试以太坊应用程序。它提供了一个易于使用的界面，可以模拟完整的以太坊网络环境，包括账户管理、区块链浏览和交易调试等功能。

3.7 本章习题

3-1 关于工作量证明说法正确的是（　　）。

    A. 工作量证明是一种竞争性共识算法，在公有链网络中很常见。它允许任何人在任何级别上参与系统的创建和维护，希望具有竞争力并获得加密货币奖励的节点将需要运行专用设备

    B. 工作量证明是一种协作共识算法，在私有链网络中很常见。它允许任何人参与任何级别的系统创建和维护，希望具有竞争力并获得加密货币奖励的节点将需要运行专用设备

    C. 工作量证明是一种竞争性共识算法，并且是支持大量验证者节点的网络结构。验证者节点由系统用户选举，用户将资金抵押给他们选择的验证者节点。如果一个验证者节点通过选举获胜时，它将获得处理交易的权限

D. 工作量证明是一种协作共识算法，已在公有链网络中流行。它允许任何人参与任何级别的网络创建和维护，只要节点运营商拥有所需的最低数量的加密货币，它们就可以处理网络交易

3-2 第一个区块链网络是（　　）。
　　A. Ripple　　　B. Ethereum　　　C. Waves　　　D. 比特币
3-3 P2P 网络的架构有哪些？公有链通常采用什么架构？
3-4 区块链中，如果节点收到两个相同高度的合法的区块，会如何选择？
3-5 区块链的共识机制是什么？主要是为了解决什么问题？
3-6 请简述什么是 CAP 原理。
3-7 请简述 PoW、PoS 共识算法的过程，并指出它们的缺陷。
3-8 什么是智能合约？智能合约的特点是什么？

第 4 章
区块链技术与工业互联网大数据

工业互联网大数据虽然给各行业带来了新的发展和突破,但也因为技术的不完善而面临发展的困境。区块链技术被很多业界人士看好,被认为是现代互联网技术的补充和升级。区块链技术在很大程度上促进了工业互联网大数据技术的发展,如果将工业互联网大数据看作信息管理和存储中心,那么区块链就是信息加密和保护系统,它起到了为大数据提供高度的安全性、确保个人信息的私密性、帮助数据实现不同场景下的融合、使得数据更强大等作用。区块链是大数据的安全载体,为工业互联网大数据保驾护航。工业互联网大数据中有海量数据,重点在于数据的广度和数量,以粗糙的方式进行统计分析;区块链技术面向的数据更小,处理方式更细致。区块链技术可以解决当前工业互联网大数据的技术瓶颈,工业互联网大数据也为区块链提供技术环境,两者各有所长,只有互相融合才能更好地为共享经济服务。

4.1 工业互联网大数据背景

云计算、大数据、人工智能、物联网、5G 通信等新一代信息技术和工业化的"深度融合",赋能传统制造企业的智能化转型。新一代信息技术的发展驱动制造业迈向升级转型的新阶段——数据驱动阶段,这是新的技术条件下制造业生产全流程、全产业链、产品全生命周期的数据可获取、可分析、可执行的必然结果,也是制造业隐性知识显性化不断取得突破的内在要求。智能制造贯穿于产品设计、制造、服务全生命周期的各个环节及相应系统的优化集成,不断提升企业的产品质量、效益、服务水平,减少资源能耗,是新一轮工业革命的核心驱动力。其中智能工厂作为智能制造的重要实践模式,核心在于工业大数据的智能化应用。

4.1.1 工业互联网大数据的概念

工业互联网关注制造业企业如何以工业为本,通过"智能+"打通、整合、协同产业链,催生个性化定制、网络化协同、服务化延伸等新模式,从而提升企业、整体行业价值链或者区域产业集群的效率。工业互联网既是工业大数据的重要来源,也是工业大数据重要的应用场景,尤其是在工业互联网平台的建设中,工业大数据扮演着重要的角色。

工业互联网大数据是指在工业领域中,围绕典型智能制造模式,从客户需求到销售订单、计划、研发、设计、工艺、制造、采购、供应、库存、发货和交付、售后服务、运维、报废或回收再制造等产品全生命周期各个环节所产生的各类数据,以及相关技术和应用的总称。其以产品数据为核心,极大延展了传统工业数据范围,同时还包括工业大数据相关技术和应用。

工业互联网大数据除具有一般大数据的特征(数据量大、多样、快速和价值密度低)外,还具有时序性、强关联性、准确性、闭环性等特征。工业互联网大数据技术以工业互联网大数据应用技术为主。工业互联网大数据应用则是对特定的工业大数据集,集成应用工业大数据系列技术与方法,获得有价值信息的过程。工业互联网大数据技术的研究与突破的本质目标是从复杂的数据集中发现新的模式与知识,挖掘出有价值的新信息,从而促进制造业企业的产品创新,提升经营水平和生产运作效率,并拓展新型商业模式。

4.1.2 工业互联网大数据的主体来源

在工业生产和监控管理过程中无时无刻不在产生海量的数据,比如生产设备的运行环境、机械设备的运转状态、生产过程中的能源消耗、物料的损耗、物流车队的配置和分布等,而且随着传感器的推广普及,智能芯片会植入每个设备和产品中,如同飞机上的"黑匣子"将自动记录整个生产流通过程中的一切数据。包括人、财、物、信息、知识、服务等在内的生产要素在制造全系统和全生命周期中的组合、流动会持续不断地产生体量浩大(Volume)、模态繁多(Variety)、生成快速(Velocity)和价值密度低(Value)的大数据。

工业互联网产业联盟在 2017 年 7 月发布的《中国工业大数据技术与应用白皮书》,把工业互联网大数据的来源分成 3 类,即企业信息化数据、工业物联网数据、外部跨界数据。

1. 企业信息化数据

企业信息化是将企业的日常运营过程,包括产品生产、货料物流、现金流动、业务办理、客户交互、售后服务等进行数字化,并通过信息网络进行融合处理,使企业能够快速掌握全部业务信息,实现业务管理的科学决策,提高企业在全球化市场经济中的竞争力。因此,企业信息化是一种支撑企业生产及管理过程智能化、提高企业资源利用率的技术手段。在技术实现层,企业信息化利用互联网、大数据、云计算、人工智能等技术,通过企业内外部数据的高度共享,提高各部门之间的协同和企业之间的合作,并整合企业的供应链关系,提高对业务和市场的把控度,及时优化企业的业务流程。信息化为企业发展提供了一条"快车道",推动企业经营模式由传统模式向网络经济模式转变。

企业信息化数据隐藏在企业生产和管理的各个环节,包括办公自动化(Office Automation,OA)系统、企业资源计划(Enterprise Resource Planning,ERP)系统、制造执行系统(Manufacturing Execution System,MES)、客户关系管理(Customer Relationship Management,CRM)系统、企业仓储管理系统(Warehouse Management System,WMS)、产品生命周期管理(Product Life-cycle Management,PLM)系统等。

例如,ERP 将物资、人力、财务、信息等资源进行一体化集成管理,最大限度利用企业现有资源实现企业经济效益的最大化。ERP 系统的数据不仅包括生产资源、制造流程、财务状况、设备原料等信息,还包括产品质量、产品研发、业务流程、产品测试、产品库存、产品分销、物流运输、人力资源等数据。

再比如，MES 基于对车间设备、车间物流、仓储、人力等数据的融合分析，实现车间生产任务调度的自动化和智能化。MES 覆盖制造、计划接产、生产调度、库存、产品质量、人力资源、设备工具、原料设备采购、产品成本、产线看板、生产过程控制等数据。

2. 工业物联网数据

工业物联网是指工业领域的物联网技术。工业物联网是将具有感知、监控能力的各类采集、控制传感器或控制器，以及移动通信、智能分析等技术不断融入工业生产过程的各个环节，从而大幅提高制造效率，改善产品质量，降低产品成本和资源消耗，最终将传统工业提升到智能化的新阶段。

在应用形式上，工业物联网主要具备信息互通互联、信息可靠传递和信息实时性 3 个特征；在应用实现上，工业物联网的基础是工业大数据，核心是"云端"，即它为工业设备与云端构造了一条安全、可靠、高速的通信通道，支撑了各种工业数据的采集、传输与汇聚，是实现工业设备智能化控制的基础。

工业物联网数据的来源非常广泛，如各种自动化设备、传感器、嵌入式硬件、视频监控设备、各种智能标签等。具体来说，工业物联网数据可来自数控机床、射频识别技术（RFID）、传感器、条码、测量仪器、自动引导运输车、自动化货仓、可编程逻辑控制器（PLC）设备等。因此，它为设备与设备之间以及人与设备之间的"对话"提供了使能技术（Enabling Technology），即通过工业物联网数据，人类可以感知工业设备，通过对数据的智能分析，人类又可以将"意愿"反馈给工业设备，实现赋"智能"予"物"。随着工业物联网技术的不断成熟，以及各类新型智能信息设备的不断出现，接入工业物联网的设备越来越多，工业物联网数据成为工业大数据的主要来源。

工业物联网数据是推动智能制造的根本，因为这类数据是与制造设备直接相关的，客观实时地反映着制造过程中的各种逻辑关系。

3. 外部跨界数据

信息技术的飞速普及和发展，促进了工业与经济社会各个领域的融合，缩短了人与人、企业与企业、国家与国家之间的距离。企业的管理者开始关注气候变化、生态约束、政治事件、自然灾害、市场变化、政策法规等因素对企业经营产生的影响。于是，外部跨界数据已成为工业互联网大数据不可忽视的来源。

外部跨界数据来源于企业、产业链之外，企业虽然自身没有能力直接获取这类数据，但有相应的专职机构和部门通过网络提供这类数据，例如气象部门会提供天气预报、自然灾害预警等，新闻媒体则会报道政治事件、政策法规等。企业只需从互联网上获取即可。但获取到的数据必须结合企业自身内部经营管理数据进行分析，才能够提取出有价值的信息，用于提升企业的核心竞争力，例如：农机公司综合利用天气数据、灌溉数据、种子数据以及农机数据，为农场提供粮食增产服务；加工制造企业通过收集气象数据、订单数据、原材料数据、设备数据等，及时地调整产品的生产计划、物流运输以及相关安全措施，避免因天气而影响企业订单的交付和避免企业的财产损失等；企业的销售部门通过收集各地方的收入情况、各地的传统习俗、宏观的经济数据等，有效地针对不同地区制定本地化的宣传和销售策略，提高产品的销售量，为企业创造更多的利润。

4.1.3 工业互联网大数据的关键技术

工业互联网大数据技术参考架构以工业互联网大数据的全生命周期为主线，从纵向维度分为平台/工具域和应用/服务域。平台/工具域主要面向工业互联网大数据采集、存储管理、分析等关键技术，提供多源、异构、高通量、强机理的工业互联网大数据核心技术支撑；应用/服务域则基于平台/工具域提供的技术支撑，面向智能化设计、网络化协同、智能化生产、智能化服务、个性化定制等多场景，通过可视化、应用开发等方式，满足用户应用和服务需求，形成价值变现。此外，运维管理层也是工业互联网大数据技术参考架构的重要组成，贯穿从数据采集到最终服务应用的全环节，为整个体系提供管理支撑和安全保障。

工业大数据技术架构如图4-1所示。

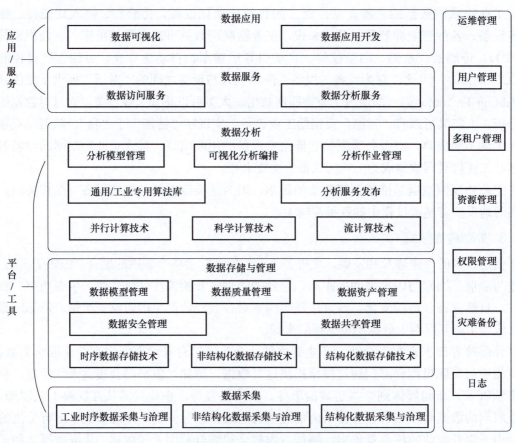

图4-1 工业大数据技术架构图

接下来从工业互联网大数据采集技术、工业互联网大数据存储与管理技术、工业互联网大数据分析技术以及工业互联网大数据前沿技术趋势几个方面具体介绍工业互联网大数据的关键技术。

1. 工业互联网大数据采集技术

数据采集是获得有效数据的重要途径，是工业互联网大数据分析和应用的基础。数据采集与治理的目标是从企业内部和外部等数据源获取各种类型的数据，并围绕数据的使用，建立数据标准规范和管理机制流程，保证数据质量，提高数据管控水平。数据采集以传感器为主要采集工具，结合 RFID、条码扫描器、生产和监测设备、PDA（Personal Digital Assistant，个人数字助理）、人机交互、智能终端等手段采集制造领域多源、异构数据信息，并通过互联网或现场总线等技术实现原始数据的实时准确传输。

工业互联网大数据采集方法如下：工业互联网大数据分析往往需要更精细化的数据，对于数据采集能力有着较高的要求。例如高速旋转设备的故障诊断需要分析高达每秒千次采样的数据，要求无损全时采集数据。通过故障容错和高可用架构，即使在部分网络、机器故障的情况下，也能保证数据的完整性，杜绝数据丢失。在数据采集过程中还需要自动进行数据实时处理。因此，普通的数据采集方法对于工业互联网大数据来说并不是很适用，工业互联网大数据的采集主要是通过 PLC、监控与数据采集系统（SCADA）、DCS（Distributed Control System，集散式控制系统）等系统从机器设备实时采集数据，也可以通过数据交换接口从实时数据库等系统以透明传输或批量同步的方式获取物联网数据，同时还需要从业务系统的关系数据库、文件系统中采集所需的结构化与非结构化业务数据。

除此之外，工业互联网大数据采集针对不同场景需要考虑的问题如下：针对海量工业设备产生的时序数据，如设备传感器指标数据、自动化控制数据，需要面向高吞吐、7×24 小时持续发送，且可容忍峰值和滞后等波动的高性能时序数据采集系统；针对结构化与非结构化数据，需要同时兼顾可扩展性和处理性能的实时数据同步接口与传输引擎；由于仿真过程数据等非结构化数据具有文件结构不固定、文件数量巨大的特点，因此需要具有元数据自动提取与局部性优化存储策略，优化读、写性能的非结构化数据采集系统。

2. 工业互联网大数据存储与管理技术

工业互联网大数据存储与管理技术主要包括多源异构数据管理技术以及多模态数据集成技术。

（1）多源异构数据管理技术　在介绍多源异构数据管理技术之前，我们先来简单地介绍一下什么是多源异构数据以及多源异构数据在工业场景中有哪些应用。多源异构数据是指数据源不同、数据结构或类型不同的数据集合。它的应用体现如下：在诊断设备故障时，通过时间序列数据可以观测设备的实时运行情况；通过 BOM（Bill of Material，物料清单）图数据可以追溯出设备制造情况，从而发现是哪些零部件问题导致异常运行情况；通过非结构化数据可以有效管理设备故障时的现场照片、维修工单等；键值对数据作为灵活补充，能方便地记录一些需要快速检索的信息。

多源异构数据管理需要在针对不同类型数据的存储与查询技术方面有所突破，并在充分考虑多源异构数据的来源随着时间推移不断增加、结构随着时间推移不断变化的特定情况下，研究如何形成可扩展的一体化管理系统。多源异构数据管理需要从系统角度针对工业领域涉及的数据在不同阶段、不同流程呈现多种模态（关系、图、键值、时序、非结构化）的特点，研制不同的数据管理引擎，致力于对多源异构数据进行高效的采集、存储和管理。

多源异构数据管理技术的应用前景与展望：多源异构数据管理技术可以有效解决大数据管理系统中因模块耦合紧密、开放性差而导致的系统对数据多样性和应用多样性的适应能力差的问题，使大数据管理系统能够更好地适应数据和应用的多样性，并能够充分利用开源软件领域强大的技术开发和创新能力。针对企业自身数据类型和特点，多源异构数据管理技术帮助工业企业快速开发和定制适合自身需求的制造业大数据管理系统。

（2）多模态数据集成技术　　数据集成是指将存储在不同物理存储引擎上的数据连接在一次，并为用户提供统一的数据视图。传统的数据集成领域认为，信息系统建设的阶段性和分布性，会导致"信息孤岛"现象的存在。"信息孤岛"造成系统中存在大量冗余数据，无法保证数据的一致性，从而降低信息的利用效率，因此需要数据集成。

数据集成的核心任务是将互相关联的多模态数据集成到一起，使用户能够以透明的方式访问这些数据源。集成是指维护数据源整体上的数据一致性、提高信息共享利用的效率；透明的方式是指用户无须关心如何实现对异构数据源数据的访问，只关心以何种方式访问何种数据。

多模态数据集成技术应用于工业大数据中的目的：在工业大数据中，企业希望能够将多模态数据有机地结合在一起，发挥出单一模态数据无法挖掘出的价值。它的重点不是解决冗余数据问题，而更关心数据之间是否存在某些内在联系，从而使得这些数据能够被协同地用于描述或者解释某些工业制造或者设备使用的现象。在数据生命周期管理中，在研发、制造周期以 BOM 为主线，在制造、服务周期以设备实例为中心，BOM 和设备的语义贯穿了工业大数据的整个生命周期。因此，以 BOM 和设备为核心建立数据关联，可以使产品生命周期的数据既能正向传递又能反向传递，形成信息闭环，而对这些多模态数据的集成是形成数据生命周期信息闭环的基础。

3. 工业互联网大数据分析技术

工业互联网大数据具有实时性高、数据量大、密度低、数据源异构性强等特点，这导致工业互联网大数据的分析不同于其他领域的大数据分析，通用的数据分析技术往往不能解决特定工业场景的业务问题。工业互联网大数据的分析需要融合工业机理模型，采用"数据驱动＋机理驱动"的双驱动模式，从而建立高精度、高可靠性的模型来真正解决实际的工业问题。下面对时序模式分析技术、工业知识图谱技术、多源数据融合分析技术等 3 种典型的工业互联网大数据分析技术进行介绍。

（1）时序模式分析技术　　伴随着工业技术的发展，工业企业的生产加工设备、动力能源设备、运输交通设备、信息保障设备、运维管控设备上都加装了大量的传感器，如温度传感器、振动传感器、压力传感器、位移传感器、重量传感器等，这些传感器在不断产生海量的时序数据，提供了设备的温度、压力、位移、速度、湿度、光线、气体等信息。对这些传感器的时序数据进行分析，可以实现设备故障预警和诊断、利用率分析、能耗优化、生产监控等。但是传感器数据的很多重要信息是隐藏在时序模式结构中的，只有挖掘出背后的模式结构，才能构建一个效果稳定的数据模型。其中，工时序数据的时间序列类算法如图 4-2 所示。

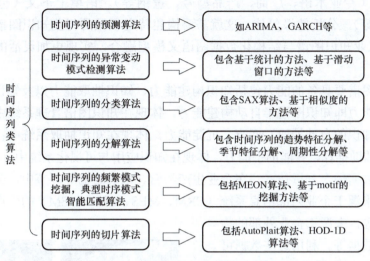

图 4-2　工时序数据的时间序列类算法

它的应用体现在机器设备的故障预警和故障诊断中。基于神经网络的机械设备故障诊断方法如图 4-3 所示，从故障诊断专家系统知识库获取故障属性，然后将故障属性扩充，形成完整特征数据集后，将振动信号进行数字信号处理，输入深度神经网络分类器，最后可得到故障诊断结果。

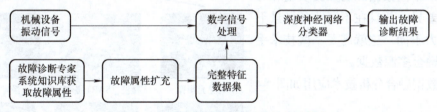

图 4-3　基于神经网络的机械设备故障诊断方法

设备的振动分析需要融合设备机理模型和数据挖掘技术，针对旋转设备的振动分析类算法主要分成 3 类：振动数据的时域分析算法，主要提取设备振动的时域特征，如峭度、斜度、峰度系数等；振动数据的频域分析算法，主要从频域的角度提取设备的振动特征，包括高阶谱算法、全息谱算法、倒谱算法、相干谱算法、特征模式分解等；振动数据的时频分析算法，综合时域信息和频域信息，对设备的故障模型有较好的提取效果，主要有短时傅里叶变换、小波分析等。

（2）工业知识图谱技术　工业生产过程中会积累大量的日志文本，如维修工单、工艺流程文件、故障记录等，此类非结构化数据中蕴含着丰富的专家经验，利用文本分析技术能够实现事件实体和类型提取（故障类型抽取）、事件线索抽取（故障现象、征兆、排查路线、结果分析），通过专家知识的沉淀实现专家系统知识库（故障排查知识库、运维检修知识库、设备操作知识库）。针对文本这类非结构化数据，在数据分析领域已经形成了成熟的通用文本挖掘类算法，包括分词算法、关键词提取算法、词向量转换算法、词性标注算法、主题模型算法等。但在工业场景中，这些通用文本挖掘类算法，由于缺乏行业专有名词（专业术语、厂商、产品型号、量纲等）、语境上下文（包括典型工况描述、故障现象等），分析效果欠佳。这就需要构建特定领域的行业知识图谱（即工业知识图谱），并将工业知识图谱与结构化数据图语义模型融合，实现更加灵活的查询和一定程度上的推理。

工业知识图谱要具备的能力包括知识构建能力、知识抽取能力以及知识辅助能力。其中，知识构建能力即知识图谱半自动构建能力，体现在知识图谱管理系统中；知识抽取能力即专家经验知识的自动抽取、回滚、沉淀能力，体现在知识抽取系统中；知识辅助能力即语义搜索、辅助推荐、智能助手能力，体现在知识应用与可视化系统中。

（3）多源数据融合分析技术　在企业生产经营、采购运输等环节中，会有大量管理经营数据，例如来源于企业内部信息系统（CRM、MES、ERP、SEM）的生产数据、管理数据、销售数据等，来源于企业外部的物流数据、行业数据等。利用这些数据可实现价格预测、精准销售、产品追溯、质量管控等。企业通过对这些数据的分析，能够极大地提高自身的生产加工能力、质量监控能力、运营能力、风险感知能力等。但是多源数据也带来一定的技术挑战，不同数据源的数据质量和可信度存在差异，并且在不同业务场景下的表征能力不同，这就需要一些技术手段去有效融合多源数据。

多源数据融合分析技术应用如图4-4所示。

针对多源数据的分析技术主要包括统计分析算法、深度学习算法、回归算法、分类算法、聚类算法、关联规则算法等。可以通过不同的算法对不同的数据源进行独立的分析，并通过对多个分析

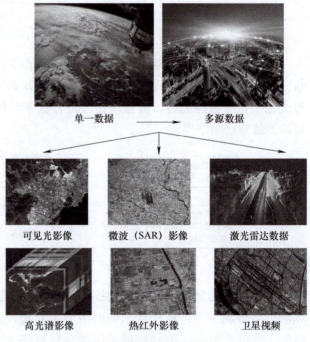

图4-4　多源数据融合分析技术应用

结果的统计决策或人工辅助决策，实现多源融合分析；也可以从分析方法上实现融合。

4. 工业互联网大数据前沿技术趋势

目前深度学习、工业知识图谱、虚拟现实等前沿技术已经在互联网环境中得到了广泛的应用，但是这些前沿技术如何在工业场景中发挥价值，还需要进一步探索。

（1）深度学习　在深度学习应用方面，利用深度学习算法在工业场景中开展图像和视频处理将成为重要的发展方向。例如：管道焊缝X光片的缺陷识别，基于深度学习的X射

线焊缝图像识别可以对缺陷的特征进行提取和自动研判；打造智能安全工厂，在现有生产工厂的安全生产监控系统中，人工监控容易疏忽，仅用作事后取证的记录，没有发挥安全预警的价值，基于视频跟踪的深度学习技术的智能安全工厂，能实时监控工厂安全状态，对不安全行为进行实时预警。

（2）工业知识图谱 在工业知识图谱方面，如何在工业生产过程中提取工业语义关键信息并关联形成具备专业特点的工业知识图谱是下一步探索的重点。其中一个重要方向是围绕复杂装备运维服务阶段大量自然语言工单数据，利用复杂装备设计研发阶段形成的专业词库，提取复杂装备具有的工业语义关键信息，并自动将这些关键信息进行关联形成具有专业特点的工业知识图谱。具体包括事件实体和类型提取，事件线索抽取，以及将知识图谱与设备资产档案（时序数据）进行关联，实现工况上下文中的知识推理。

（3）虚拟现实 虚拟现实（VR）是智能制造的核心技术之一。所谓虚拟现实，顾名思义，就是虚拟和现实相互结合。从理论上来讲，虚拟现实是一种可以创建和体验虚拟世界的计算机仿真系统，它利用计算机生成一种模拟环境，使用户沉浸到该环境中。虚拟现实技术利用现实生活中的数据，通过计算机技术产生的电子信号，将这些数据与各种输出设备结合，创造出一种让人们能够亲身感受的虚拟环境或现象。这些现象可以是现实中真真切切的物体，也可以是人们肉眼所看不到的物质，通过三维模型表现出来。目前主要探索方向是通过数字孪生体，实现物理世界到虚拟世界的映射。基于数字孪生体技术，可以实现工业生产制造过程中产品设计的协同化、远程运维的智能化、产品试验完全仿真化，大幅度提升工业生产效率和智能水平。

4.1.4 工业互联网大数据的技术架构

工业互联网大数据的技术架构可以分为采集交换层、集成处理层、建模分析层、决策控制层4个层级，如图4-5所示。其中，采集交换层包括数据采集、清洗预处理、数据交换；集成处理层包括数据计算与查询、数据存储与管理、数据抽取转换加载、数据服务接口；建模分析层包括报表可视化、规则引擎、统计分析、知识库和机器学习；决策控制层包括描述类应用、诊断类应用、预测类应用、决策类应用以及控制类应用。

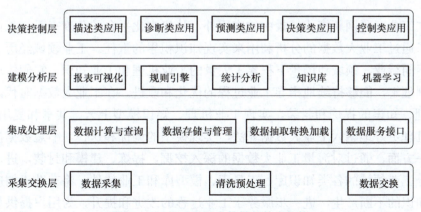

图4-5 工业互联网大数据的技术架构

(1) 采集交换层 采集交换层主要包括从传感器、MES、ERP 等内部系统以及企业外部数据源，获取数据的功能，并实现在不同系统之间数据的交互。

(2) 集成处理层 从功能上集成处理层主要将物理系统实体抽象和虚拟化，建立产品、产线、供应链等各种主题数据库，将清洗转换后的数据与虚拟制造中的产品、设备、产线等实体相互关联起来。从技术上，集成处理层实现原始数据的清洗转换和存储管理，提供计算引擎服务，完成海量数据的交互查询、批量计算、流式计算和机器学习等任务，并为上层建模工具提供数据访问和计算接口。

(3) 建模分析层 从功能上，建模分析层主要是在虚拟化的实体上构建仿真测试、流程分析、运营分析等分析模型，用于在原始数据中提取特定的模式和知识，为各类决策提供支持。从技术上，建模分析层主要提供数据报表、可视化、知识库、机器学习、统计分析和规则引擎等数据分析工具。

(4) 决策控制层 决策控制层基于数据分析结果，生成描述、诊断、预测、决策、控制等不同应用，形成优化决策建议或产生直接控制指令，从而对工业系统施加影响，实现个性化定制、智能化生产、协同化组织和服务化制造等创新模式，最终构成从数据采集到设备、生产现场及企业运营管理优化的闭环。

工业大数据在工业互联网中的应用首先体现在对于大规模个性化定制、网络化协同、服务化延伸等工业互联网新模式场景的支撑。在大规模个性化定制场景中，企业通过外部平台采集客户个性化需求数据，将其与工业企业生产数据、外部环境数据相融合，建立个性化产品模型，将产品方案、物料清单、工艺方案通过制造执行系统快速传递给生产现场，进行生产线调整和物料准备，从而快速生产出符合个性化需求的定制化产品。在网络化协同场景中，基于工业大数据，驱动制造全生命周期（从设计、制造，到交付、服务、回收各个环节）的智能化升级，最终推动制造全产业链智能协同，优化生产要素配置和资源利用，消除低效中间环节，整体提升制造业发展水平和世界竞争力。在服务化延伸场景中，通过传感器和工业大数据分析技术，对产品使用过程中的工作状况、周边环境、用户操作行为等数据进行实时采集、建模、分析，从而实现在线健康检测、故障诊断预警等服务，催生支持在线租用、按使用付费等新服务模型，创造产品新价值，实现制造企业的服务化转型。

除了在工业互联网新模式场景中的应用外，从集中化平台的角度来看，工业互联网平台还承载了通过工业大数据的分析利用来实现知识积累的重任。工业领域经历了数百年的发展，在不同行业、领域和场景下积累了大量的工业机理和工业知识，它们体现了对工业过程的深刻理解，能够持续地指导工业过程的优化和改进。在工业大数据时代，通过对这些工业机理、知识的提炼和封装，实现工业机理、知识模型上云、共享和复用。一方面，将使工业机理更好地融入工业大数据算法，实现模型的调优和迭代，缩短数据模型的收敛时间；另一方面，通过对海量工业大数据的深入挖掘、提炼、建模和封装，进一步形成面向各个细分工业领域的各类知识库、工具库、模型库和工业软件，将有助于加速旧知识的复用和新知识的不断产生，进一步服务于工业过程的改进和提升，为用户提供基于工业互联网的持续价值创造良性闭环。

4.1.5 工业互联网大数据的核心价值

1. 工业互联网大数据是新工业革命的基础动力

信息技术特别是互联网技术正给传统工业发展方式带来颠覆性、革命性的影响。世界正加速进入一个互联互通的时代，互联网对工业的影响越来越深刻，并成为引发新一轮工业革命的导火索。互联网技术的全面深入发展，极大促进了人和人互联、机器和机器互联、人和机器互联的程度，随着5G、量子通信等新一代通信技术的发展，世界将加速进入一个完全互联互通的状态。工业互联网也将随着机器的数字化、工业网络的泛在化、云计算能力的提高而取得长足进步，海量工业大数据的产生将是必然结果，基于工业大数据的创新则是新工业革命的主要推动力。

对于新工业革命而言，工业互联网大数据就像是21世纪的石油。2012年11月26日，美国通用电气公司发布的《工业互联网：打破智慧与机器的边界》中指出实现工业互联网的三大要素是智能联网的机器、人与机器协同工作及先进的数据分析能力。工业互联网的核心是通过智能联网的机器感知机器本身状况、周边环境以及用户操作行为，并通过对这些数据的深入分析来提供诸如资产性能优化等制造服务。没有数据，新工业革命就是无源之水、无根之木。工业互联网所形成的产业和应用生态，是新工业革命与工业智能化发展的关键综合信息基础设施。其本质是以机器、原材料、控制系统、信息系统、产品以及人之间的网络互联为基础，通过对工业数据的全面深度感知、实时传输交换、快速计算处理和高级建模分析，实现智能控制、运营优化和生产组织方式的变革。

2. 工业互联网大数据提升制造智能化水平，推动我国工业升级

工业互联网大数据是提升产品质量、生产效率，降低能耗，转变高耗能、低效率、劳动密集、粗放型生产方式，提升制造智能化水平的必要手段。具有高度灵活性、高度自动化等特征的智能工厂是国际先进制造业的发展方向。广泛深入的数字化是智能工厂的基础。多维度的信息集成、信息物理系统（CPS）的广泛应用与工业大数据发展相辅相成。通过推进智能制造，实现去低端产能和冗余库存，降低制造成本。结合数控机床、工业机器人等自动生产设备的使用，建立从经营到生产系统贯通融合的数据流，做到数据全打通和数据流通不落地，可以提升企业整体生产效率，减少劳动力投入，有效管理并优化各种资源的流转与消耗。通过对设备和工厂进行智能化升级，加强对制造生产全过程的自动化控制和智能化控制，促进信息共享、系统整合和业务协同，实现制造过程的科学决策，最大限度地实现生产流程的自动化、个性化、柔性化和自我优化，提高精准制造、高端制造、敏捷制造的能力。大数据也是提升产品质量的有效手段：通过建立包括产品生产过程工艺数据、在线监测数据、使用过程数据等在内的产品全生命周期质量数据体系，可以有效追溯质量问题的产生原因，并持续提升生产过程的质量保障能力。通过关联企业内外部多数据源的大数据分析，可以挖掘发现复杂成因品质问题的根本原因。

3. 工业互联网大数据支撑工业互联网发展，促进我国工业转型

工业互联网大数据是制造业实现从要素驱动向创新驱动转型的关键要素与重要手段。

大数据可以帮助企业更全面、更深入、更及时地了解市场、用户和竞争态势的变化，从而推出更有竞争力的产品和服务。对于新产品研发，大数据不仅可以支持企业内部的有效协同、知识重用，还能通过众包众智等手段利用企业外部资源。这些做法不仅能够提高研发质量，还能大大缩短研发周期。

工业互联网大数据也是实现工业企业从制造向服务转型的关键支撑技术。通过产品的智能化，可以感知产品的工作状况、周边环境、用户操作的变化。在此基础上，可以提供在线健康检测、故障诊断预警等服务，以及支持在线租用、按使用付费等新的服务模型。通过整合产品使用的实时工况数据、环境数据、过往故障数据、维修记录、零部件供应商数据，可以快速预判、实时掌握设备健康状况，缩短设备停机时间，削减现场服务人员；可以准确判断出现故障的潜在类型和原因，快速形成现场解决方案，缩短服务时间。

4. 工业互联网大数据助力我国制造"弯道取直"

工业互联网大数据是我国制造业转型升级的重要战略资源。有效利用工业互联网大数据推动工业升级，需要针对我国工业自己的特点。一方面，我国是世界工厂，实体制造比重大；与此同时，技术含量低、研发能力弱、劳动密集、高资源消耗制造的问题相对突出，制造升级迫在眉睫。另一方面，我国互联网产业发展具有领先优势，过去10多年消费互联网的高速发展使互联网技术得到长足发展，全社会对互联网的重视度高。我们需要充分发挥这一优势，并将其和制造业紧密结合，促进制造业升级和生产性服务业的发展。

目前，工业互联网大数据已成为国际产业竞争和国家工业安全的基础要素，其相关技术与应用必将成为我国工业"由跟跑、并跑到领跑""弯道取直""跨越发展"的关键支撑。作为制造业大国，我国时刻产生海量的工业数据。我们应该充分利用这一条件，创新管理思想、重构产业生态，提升中国制造在全球产业链分工中的地位。利用工业互联网大数据，提高产品质量、管理水平，弥补在人员素质方面的差距，补齐落后的短板。在此基础上，推进智能制造和工业互联网的应用。利用我国工业门类齐全、互联网和电子商务应用的比较优势，力争在新工业革命时代实现换道超车。

5. 工业互联网大数据在智能制造中的应用价值

（1）**准确把握用户需求，推动产品创新**　工业企业通过智能产品中的传感器等模块，实时采集、存储和传输用户使用和偏好的数据，利用挖掘、分析等技术手段，帮助企业及时改进产品功能，预先诊断产品故障，使用户在不知不觉中参与到需求分析和产品设计等活动中，甚至可以在满足用户个性化需求的前提下，通过规模化定制来构建新的商业形式，为企业创造新的价值。

（2）**严格监控生产过程，实现科学管控**　与其他行业的大数据应用不同，工业互联网大数据应用的最大价值就在于对企业生产制造和业务管理流程的智能优化。利用收集的温度、压力、热能、振动、噪声、材料、人员、产量等数据，对生产过程进行严格监控，并通过设备诊断、用电量、能耗、质量事故（包括违反生产规定、零部件故障）、产能、人员技能、材料等方面的分析，改进生产工艺流程，优化生产过程，降低能源消耗，制订生产计划和下达生产任务。在提升效率和质量的基础上，重塑企业制造与业务流程，实现并行、实时、透明的生产管理，真正实现科学管控。

（3）**实时监控不确定因素，规避风险发生**　企业在运行过程中存在诸多不确定因素。在互联网大潮中摸爬滚打的智能制造企业中不确定因素更是被无限放大。企业既要考虑如何避免产品缺陷、加工实效、设备效率、可靠性和安全等问题，还要关注设备的性能下降、零部件磨损、运行风险升高等问题。借助工业大数据，可实现在功能退化的过程中发出信息，并进一步预测和预防潜在的故障，进而规避风险。

（4）**切实增强用户黏性，提高营销精准度**　传统营销体系往往通过调研、采样、简单数据统计、消费者代表等方式来研究消费者行为，其最大的问题是缺乏精准性，不能完全了解整体消费者需求。工业大数据将用户与企业紧密关联起来，用户参与到产品创新、设计等活动中，企业可准确把握用户需求，这不但增强了用户黏性，而且有助于有效制定或调整产品策略、市场策略和渠道策略等，提高营销的精准度。同时，服务也已经不是传统意义上的远程人工在线应答和售后产品服务的模式，而是更注重利用全产业链形成的大数据进行综合数据分析与挖掘，针对全产业链各个环节的各级用户，面向其具体的活动需求提供定制化的、可以辅助其具体活动预测的信息。

（5）**助推企业跨界融合，建立共赢生态圈**　工业互联网大数据不仅对工业企业生产经营具有持续改善作用，对工业企业上下游与行业内外同样有正向聚合效应。比如，互联网＋汽车就是基于汽车生产企业的工业大数据，综合人、车、路、环境、社会之间的关系，实现汽车、保险、维修、零配件、交通等行业间的跨界融合与互动。

6. 工业互联网大数据的典型应用场景

（1）**智能化设计**　一方面，工业互联网大数据在设计环节的应用可以有效提高研发人员创新能力、研发效率和质量，推动协同设计。客户与工业企业之间的交互和交易行为将产生大量数据，挖掘和分析这些客户动态数据，能够帮助客户参与到产品的需求分析和设计等创新活动中，实现产品创新和协作的新模式。另一方面，传统的产品设计模式是基于设计师的灵感和经验的，通过揣摩消费者的需求喜好来设计产品，针对性不强，不精准；工业大数据可以拉近消费者与设计师的距离，精准量化客户需求，指导设计过程，改变产品设计模式。通过将产品生命周期设计中各个环节所需要的知识资源有机地集成在一起，运用大数据相关技术，可以将产品生命周期设计所需大数据与各种设计过程集成，以高度有序化的方式展示产品生命周期大数据与设计的关系。

工业互联网大数据使产品生命周期大数据在设计过程中得到有效的应用、评价和推荐。设计知识能够快速地被推送给所需要的人，并方便地与员工在设计中产生的新知识相融合，进一步丰富产品设计大数据。

（2）**智能化生产**　智能化生产是新一代智能制造的主线，通过智能系统及设备升级改造和融合，促进制造过程自动化、流程智能化。从数据采集开始，生产阶段工业大数据的驱动力就体现在数据关联分析和数据反馈指导生产上。在生产阶段，对所采集的数据进行清洗、筛选、关联、融合、索引、挖掘，构建应用分析模式，实现数据到信息知识的有效转化。在制造阶段，通过对制造执行系统中所采集的生产单元分配、资源状态管理、产品跟踪管理等信息进行关联分析，为合理的库存管理、计划排程制定提供数据支撑；结合实时数据，对产品生产流程进行评估及预测，对生产过程进行实时监控、调整，并为发现的问题提供解决方案，实现全产业链的协同优化，完成数据由信息到价值的转变。工业互联网大数据通过采集和汇聚设备运行数据、工艺参数、质量检测数据、物料配送数据和进度管理数据等生产现场数据，利用大数据技术分析和反馈，并在制造工艺、生产流程、质量管理、设备维护、能耗管理等具体场景应用，实现生产过程的优化。

工业互联网大数据助力解决生产过程复杂系统的精确建模、实时优化决策等关键问题，涌现出的一批自学习、自感知、自适应、自控制的智能产线、智能车间和智能工厂，正在推动产品制造的高质、柔性、高效、安全与绿色，驱动生产过程的智能化升级。

（3）网络化协同制造　　工业互联网引发制造业产业链分工细化，参与企业需根据自身优劣势对业务重新取舍。基于工业大数据，驱动制造全生命周期从设计、制造，到交付、服务、回收各个环节的智能化升级，推动制造全产业链智能协同，优化生产要素配置和资源利用，消除低效中间环节，工业互联网大数据整体提升制造业发展水平和世界竞争力。基于设计资源的社会化共享和参与，企业能够立足自身研发需求，开展众创、众包等研发新模式，提升企业利用社会化创新和资金资源能力。基于统一的设计平台与制造资源信息平台，产业链上下游企业可以实现多站点协同、多任务并行，加速新产品协同研发过程。对产品供应链的大数据进行分析，将带来仓储、配送、销售效率的大幅提升和成本的大幅下降。

（4）智能化服务　　现代制造企业不再只是产品提供商，而是提供产品、服务、支持、自我服务和知识的"集合体"。工业大数据与新一代技术的融合应用，赋予市场、销售、运营维护等产品全生命周期服务以全新的内容，不断催生出制造业新模式、新业态，从大规模流水线生产转向规模化定制生产，从生产型制造向服务型制造转变，推动服务型制造业与生产性服务业大发展。

（5）个性化定制　　通过工业互联网大数据技术及解决方案，实现制造全流程数据集成贯通，构建千人千面的用户画像，并基于用户的动态需求，指导需求准确地转化为订单，适应用户的需求变化，最终形成由数据驱动的工业大规模个性化定制新模式。

通过将工业互联网大数据与大规模个性化定制模式相结合，形成支持工业产品开发个性化、设备管理个性化、企业管理个性化、人员管理个性化、垂直行业个性化等一系列满足用户个性化需求的工业价值创造新模式，为工业企业显著降低成本，形成价值创造的新动能。

4.2　工业互联网大数据的发展现状与困境

4.2.1　工业互联网大数据的发展现状

近年来，全球掀起制造业转型升级的新热潮。美国率先提出先进制造业战略，德国的工业 4.0、法国的新工业战略紧随其后。我国也在 2015 年提出《中国制造 2025》发展战略，明确以推进智能制造作为主攻方向，并于 2017 年发布工业大数据白皮书，勾画出工业大数据的整体轮廓。随着信息化和工业化融合的不断推进，计算机集成制造系统（CIMS）作为制造领域的先进技术，在我国工业企业有较为突出的应用成果。如徐工集团在国家高技术研究发展计划（即"863"计划）/自动化领域机器人主题和 CIMS 主题的共同支持下，建立了先进的管理模式、制造模式，并用 CIMS 支持创新产品的开发，增强了快速反应市场的能力。CIMS 还包括管理信息系统、工程设计自动化系统、制造自动化系统、质量保证系统、数据库管理系统等众多分系统，其在工业领域的集成应用为工业互联网大数据提供了良好的基础。

伴随大数据采集、集成、计算和分析技术的发展，我国一些工业企业也已经进入工业大数据实践阶段。如三一重工自主研发的企业控制中心（ECC）系统集成了大数据与物联网技术，可接入设备约 50 万台，构建了基于大数据的远程诊断和服务系统。每台设备交付客户使用后，系统内都会自动产生保养订单。系统自动派单给服务工程师，使客户逐步摆脱了遇设备故障只能求助现场服务工程师的传统模式。

随着工业与"互联网+"模式的结合，涌现了众多新型制造模式。如青岛红领集团，通过自主开发的基于工业大数据的个性化定制平台，实现智能化的需求数据采集、研发设计、计划排产、制版，以及数据驱动的生产执行体系、物流和客服体系等，把互联网、物联网、大数据等技术融入大批量定制，实现在一条流水线上制造出灵活多变的个性化产品。

目前我国工业技术进步速度较快，发展势头良好，但要实现向工业大数据、智能制造模式转型依旧面临很多的困难。经过十几年的科技创新和设备改造升级，国内制造业信息化水平较 20 世纪末有了较大提升，但与发达国家相比仍有较大差距。在工业互联网大数据的应用方面，与徐工集团、三一重工、红领集团这样能够成熟应用工业大数据技术的企业相比，大多数工业企业尚未对工业互联网大数据技术形成明确的认识或应用，工业互联网大数据的落地推广依旧存在很多瓶颈，要形成工业互联网大数据孕育工业应用生态的发展态势还有很长的路要走。

4.2.2 工业互联网大数据的发展困境

1. 工业互联网大数据权属问题

定义工业互联网大数据的权属并不是一件容易的事，涉及技术、商业和法律等多方面。在产权不清晰的前提下，拥有数据的主体没有动力将数据共享出去，共享还可能会带来自身利益的损耗。如果无法保护数据产权，数据一旦售出，就会面临被无限次倒卖的风险，数据的市场价值也就因无限的供给量而骤减。当前技术条件下，还无法清晰界定数据的所有权和控制权。如企业将客户产生于其网站和 App 等载体上的数据当成自己的资源，数据生产者却无法有效控制自己生产的数据。在各种社交网站、App 和交易中，用户会产生大量的数据，这些数据都是用户未来的信用资源，对于用户来说十分重要，但是用户本人对这些数据却没有完全的控制权限。

2. 工业互联网大数据资源丰富度问题

理论上，工业领域的数据应该是非常丰富的，麦肯锡早在 2009 年的报告中就指出，美国的离散制造业是所有行业中数据储量最大的。但实际上，有价值的数据非常稀缺，原因是在工业领域，有分析利用价值的机器数据往往需要包含故障情形下的"坏"样本，可很多工业系统的数据可靠性较高，观测到故障并且已经标记的有效样本更是难能可贵。还有一些工业场景，只有在极短的时间内采集测量数据（如每秒上百万个测点），才能捕获机器设备的细微状况，这就要求时序数据库和流处理平台等专用的新一代数据存储软件提供有力支撑。

很多工业企业面临"数到用时方恨少"的尴尬。根据中国信息通信研究院和工业互联网产业联盟 2018 年年底对国内 74 家工业企业的调研，我国工业企业的数据资源存量普遍不大，66% 的企业数据总量都在 20TB 以下，还不到一个省级电信运营商日增数据量的 1/10。数据资源不丰富，与我国工业互联网发展还处于起步阶段有关。我国工业企业数字化、网络化程度普遍较低，数据资源的积累尚需时日。同时，目前工业系统协议"七国八制"现象非常突出，很多软件系统的接口不开放，这也增加了数据采集的技术难度。

3. 工业互联网大数据质量问题

数据质量问题是长期困扰数据分析工作的难题。权威数据专家估计，每年低质量的数据会给企业带来 10%～20% 的损失。工业领域在很多时候都追求确定性的分析结果，对数据分析的可靠性要求高，因而对数据质量的要求也就更高了。美国一直重视数据质量，在 2001 年还专门颁布了《数据质量法案》(*Data Quality Act*)，2016 年美国《联邦大数据研发战略计划》(*The Federal Big Data Research and Development Strategic Plan*) 也专门把确保数据质量与提升数据分析可信性作为七大战略之一。工业互联网大数据的核心价值在于做出趋势预测，数据驱动可以带来更精准的效果，这需要建立在优质数据的基础上，但由于数据采集过程中的不完善，企业所获得的数据往往是不够优质的，这样就会带来数据清洗的问题。在每次进行数据分析之前都需要花费大量的时间在数据清洗上，既造成了人力资源的浪费，又使得最后可用的数据不够多。想要充分理解工业互联网大数据在工业数据质量上存在的困境，就要明白数据质量是如何评定的。数据质量是指数据能够反映实际情况的程度，一般通过以下 5 个方面进行衡量和评价，如图 4-6 所示。

小数据时代，不同来源的数据各有各的格式。到了大数据时代，由于数据源的千差万别，采集的数据无论在格式还是质量方面都存在很大的差别。一方面，即使数据格式相同，也可能存在语义和度量衡的差别，如同形状不一的石块很难直接垒成摩天大楼。另一方面，原始数据会有缺漏和错误之处，也可能混有大量无

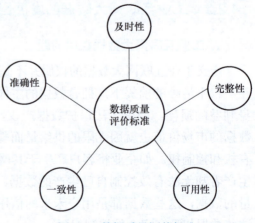

图 4-6　数据质量评价标准

效数据和垃圾数据，必须进行数据清洗，否则无法使用。由于缺乏统一的大数据规范，工业数据的量虽然多，但是数据质量却不高，优质数据的获取对工业互联网大数据的发展至关重要。

用数据，更要"养"数据。从信息化程度较高的金融、电信、互联网等行业经验来看，如果不开展专门的数据治理，就难以确保数据质量。然而调查显示，我国工业企业中只有不到 1/3 开展了数据治理，51% 的企业仍在使用文档或更原始的方式进行数据管理。工业企业应该把数据视为与机器设备同等重要甚至更宝贵的资产，加强数据资产管理。好消息是，已经有越来越多的工业企业从主数据或元数据切入，着手开展数据资产管理，而且随着机器学习技术的发展，智能化的数据资产管理工具也越来越完善，工业数据资产的管理可以更多依赖人工智能高效完成。但是相比信息化程度较高的金融、电信、互联网等行业，工业互联网大数据的管理还有很多欠账要补。

4. 工业互联网大数据孤岛普遍存在

信息集成贯通是工业互联网大数据的基础，集成贯通的难点在于商业驱动，打通关键点和环节，掌控产品源和设备，持续优化。工业互联网大数据来源多样，且具有不同的格式和标准，有来自于各种管理系统的关系数据，还有生产流程数据、视频监控数据等非关系数据格式存储的非结构化或半结构化数据。企业内部信息系统彼此独立，不同信息来源的同类型数据也可能因为软件厂家不同、设备生产商不同等因素而数据格式千差万别，这给实现信息集成贯通带来了巨大的挑战。

数据孤岛几乎是所有企业都面临的困境。在单一企业内部，存在不同时期由不同供应商开发建设的客户管理、生产管理、销售采购、订单仓储、财务人力等众多 IT 系统，可谓烟囱林立。要深度推进智能制造，不仅上述 IT 系统要横向互通，还要进一步纵向打通 IT（Information Technology）和 OT（Operation Technology）的数据，推进难度非常大。企业越大，管理和技术包袱越重。

从全行业看，发展工业互联网，实现从单一企业内的局部优化，到整个产业链的全局优化的跨越，必然要实现整个供应链上跨企业的数据流通，这就进一步带来安全合规、商业模式和技术标准等方面的更大挑战。前述调查显示，超过半数的企业表示需要使用外部数据或对外提供数据，仅有 2.7% 的企业觉得不会涉及数据合作，但数据流通由于涉及确权、安全合规等问题，风险和阻力都很大。

德国工业 4.0 计划已经把数据流通作为重点议题，在构建工业数据空间（Industrial Data Space，IDS）方面进行模式上的探索。与此同时，同态加密（Homomorphic Encryption，HE）、安全多方计算（Secure Multiparty Computation，SMPC）、零知识证明（Zero-knowledge Proof，ZKP）、区块链与智能合约等技术正在走向实用，这也为用技术打破数据共享僵局提供了一条有前景的路线。国内工业企业如何打破数据孤岛，促进工业数据流通，仍需加快探索。

5. 工业互联网大数据安全存在风险

工业互联网大数据伴随工业互联网的应用拓展呈几何级数增长。同时，海量工业数据的采集和传送已突破时空限制,向企业数据中心汇集。这期间工业互联网大数据的采集与应用,隐藏着巨大的安全风险,随时可能对工业生产造成灾难性影响。2018 年,克莱斯勒、福特、特斯拉等全球约 100 家车企的 47000 多个机密文件遭外泄。泄露的数据包括产品设计原理图、装配线原理图、工厂平面图、采购合同等敏感信息。在我国,34%的联网工业设备存在高危漏洞,这些设备的厂商、型号、参数等信息长期被恶意嗅探,2019 年有数据统计的嗅探事件曾超过 1 亿起。目前,工业互联网大数据面临的风险主要有以下几点:

(1) **工业互联网大数据面临巨量性风险** 工业互联网大数据的庞大体量使其容易成为攻击目标。工业互联网大数据庞大的体量,尤其是其未来海量增长趋势,使得在网络空间中,目标凸显,易于被"发现",成为网络攻击的靶子。一方面,由于工业互联网大数据的巨量集中存储,泄露风险剧增,攻击难度虽然增加,但攻击成本相对降低;另一方面,工业互联网大数据的逻辑梳理,使得海量数据被纳入应用,数据蕴藏着更易破解、极为敏感、更大价值的信息,这些数据面临的不再是单一的而是多层次的窃取者。

(2) **工业互联网大数据面临多样性风险** 工业互联网大数据不再拘泥于收集特定数据,而使得数据来源多样化,各种非结构化数据与结构化数据鱼龙混杂,提取有效信息的难度加大,信息匹配出现困难。工业互联网大数据的多样性使得信息有效性验证更加困难。数据来源的有效性尤其是客户数据的有效性,存在不可靠风险。不容否认,海量工业数据具有巨大价值,但是如何判断其真实有效性已成为难题,甚至引发越来越多的安全问题。

(3) **工业互联网大数据面临速率加快风险** 工业互联网大数据的处理速度越来越快,企业独立决策的难度上升,利用海量数据的速率加快的同时,有用信息的分析难度也在增加。因果关系的线性分析转变为相关关系的多变量分析。随着工业互联网大数据日益成为决策依据,决策者的逻辑思维和判断越来越被智能的数据计算和分析所左右。一旦智能机器的决策正确性得到越来越多的验证,那么决策者的依赖性就会随之越来越强。那么,如果数据被修正过,或者智能系统逻辑被控制,则会产生灾难性后果。由于数据量巨大,数据的收集、存储、管理、分析和共享成为一个困难,传统的报表形式已不再适用,这是因为数据规模超出了人工处理的能力,对错分析和奇偶校验已经失去意义,人工决策变得困难。

4.3 区块链技术与工业互联网大数据的融合

大国工匠:大勇不惧

区块链是不可篡改、历史全记录、去中心化的数据库存储技术,每一笔交易的全部历史都存储在其数据集合中。区块链技术的飞跃发展,使得数据的规模更加庞大。随着各个业务场景与区块链数据的融合,区块链的数据将朝更大规模、更丰富发展。

区块链的可追溯性使数据的质量获得前所未有的强信任背书。区块链提供的账本虽具有完整性,但不具有较强的数据统计分析能力。大数据虽具备海量数据存储技术和灵活高效的分析技术,但在数据的溯源和可信方面能力不强。通过区块链脱敏的数据交易将变得更加顺畅,有利于突破信息孤岛,并逐步形成全球化的数据交易。推进区块链技术与工业互联网大数据的结合，促进数据合规有序的确权、共享和流动，充分释放数据资源价值。发展基于区块链的数据管理、分析应用等，提升大数据管理和应用水平。

工业互联网大数据的核心是集中式数据库技术，区块链技术则是分布式数据库，区块链技术能够为大数据面临的瓶颈提供解决方案。

区块链技术的去中心化保证了数据流通的透明性，用户可以明确地看到自己的信息流通过程，阻止信息被滥用情况的发生。区块链技术有利于破除工业互联网大数据的孤岛效应。工业互联网大数据的孤岛效应非常不利于降低全球市场的信用成本；区块链分布式账本的本质保障了不会存在掌控所有数据的管理员角色，每个互联网用户在数据面前都是平等的，这样就破除了工业互联网大数据的孤岛效应。区块链数据的写入，都采用了相应的算法，进而保证了数据库中数据的唯一性和透明性，区块链也就保证了数据的归属是一定的。应用区块链技术，使得所有的数据都是可以溯源的，既保证了数据的归属权，又可以有效防止虚假信息，还有助于统一数据的质量标准。

在工业互联网大数据中融入区块链技术的典型实例大多发生在金融行业，例如一家由47家日本银行组成的财团与一个名为Ripple的公司签署了协议，希望可以将区块链技术运用到银行账户的汇款项目中，以期降低实时交易成本。结合了区块链技术的大数据分析还可以帮助企业加强数据管理安全，在区块链技术支持的环境中，黑客在每个级别中的数据访问都会惊动多个用户，这样黑客被发现的概率大大提高，保证了信息的安全，防止了信息泄露。

区块链本质上是一个分布式数据库，是去中心化的，没有管理员，可以采集、存储数据；大数据则会不断地产生新的数据，区块链作为大数据的一种，必然可以助力大数据的发展。区块链中的区块结构、加密算法保证了区块链数据库中的数据具有不可篡改性，也保证了区块链技术的可追溯性和安全性。随着区块链的不断发展，区块链的应用领域越来越多，区块链中数据的种类和数量也越来越多。区块链的优势在于数据的完整记录以及不可篡改性，但是区块链对数据的分析能力是比较弱的。单纯的区块链技术的应用范围非常有限，这是因为区块链的数据写入效率非常低，每写入一个新的数据之前都要经过大量计算，加上同步所有节点数据所花的时间，使得生成一个新区块的速度非常慢。所以当数据的规模越来越大的时候，区块链的存储是有限的，并且也不能迅速地进行统计分析，在区块链中融入工业互联网大数据技术可以充分发掘区块链中的数据价值和使用潜力。

在区块链中融入工业互联网大数据技术在生活中已经有了许多实例，巨链数据库（BigChainDB）就是在区块链技术上结合了大数据技术，BigChainDB项目发布了一个去中心化的数据库——IPDB，它存储的数据具有不可变性。IPDB以区块链为基础架构，融合了大数据技术，使得数据写入的速度大大提升，能够达到每秒百万次，同时还可以完成创建和交易数字资产的任务。

数据开放的主要难点和挑战是如何在保护企业隐私的情况下开放数据。区块链技术在数据共享交换方面有着天然的优势，是数据共享交换的优良工具。利用区块链技术去中心化、公开透明、无须信任、不可篡改的技术特征，确保数据完整可信，完成数据确权并实现公开透明的审计和监管，促进数据共享和交换，发挥数据资产最大效能。

4.3.1 解决数据权属问题

"区块链＋工业互联网大数据"能够做到，通过分布式数据管理模式，降低数据存储、处理、使用的管理成本，为工业用户在工业 App 选择和使用方面搭建起更加可信的环境，实现身份认证及操作行为追溯、数据安全存储与可靠传递；通过产品设计参数、质量检测结果、订单信息等数据"上链"，实现有效的供应链全要素追溯与协同服务；促进平台间数据交易与业务协同，实现跨平台交易结算，带动平台间的数据共享与知识复用，促进工业互联网平台间互联互通。

区块链可以追溯路径，能有效解决数据权属问题，数据确权是数据开放共享和价值流通的先决条件。区块链对原始的数据进行注册、认证，从而确认大数据资产的来源、权属和流通路径，使得交易记录透明、可追溯和被全网认可。当需要追溯时，可以将各个区块的交易信息连接起来形成一个完整的交易链条清单，每笔交易的来龙去脉清晰透明、安全可靠。区块链使数据作为资产进行流通更有保障，有助于数据真正实现资产化。简单地说，数据一旦上链，就永远带有原作者的信息。即使在网络中经过无数次复制、转载和传播，上链的数据依然能够明确生产者和拥有者，明确权属。如果数据的接收者对数据本身有任何疑问或想核实交易情况，则可以根据记录进行查询和追溯。区块链与工业互联网大数据的融合能够进一步规范数据的使用，精细化授权范围，让用户重新掌握自己数据的所有权。

4.3.2 解决数据资源丰富度问题

数据存储量是影响我国目前工业互联网大数据丰富度的主要因素，因此，要解决数据资源丰富度问题，首先应解决数据存储问题。

现在大数据技术的核心仍然是集中式数据库技术，集中式数据库想要存储足够多的数据，就需要大量的硬盘空间，这对于计算机有很高的要求。既要存储海量的数据，还要保证数据不被篡改，就需要集中式数据库有快速查找数据并进行验证的能力，但是集中式数据库没有办法确认写入数据的来源，自然也没有办法满足对数据质量的要求。以上的不足都是集中式数据库本身特征所决定的，不改变集中式就无法解决这些问题。区块链作为分布式数据库的代表，可以弥补以上的不足。

区块链是一种不可篡改的、全历史的、强背书的数据库存储技术。区块链网络中所有节点都参与计算，相互验证信息的真伪以达成全网共识。区块链的数据是不可篡改的、已记录历史的，要修改区块链网络中的数据，至少需要修改 50% 节点的数据，区块链的不变性确保了存储在区块链网络中的数据是可靠的，可以说区块链技术是一种特定数据库技术。我国的大数据技术还处于非常基础的阶段，但基于全网共识的可信区块链数据为数据质量提供了前所未有的提升，使数据库的发展进入了一个新时代。

区块链的分布式存储技术是数据存储技术的一种。分布式数据库和普通集中式数据库的不同之处在于：前者的数据并不存储于某一个数据库中，可以通过网络使用每台计算机上磁盘空间来存储数据。在分布式存储技术中，系统内的计算机共同构成了一个虚拟设备，数据被分散地存储在网络的各个角落,把数据比作鸡蛋的话,篮子就是磁盘空间,分布式存储技术就是把鸡蛋分开放在不同的篮子里,从而降低数据过多导致磁盘容量不足的风险。分布式存储技术虽然将数据都分割存储了,但并不会影响数据之间的联系。在工业互联网大数据平台中应用区块链技术,各数据源直接通过区块链节点链接入网,一旦某个节点的数据和其他节点的不同,就能够迅速地被查出。基于分布式账本理念的区块链数据不可篡改、可追溯,数据质量也就有了保证,区块链技术能够为工业互联网大数据的存储提供强有力的信任背书。

4.3.3 解决数据质量问题

数据的质量确保数据分析的结果。制定数据标准,并通过共识验证机制改善数据质量,能够使工业互联网大数据成为高价值密度的数据。区块链在数据进行注册和认证时有明确的格式要求,从而能够明确该链数据的语义和度量衡。这一方面能够统一单条链的数据标准,另一方面在多源数据进行融合时能够实现快速清晰的解读。区块链的数据溯源机制可以改善数据的可信度,让数据获得信誉。多方可以检查同一个数据源,甚至通过给予评价来表明他们认为的数据有效性。区块链使数据的质量获得前所未有的强信任背书,从而保证了数据分析结果的正确性和数据挖掘的效果。区块链共识验证数据,也是梅兰妮·斯万(Melanie Swan)提到的最高推荐等级的数据——这个精度和质量是基于群体共识的。

区块链技术和工业互联网大数据相融合,在保证数据质量的前提下,区块链还补充了数据分析技术。例如在2017年,一个由47家日本银行组成的财团与创业公司Ripple签署了协议,通过区块链实现了银行账户之间的转账。通常,实时转账是昂贵的,而且还存在双重支出欺诈(使用同一资产发出两笔交易)的风险。区块链消除了这种风险。更好的是,区块链允许银行机构实时检测欺诈企图,区块链保存着每笔交易的记录,它允许银行实时查询数据。区块链和大数据使得银行交易的安全性得到了保障。数据分析是实现数据价值的核心。

4.3.4 解决数据孤岛问题

数据流通中的数据所有方,一定是要求强隐私的;数据的使用方,则一定是要求强易用性的,希望数据越简单越好;中间的流通渠道负责数据的流转,需要强流动性。对于企业中有价值的数据资产,可以利用区块链对其进行注册。交易记录是全网认可的、透明的、可追溯的,从而明确了大数据资产来源、所有权、使用权和流通路径,使得数据作为资产而具有很大价值。运用数字签名等技术,能在数据所有方和使用方之间搭建一个可信、透明、可追溯的数据权属证据链,将数据所有权和数据使用权分离,实现"数据链下""索引链上",有效地解决数据确权问题。在满足使用方对工业产品、操作流程、管理事项等数据的使用需求时,不直接对数据进行复制、传输,保障了数据所有方对数据的唯一权属,把数据变成受保护的数字资产,作为价值物在数据管理体系下进行记录和流动,从而推进了跨产业链的不同行业的数据流通。区块链的可信任性、可追溯性和不可篡改性,使得更多工业互联网大数据价值被释放出来。

数据孤岛

首先，区块链能够破除中介复制数据威胁，有利于建立可信任的数据资产交易环境。数据是一种非常特殊的商品，与普通商品有本质区别，主要具有所有权不清晰、"看过、复制即被拥有"等特征，这也决定了使用传统商品中介的交易方式无法满足数据共享、交换和交易的要求。由于中介有条件、有能力复制和保存所有流经的数据，这对数据生产者极不公平。这种威胁仅仅依靠承诺是无法消除的，而这种威胁的存在也成为阻碍数据流通的巨大障碍。去中心化的区块链，能够破除中介复制数据的威胁，保障数据所有者的合法权益，为工业领域跨产业链的数据共享流通提供了安全保障。

其次，区块链提供了可追溯路径，能有效破解数据确权难题。区块链网络中多个节点共同参与数据的计算和记录，并且互相验证信息的有效，既可以进行信息防伪，又提供了可追溯路径。把各个区块的信息串起来，就形成了完整的明细清单，数据的来龙去脉非常清晰、透明。另外，人们对某个区块的"值"有疑问时，可方便地回溯历史记录，进而判别该值是否正确，识别出该值是否已被篡改或记录有误。

最后，存储在区块链上的数据通过加密技术进行保护，所使用的公—私密钥加密技术确保了数据只能被申请数据的目标接收。加密技术还可以帮助用户在通过网络发送和接收数据时保持半匿名，从而保护隐私。存储于区块链之中的数据将始终存在，并且无法以任何方式编辑或篡改。新增或更新的数据只能附加于随后的区块之中。

综上，将区块链技术与工业互联网大数据相结合，将很好地解决数据孤岛问题。

4.3.5 解决数据安全问题

区块链为各个参与方（用户）提供了一种可信的机制。通过区块链尤其是联盟链的授权机制、身份管理等，可以将互不信任的用户作为参与方整合到一起，建立一个安全可信的合作机制。此外，工业互联网大数据中的模型参数可以存储在区块链中，保证了模型参数的安全性与可靠性。

区块链能够维护数据安全，区块链通过计算不可逆的哈希算法而有效保证数据的完整性，并防范数据泄露。区块链数据库不可篡改的本质和时间戳、数字签名等技术特点，保护数据不被篡改、不能伪造。零知识证明、同态加密、安全多方计算和可信执行环境等隐私计算技术，能够确保用户数据传输、计算等过程中的隐私安全。同时，由于区块链的分布式特性，每份数据均进行了备份，对单一或少数几个数据库的攻击或毁坏并不会影响整体数据的使用，从而保证了数据的可用性。区块链改变数据共享模式，在基于区块链的数据共享模式下，数据生产者和数据使用者可在链上实现数据交易，不需要第三方的介入。数据发布、授权、使用等过程均透明地记录在区块链上，实现数据共享流动的民主化和透明化监督，数据审计更加可信和高效。用户不需要将其设备产生的物联网数据委托给集中式数据库，数据可以安全地存储在区块链上，区块链可以保证其真实性并防止未经授权的访问。

数据分析是实现数据价值的核心。在工业互联网上进行数据分析时，如何有效保护隐私和防止核心数据泄露，成为首要考虑的数据安全问题。例如，随着指纹数据分析应用、基因数据检测与分析手段的普及，越来越多的人担心，一旦个人健康数据被泄露，就可能导致严重后果。在工业互联网大数据平台中应用区块链技术，各数据源直接通过区块链节点链接入网，数据的处理分析由网络完成，使数据从始至终共享化，且区块链的分布式计算和去中心化避免了层级间数据传输的损失、失真、验证难等问题。区块链技术可以通过多签名私钥、加密、安全多方计算等技术来防止这类情况的出现。数据被哈希后放置在区块链上，再使用数字签名技术，就能够实现得到授权的用户才可以访问数据。通过私钥，既保证了数据私密性，又实现将数据共享给得到授权的研究机构。数据统一存储在去中心化的区块链上，在不访问原始数据情况下进行数据分析，既可以对数据的私密性进行保护，又可以安全地提供给需要的人。

4.4 本章习题

4-1 什么是工业互联网大数据？
4-2 工业互联网大数据的关键技术有哪些？
4-3 工业互联网大数据的核心价值有哪些？
4-4 工业互联网大数据存在哪些困境？
4-5 区块链技术是如何与工业互联网大数据相融合的？

第 5 章 工业区块链在企业内部的应用

在企业内部，区块链主要应用在设备管理、访问控制、溯源管理等方面。在传统的工业生产中，工业主体不仅包括参与生产过程的企业与控制人，也包括混合多类型的机器设备。通过构建基于区块链的数字身份平台，以区块链智能合约共识执行的方式实现实体与数字身份的映射关系，建立机器设备、人的虚拟数字身份，维持工业产业链中各个主体可信安全的关系一致性，从而进行设备监控的运营管理，并通过访问控制为数据开放的隐私安全性提供保障。企业可以利用区块链技术溯源数据，不断优化生产流程，标准化生产规范，提高产品品质和产量，实现产品安全消费，提升用户的信任度，拒绝以假乱真。

5.1 设备身份管理

5.1.1 设备身份管理的发展现状

克里斯蒂斯（Christidis）等人深入分析了物联网技术中引入区块链技术的优势以及局限性，并且得出以下观点：使用区块链和智能合约可以极大提高物联网技术服务水平，有助于资源的分享。他没有探讨区块链技术在物联网安全方面的影响。国内研究者通过区块链技术在物联网 RFID 领域做了一定的改善，并取得了一定的效果。李鹏等人针对传统 RFID 中存在的数据丢失、被篡改等数据安全问题，将区块链技术与轻量级密码技术相结合，使用位旋转、异或等操作对数据进行加密来降低标签计算量，引入汉明权重值（Hamming Weight）确认认证者身份来限定对区块链中标签数据的修改权限，增加判别次数并减少运算量，有效增强了系统的数据安全性。为解决物联网集中式管理平台在设备身份认证过程中兼容性低、抗攻击能力弱等问题，谭琛提出了一种基于区块链的分布式物联网设备身份认证架构。储志强等人提出了一种区块链分布式存储系统方案，包括应用程序的执行日志、用户行为数据、交易数据等。袁刚等人提出了一种基于共有区块链的分布式身份验证方法，通过创建安全的虚拟区，在同一个虚拟区内设备能够识别并信任其他设备。此方法确保了设备的正确识别和认证，保护了设备的完整可用性。该方法能满足物联网的安全要求，在组成物联网系统的不同类型设备的功耗、实施成本方面具备一定优势。但是该方法在实时应用方面具有一定的局限性：该方法依赖共有区块链，每一笔交易的验证需要一定的时间周期，且该方法在初始化阶段需要服务商的辅助干预。任彦冰等人提出了一种区块链分布式物联网信任管理方法，将信任量化成对期望信用和风险的考察，借助区块链实现信任数据的共享。该方法能有效地量化信任，保护数据，且存储开销较低。但是，该方法对于复杂多样的设备间合作与交互形式未做假设，对于不诚实的评价者的惩罚措施未做具体设计。杨惠杰等人根据物联网平台的特点，将区块链技术与体域网（BAN）相结合，提出了一种应用于体域网的身份认证区块链系统框架，实现了用户与传感器、路由器、服务器之间的身份认证方法，但其对在公共信道中公钥的共谋攻击问题的设计方案还不够完善。姚莹莹等人提出了一种基于区块链的轻量级匿名身份验证机制，用于分布式车联网服务，其重点是使用区块链和加密算法实现跨数据中心的身份验证。李栋兴等人提出了一种基于区块链的身份认证安全方案，将区块链部署到物联网中，为每一个设备分配一个身份ID，包括公共密钥以及关键数据的哈希值并将其记录在区块链中，设备相当于区块链中的节点，通过非对称密码进行身份认证。实际上大多数物联网设备资源有限、算力较小，很难胜任大量加解密运算。

5.1.2 设备身份管理存在的问题

在现有的身份认证技术中，最典型的是射频识别技术（Radio Frequency Identification，RFID），它在物流分发、零售管理领域有着广泛的应用场景。一个典型的RFID系统主要由设备标签（Tag）、阅读器（Reader）、服务器（Server）3个部分组成。

（1）设备标签　设备标签由天线和线圈芯片组成。线圈芯片用于存储和处理数据，天线用于与阅读器数据通信。每一个标签ID代表一个全局唯一的主键。设备标签大致有被动式、半主动式、主动式3种主要类型。主动式标签自身携带电源，能够主动进行电磁感应；半主动式标签也携带电源，但该电源仅用于处理数据，而不负责电磁感应；被动式标签必须通过内部线圈的电磁感应原理来获得能源，从而开展射频识别工作。

（2）阅读器　阅读器由自身的处理器和相关射频接口组成。根据应用场景的不同，阅读器可以分为厘米级、分米级和米级的非接触式数据读取。

（3）服务器　服务器的主要功能由接口层与应用层两个功能模块负责。接口层可以与阅读器进行数据通信，获取设备标签的信息，并将信息传递给应用层。应用层的主要作用在于处理接口层获取的数据，实现系统功能。在传统的物联网身份认证系统中，以RFID系统为例，设备标签在该系统中被广泛应用，设备标签的核心功能是标记物品。由于设备制造的生产成本受到严格的控制，设备标签的制造成本也需要保持低廉，设备标签的运算能力也受到限制，无法执行需要较大运算量的算法加密等操作。因此，在身份认证协议设计中需要考虑到这一限制。

大量设备接入工业互联网系统进行信息交换和数据通信时，会暴露出众多安全问题，尤其是存储与传输用户重要数据的终端设备一旦被不法攻击，将会直接或间接地泄露用户隐私信息，更有可能会造成不必要的财产损失。设备的身份认证是整个物联网安全的第一步，身份认证主要要求设备向平台证实自己的真实身份，以确认动作都是该设备或者该设备的操作者发出的。平台在接受设备之前需要对欲接入设备的身份进行认证：一方面要确保设备之间能利用各自的合法身份建立起信任关系，进行端到端的安全数据通信，另一方面要限制身份非法的设备接入系统，避免其带来的一系列安全隐患，从而使得整个系统安全可靠运行。要确保接入设备的身份是来源合法的、安全可信的。

当前设备端数字身份存在以下问题：

1）随着各种工业互联网应用的兴起，工业设备数量迅速增长，海量的工业设备接入对设备的身份鉴定及交互提出了更多的要求，工业互联网设备端对于安全可信的数字身份的需求与日俱增，急需分布式具有可伸缩性的身份管理解决方案。

2）设备端数字身份与其所有者或者使用者身份之间，映射关系的管理需要设备端能够验证请求方的身份，以实现人与设备、设备与设备之间高效、可信、安全地交换设备状态信息。然而，在实际应用过程中，基于公钥基础设施的传统数字证书体系难以适用于新的实体身份认证场景，面临证书颁发流程长、证书配置效率低、状态管理实时性差、跨 CA（Certificate Authority）机构证书互信复杂等问题。

3）对设备的全生命周期管理过程，需要对设备的从属关系等进行可信的、难以篡改的溯源查询，从而在因设备使用而导致责任认定时能获取具有公信力的仲裁依据。

5.1.3　基于区块链的设备身份管理解决方案

区块链是一种分布式账本技术，由多方经过共识对数据记账，可以实现数据的可追溯、不可篡改以及多份存储。目前区块链包括公有链和联盟链等：公有链的节点数量较多，节点可自由加入；联盟链中的节点规模相对较小，并且具有准入机制，从效率上来说，联盟链的交易吞吐量也比较高，因此针对工业物联网设备的特点，联盟链是比较适合工业设备身份管理应用的。

结合哈希函数、数字签名算法、非对称加密和区块链技术，构建基于区块链的工业设备身份管理体系。其中，引入密码学相关技术是为了对消息进行签名认证，保证消息的完整性和不可否认性；区块链技术的加入则将传统的中心化认证结果转变为存储在分布式账本中，实现了设备身份认证信息的不可篡改和可溯源，也保证了认证的去中心化。构建基于区块链的工业设备身份管理体系，实现工业设备分布式具有可伸缩性的身份管理。

1）建立基于工业区块链的设备身份标识机制，通过工业设备预置信任信息以及利用密码学方法生成身份标识，并且在区块链上进行身份标识信息的存储。对各类工业设备预置信任信息以防止仿冒设备的接入。工业设备生成身份公私钥信息，并利用设备软硬件信息生成唯一指纹 ID。利用设备预置信任信息，对公钥 +ID 进行签名，并发送至区块链上的身份服务节点。身份服务节点利用预置信息验证设备请求合法性后：在区块链查询到该设备未注册后，将设备公钥 +ID 信息写入区块链；若查询到该设备已注册，则对区块链上该设备的公钥 +ID 信息进行更新。

2）建立基于区块链的工业设备身份验证机制，设备身份不再经由中心认证服务器进行身份验证，避免服务器遭受单点攻击导致验证失败。工业设备利用私钥对业务数据进行签名，生成身份验证信息，发送给业务交互方；业务交互方接收到业务数据及签名信息后，通过区块链查询发送设备对应的公钥，利用公钥对上述签名信息进行验签。若通过身份验证，则判断该设备为所要交互的设备；若未通过身份验证，则与该设备交互失败。

建立基于区块链的工业设备身份标识生成机制对设备进行身份标识，以及建立基于区块链的工业设备身份验证机制对设备进行身份验证后，基于区块链上存储的身份认证信息，工业设备通过智能合约智能配置工业物联网设备之间的访问权限,以授权模式使得设备端也能够验证请求方的身份是否具有访问权限,从而实现设备端与使用者之间双向可信安全的可追溯验证,阻止不符合访问规则的设备交互,保证授权设备之间的互相访问。

基于区块链的设备身份管理解决方案,是将区块链应用到工业设备身份认证当中,通过建立严格的身份标识机制、身份验证机制,使得身份认证过程实现了由业务双方自行完成,不依赖于中心验证服务器。此外,区块链的分布式存储,为工业设备提供了更可靠的身份验证支撑。基于区块链的设备身份管理平台能够大大降低其应用端验证设备身份的成本。当设备接入应用网络之后,设备端与应用服务之间的每一次数据交互,都可以调用智能合约来一致地进行验证和记录行为,从而形成不可伪造不可抵赖的设备操作行为历史,为各类争议事件的处理和仲裁提供具有公信力的依据。同时,设备端通过直接访问平台智能合约,能够实时验证访问者身份是否符合预设身份条款,以及在设备离线状态下,防止不安全网络通信所带来的潜在的通过伪造身份认证结果,以绕过身份认证机制等风险。设备端通过直接访问平台智能合约,还能够提供灵活一致的终端设备到拥有者之间各种关系的可信安全的维护。设备的整个生命周期内任意时刻的拥有者关系以及访问权限信息能够得到统一的管理,而无须使用者花费过多成本对其名下或者多重身份下的多个设备的使用和管理权关系进行维护,并且也便于设备从属信息变更记录的妥善保存和不可篡改。

现有的设备身份认证方案大多依赖于可信权威机构生成证书的方式,但是这种中心化的系统架构,易于出现单点故障。分布式存储、去中心化、不可篡改、可追溯作为区块链技术的天然特性,为身份安全认证提供了一种全新的解决方案。谈玉胜引入区块链技术,利用其去中心化和不可篡改的特性,将物联网传感器设备身份 ID 的哈希值及相关信息存入区块链,同时引入分布式边缘节点(EdgeNode),这些边缘节点通常是一些网关、路由器、交换机、低性能服务器等。它们与物联网终端设备或者网络紧密相连,为传感器节点提供计算资源。这样能够极大地减少成本和降低延迟。分布式边缘节点的引入,并结合智能合约来实现物联网设备之间的身份相互认证,从而确保物联网系统中设备的身份真实和不可篡改。在身份认证中,为物联网设备设置被认证时间戳,并将有效时间存入区块链中,只有在有效时间内设备才能被访问。安全性分析和多次试验评估表明该方式具备一定可行性。

杨政安为了解决物联网中身份认证的问题,提出了基于联盟链的物联网身份认证架构,如图 5-1 所示。他将物联网的身份认证进行分层设计,包括用于设备接入的设备层、用于应用接入的应用层以及用于认证的二级网络层(联盟链),同时将设备注册与物联网钱包创建相关联,在实施阶段将身份认证和访问控制加入区块链的认证服务中。

吴乾隆设计了一个基于区块链的物联网设备身份认证系统,架构如图 5-2 所示。该系统运用了 ganache-cli 模拟工具,在 Linux 环境下搭建了以太坊区块链网络环境,对方案的各阶段进行了智能合约函数与业务逻辑流程的详细说明。在 React-Create-App 开发框架下,采用开源 Keccak 哈希算法和 ECDSA 数字签名算法将系统的各个关键模块进行了前后端实现。最后,从系统功能测试角度,验证了方案中各阶段的有效性。

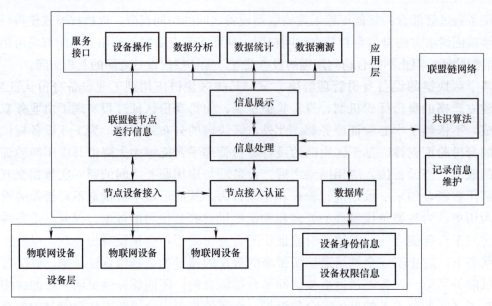

图 5-1 基于联盟链的物联网身份认证架构

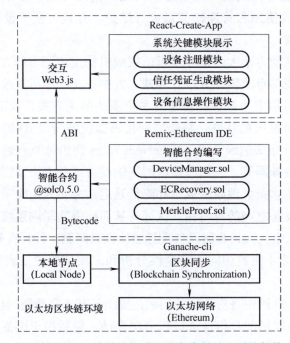

图 5-2 基于区块链的物联网设备身份认证系统架构

5.2 可信访问控制

访问控制技术是确保访问以及数据安全的重要手段,已广泛应用于各种系统和环境。访问控制技术的主要目的是通过访问控制策略限制访问主体对客体的访问,从而保障被访问数据在合法的范围内被安全使用。传统的访问控制方法包括自主访问控制（Discretionary Access Control，DAC）、基于角色的访问控制（Role-based Access Control，RBAC）、强制访问控制（Mandatory Access Control，MAC）、基于属性的访问控制（Attribute-based Access Control，ABAC）以及基于关系的访问控制（Relation-based Access Control，ReBAC）等，但这些方法都是集中式设计的，存在单点故障、难以扩展、低可靠性和低吞吐量的问题。工业物联网具有数据量大、终端节点多的特征，其动态性以及资源受到限制，同时工业物联网具有异构、异地等特征，因此需要一种分布式高安全性的工业物联网复杂环境下的访问控制方案。

5.2.1 访问控制的发展现状

访问控制是一种保护数据安全的重要手段，通过对用户的权限进行分配和管理，使得用户在授权后实现对特定数据的合法访问，阻止未经授权的访问行为，保证数据在合法授权范围内的访问和使用。访问控制技术被广泛应用于操作系统、企业资源计划（ERP）、电子病历（EMR）系统等各类系统中。

目前主流的访问控制模型有自主访问控制、基于角色的访问控制、基于属性的访问控制等。其中，DAC 直接为用户和客体分配权限，权限关系由访问控制列表（Access Control List，ACL）维护；RBAC 在用户与权限之间引入了角色的概念，先将用户划分到特定的角色，再根据角色来分配对客体的访问权限，适用于 ERP 等系统中的静态权限分配；ABAC 通过主体、客体、环境和操作的属性来设计访问策略，可根据属性集合和访问策略的调整实现灵活的权限控制，适用于动态的权限分配。上述访问控制模型通常使用集中式授权的方式来进行访问授权，尽管易于管理，但是中心化的授权服务器容易存在单点故障问题。

近年来，将区块链技术与上述访问控制模型相结合成为研究热点，相关研究利用区块链技术的特点将访问控制去中心化，增强授权访问的透明性和可追溯性，有效解决传统访问控制存在的不足。根据区块链在访问控制中所起的作用，基于区块链的访问控制研究可分为第三方维护、参与方共同维护以及多链三种架构。

第三方维护架构的特点是借助区块链的可信分布式账本存储访问规则，访问控制的授权过程则运行在链下的中心化服务器上。Maesa 等人首先将区块链技术与 ABAC 相结合，通过发起区块链交易的形式来实现访问策略的新增、更新、撤销，以及权限授权、转移等事务，区块链作为分布式数据库存储访问策略和访问控制过程，访问授权的操作则交给链下服务器完成。该系统通过比特币平台来实现，由于比特币平台交易缓慢，因此该系统执行效率不高。Zhu 等人针对数字资产管理提出了基于交易的访问控制框架——TBAC，其思想是将区块链交易与 ABAC 结合，封装了主体注册交易（SRT）、客体托管交易（OET）和访问授权交易（ART）等交易来实现访问控制事务。SRT 负责将主体信息注册到链上，OET 记录客体的信息到链上，ART 将主体对客体的访问授权过程记录到区块链上留痕，而授权服务器同样运行在链下环境。Xu 等人针对物联网场景提出了一种区块链与 DAC 相结合的访问控制框架——BlendCAC，该框架使用访问控制矩阵表示主体与客体之间的权限关系，将矩阵存储在以太坊搭建的区块链当中。这类架构在一定程度上解决了传统访问控制中访问授权的透明性问题，但由于中心化的授权服务器在链下运行，因此仍然存在授权公正性和单点故障问题。

参与方共同维护架构的特点是由各方共同搭建、运行和维护区块链，访问控制的授权和管理过程由链上智能合约实施。Ekblaw 等人针对医疗数据场景下电子病历系统数据安全共享的问题，提出了基于区块链的访问控制框架——MedRec。该框架将患者和医疗服务提供者作为参与节点，构建区块链网络，设计了注册合约、医患关系合约和历史摘要合约，实现患者与医疗服务提供者之间的数据访问控制和历史访问记录追溯，然而 MedRec 实现于以太坊平台上，需要耗费一定的算力进行挖矿。Zhang 等人提出了物联网场景下的访问控制框架，设计了注册合约、访问控制合约和审判合约，其中访问控制合约负责实现访问控制功能，审判合约负责实现对恶意访问行为的惩罚机制。刘敖迪等人提出了一种在大数据场景下的访问控制机制，该机制结合区块链与 ABAC，借助智能合约实现访问策略的链上管理和访问控制，同时引入了布隆过滤器（Bloom Filter）提高区块检索效率。张建标等人提出了一种域间访问控制机制，由各个安全域的节点共同维护区块链在不同域之间设置的统一访问策略，通过合约实现域间数据的访问控制。这类架构有效增强了访问控制在参与方之间的透明性，充分利用区块链的存储结构和智能合约的特点，真正实现访问控制授权的去中心化。

一些学者还提出了多链架构下的访问控制机制。王秀利等人提出了企业场景下的数据访问控制与共享模型，包含多条企业区块链和一条行业区块链。其中行业区块链由各企业区块链中选出的节点组成并维护，实现不同企业区块链间数据的访问共享，但未给出具体实现过程。Chang 等人提出了物联网场景下的协同链机制——SynergyChain，实现多条异构链间的数据访问控制与共享。协同链可以看作不同异构链的中继链，负责存储访问过程和暂存待共享数据，设置了统一的数据共享结构和共享数据的分级，根据分级决定访问过程是否在协同链上留痕。多链架构的访问控制利用不同链存储不同类型数据，实现业务数据与访问控制信息的隔离存储、互不干涉，但这类架构需要相对复杂的链间操作来实现。

5.2.2 访问控制存在的问题

随着工业互联网的发展，接入到工业互联网中的设备数量呈指数级增长，伴随着这些设备的运行，海量数据随之出现，访问控制技术为用户访问这些海量数据提供了便捷和安全保障。访问控制是通过对用户权限进行分配和管理，使得用户在授权后可以合法访问特定的数据，实现对数据的授权访问和隐私保护。访问控制技术是保护数据安全的主要手段，对提高用户访问效率和保证数据安全起着至关重要的作用。然而，现存的工业互联网设备大多只提供粗略的访问控制策略，这无法对工业互联网设备的访问进行精确的管理。同时，现有的访问控制机制大多使用集中授权的方式实现授权访问，如 ABAC 将实体属性作为关键要素构造访问策略，以实现灵活的访问控制，即通过一台中心服务器授权，这种授权过程缺乏透明性，存在性能瓶颈和单点故障问题，因此，用户数据的安全性得不到有效保障。

此外，工业互联网设备本身有限的存储和计算能力也使得安全访问问题更具挑战性。为此，需要建立稳定可靠的工业互联网内外访问控制机制，实现网络内设备间可信可控的互联机制，即设备对外受信任的访问控制，以及外部网络对设备端的可信可控命令与数据访问，同时也需要将来自外部的对内网设备的访问进行可信可靠的日志记录，为设备在被攻击事故之后对攻击来源的追踪提供可靠情报。

5.2.3 基于区块链的访问控制机制

传统的访问控制方案存在单点故障、可伸缩性差等问题，随着系统的不断扩大，访问控制策略要能够更加灵活地处理权限的变化。区块链技术可以保证交易数据的可追溯性、不可篡改性、不可否认性和不可伪造性，在消除单点故障的同时，也有效保障系统隐私安全，并提高访问控制策略的灵活性、可扩展性，非常适合解决工业互联网的访问安全问题。

区块链技术与访问控制技术结合有以下 6 个优势：

1）策略和权限可信任。由于区块链难以篡改的特点，访问权限数据以及部署的智能合约在经过共识机制并存储到区块之后将无法删除和更改，这避免了有针对性的权限篡改、删除等恶意攻击，为权限管理机制提供了安全保障。

2）策略和权限可核查。区块链上的数据公开可查询，这在多方信息共享系统中有着重要作用。策略的透明使得参与方对系统安全的信任得以建立，避免了"后门"问题。权限透明且难以篡改，使得通信双方可以在无须第三方背书的情况下建立起信任机制，简化了交易流程，降低了信任成本。

3）分布式账本。区块链去中心化的思想与大数据时代的分布式环境相适合，区块链中的 P2P（peer-to-peer）网络、共识算法和分布式数据库等机制适合应用于分布式架构的系统。同时区块链中的账本分布式地存储在各个节点上，增强了系统的健壮性，网络中部分节点出现故障不会影响整体系统的运行或者造成数据的丢失，也避免了集中式管理带来的有针对性的攻击问题。

4）访问策略自动化实现。用户可以根据需求，自定义智能合约并将其部署在区块链上，当有访问请求时，系统会根据智能合约的逻辑策略，并依据请求者的属性、角色等信息自动化地判决，且无人工干预。

5）细粒度访问控制。用户数据的访问权限可以通过"主体–客体对"的形式存储在区块链上，系统具备对用户数据进行细粒度划分的能力，访问者被局限在规定的访问边界内，防止了服务商对用户数据的过度收集。链上信息的公开、客体所有权的明确，方便服务商直接对主权方发出请求，同时服务商的操作信息也能够以只增不减的方式记录在区块链上，越权访问、泄露数据等行为能够被日志分析发现，实现安全、透明、高效的数据资源共享。

6）数据流通可溯源。现有的针对区块链溯源的研究，主要是研究面对商品或代币的全周期追踪记录。同样可以借鉴这种思想，将用户的数据看作商品，利用链上访问权限和链下访问日志，结合时间戳和签名信息，联合分析用户数据的全周期流通过程，掌握数据的演变历程，从而溯源越权访问等违规操作。

目前基于区块链的访问控制技术主要有两种实现方式：基于交易的访问控制机制和基于智能合约的访问控制机制。

(1) 基于交易的访问控制机制　其核心思想是从存储访问权限、访问控制策略、关键敏感数据以及访问控制操作记录4个方面进行划分，借助区块链的可信存储特性，将区块链作为访问控制系统内的存储单元，数据所有者通过事务交易（Transaction）实现访问权限的授予和撤销，系统通过查询链上的交易，能够判断是否允许数据消费者的访问。可以将访问控制策略、主体和客体信息以及管理员操作日志等数据打包，然后以事务交易的形式存储到区块链上，保证信息的公开透明和不被篡改。基于交易的访问控制机制将区块链可信存储的特性与传统的访问控制模型结合，解决用户间的信任问题，通用性与移植性较好。其链上数据公开透明，有利于授权操作的查验与审计。但是该机制依然依赖中心授权服务器将访问控制授权记录到区块链的交易中，没有完全解决访问控制单点化的问题。

(2) 基于智能合约的访问控制机制　其基本原理是借助区块链的可信计算特性，用户将其访问控制策略转化为智能合约代码并上传至区块链，在访问用户满足合约预置的条件时，系统自动化地赋予其对客体的访问权限，并以交易事务的形式存储在区块链上，合规用户可以在任何时间查询其他用户对某个设备是否具有执行操作的权限。进一步拓展，用户可以利用智能合约控制访问主客体之间所有的数据交互过程，实现对主体和客体的属性状态、权限授予溯源信息、策略更新历史记录等所有数据的监督和管理。基于智能合约的访问控制机制流程如下。

1) 设备注册：有一个设备要加入网络时，设备管理者会为设备生成一个秘钥对，私钥用来签名，公钥是设备在访问控制区块链上的唯一标识，并对设备的一些参数进行描述。一旦设备管理者调用访问控制智能合约完成设备注册，该设备的唯一标识就对所有用户公开可见，用户可以在区块链上查找到相关的设备。

2) 创建访问策略：如果有访问者要访问某个受保护的设备，访问者要获得相应的访问授权。访问者将要访问设备的标识和相应的操作发送给要访问设备的管理者，设备管理者将为访问者创建相应的访问策略，生成访问通行证，并用其私钥对访问策略签名，之后调用智能合约注册访问策略。网络验证节点验证有效后将其加入区块链中，从而完成访问的授权。

3) 请求访问：访问者在得到了设备管理者的访问授权后，需要向设备发起访问请求。设备管理者会在区块链上查询是否存储了访问者所需的授权。如果存在，就需要访问者用私钥解密设备的访问通行证，并将通行证和访问设备的公钥作为输入条件，调用智能合约进行访问鉴权，设备管理者的智能合约对访问通行证和访问权限进行审查，如果审查过程通过，则返回访问所需的一次性令牌，否则拒绝。

4) 更新策略：资源所有者在任何时候都可以通过调用智能合约撤销或者更新授予某个请求者的权限，只需要简单地调用策略创建智能合约，在交易中传入一个新的权限集合，当权限集合为空时，表示撤销其所有权限。因为交易在区块链中是以时间顺序记录的，所以该撤销交易可以覆盖所有前面针对该访问者和设备的授权记录。

对设备的拥有者而言，通过基于区块链的设备访问控制机制，能够以统一的方式实现对设备访问规则的管理，包括注册和撤销设备访问规则，实时自动地验证对设备的访问请求，从而能够支持设备端的网络隔离，保护终端设备不直接暴露于外部网络环境中；以区块链链上可验证的方式管理内网设备的访问权限，避免了设备拥有者审阅验证访问请求的烦琐性，降低了运维成本，同时也对访问者的访问踪迹进行基于区块链的可信记录，保障了设备拥有者的权益。

对设备访问者而言，基于区块链的访问控制机制简化了其访问和使用链上所注册的所有设备的流程，避免了烦琐的访问申请和认证过程，从而提高了设备端有效合规的使用率，降低了设备使用者租赁和使用终端设备的时间成本。

刘洪杰认为制造供应链质量数据共享过程中的数据加密主要面临3个方面的问题：

①制造供应链中参与企业较多，在质量数据共享过程中如果使用一对一的加密算法将占用系统大量资源，数据共享效率低下，急需一种高效的数据加解密算法。②为了实现供应链质量数据在多种场景下的安全共享，需要数据所有者对质量数据实现灵活的访问控制管理。③虽然对供应链中的质量数据进行了加密处理，但无法保证加密密文在共享过程中的完整性。因此，他将加密机制和ABAC模型相结合，设计了一种访问控制机制——CP-ABE（Ciphertext Policy Attribute-based Encryption），以实现对供应链质量数据细粒度的访问控制。他在系统中引入了区块链技术，保证共享数据文件的机密性。CP-ABE算法可以将供应链中数据所有者制定的访问控制策略嵌入质量数据的加密密文中，只要数据请求者的属性能够满足密文中预先制定好的访问控制策略就可以解密密文，获取需要的质量数据，从而实现一对多的访问控制，减少系统计算资源的开销。数据所有者在针对质量数据制定访问控制策略时，仅需要关注数据请求者的属性，可以更加灵活地制定访问控制策略，扩展性强。为了保障上传的密文文件不被篡改，系统中引入了区块链技术，利用区块链保存共享质量数据的哈希值，通过与质量数据密文解密后所得明文的哈希值进行对比，可以判断出数据文件在共享过程中是否被篡改，从而保证共享数据的完整性。

具体而言，当供应链中的数据所有者需要与其他人共享自己的数据时，首先需要在本地使用对称加密算法对共享的质量数据进行加密，并制定质量数据的访问控制规则，规定能够访问数据的用户属性，然后将密文和访问控制规则分别存储到分布式存储系统和区块链中。数据消费者（数据申请者）想要获取质量数据时，首先需要向区块链系统发出访问请求，区块链通过智能合约验证其属性集合是否符合数据所有者设定的访问控制规则，验证通过后会向消费者返回数据文件在分布式存储系统中的索引地址，然后数据消费者才能获取到数据密文，解密后得到所需数据。完整的数据访问控制机制如图5-3所示。

虽然可以采用CP-ABE算法对供应链中的质量数据进行加密，但是CP-ABE算法采用了大量的指数运算，加解密耗时较多，尤其是面对大数据量的文件时，加解密效率较低。在制造供应链中，企业加工过程中会产生大量的质量数据，直接使用CP-ABE算法对数据进行加密，耗时较长，严重影响数据共享效率。为了提高CP-ABE算法对质量数据的加解密效率，刘洪杰提出的方案将对称加密算法和CP-ABE算法相结合，设计了一种针对大数据量的质量数据加密方案，如图5-4所示，可以有效提高质量数据的加解密效率。

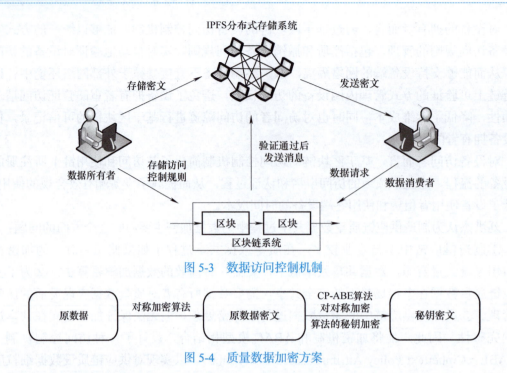

图 5-3 数据访问控制机制

图 5-4 质量数据加密方案

对称加密算法对大数据量文件的加解密速度较快，并且它的密钥较小且大小固定。供应链中的数据所有者首先使用对称加密算法对质量数据进行加密，然后使用 CP-ABE 算法加密对称加密算法的密钥。加密完成后，数据所有者将密钥密文和质量数据密文文件分别上传到区块链和分布式存储系统。数据消费者在对密文文件进行解密时，首先通过自己的属性密钥对密钥密文进行解密，然后利用得到的对称加密算法的密钥解密质量数据密文，最终得到需要的质量数据。通过这种方式，可以有效解决 CP-ABE 机制对大数据量的质量数据加密时间较长的问题，提高整个系统的数据共享效率。

该方案中使用区块链存储数据所有者设置的访问控制策略、质量数据的哈希值等重要数据，通过将解密后得到的质量数据哈希值和记录在区块链上的原质量数据的哈希值进行对比，来判断质量数据是否遭到篡改，以此来保证质量数据在共享过程中的完整性与不可篡改性。数据访问控制流程包括数据加密和数据解密两个部分，具体如下：

（1）**数据加密流程**　数据加密流程中主要有质量数据所有者、可信授权机构、区块链参与，加密流程如图 5-5 所示。

1）数据所有者首先针对质量数据设置访问控制策略，即拥有何种属性集合的需求者可以获取该质量数据，得到访问控制策略（Policy）。之后使用 AES 密钥生成算法，生成随机的对称密钥（Key），用于加密质量数据；最后使用 SHA256 算法计算所共享质量数据的哈希值（Hashfile）。

2）授权服务器发送公钥（PK）和主密钥（MK），AES 的对称密钥利用这两个密钥，通过 CP-ABE 算法进行加密，得到密钥密文（Enckey）。

3）通过触发存储智能合约，将该质量数据的访问控制策略、哈希值和对称密钥的密文上传到区块链。

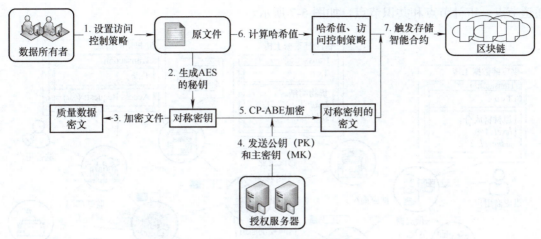

图 5-5 数据加密流程图

（2）**数据解密流程**　数据解密流程中主要有质量数据请求者、可信授权机构、区块链、分布式存储系统 4 个角色参与，解密流程如图 5-6 所示。

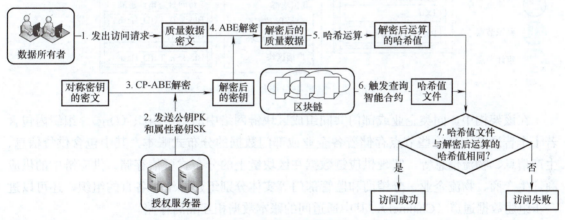

图 5-6 数据解密流程图

1）数据消费者获得所需质量数据的密文后，系统触发智能合约从区块链上获取该密文的对称密钥的密文和原始数据哈希值文件。

2）数据消费者通过第三方授权服务器根据自己的属性集合生成属性密钥 SK，利用 CP-ABE 算法解密密钥密文，得到对称密钥。

3）数据消费者使用 AES 解密算法根据对称密钥对质量数据的密文做解密运算，得到质量数据。

4）消费者使用 SHA256 哈希算法对得到的质量数据做哈希运算，并将得到的哈希值与原始数据哈希值文件进行对比，以验证质量数据文件的完整性，如果二者相同，则代表验证通过，即数据在存储系统中并没有遭到伪造或恶意篡改。

庞承杰针对供应链溯源场景下数据访问和共享透明性低以及隐私数据保护的需求，提出了基于区块链的供应链数据分级访问控制机制，该机制使用了区块链的多通道技术设计，其总体架构由区块链网络中的各供应链实体和访问控制通道组成，同时包含普通节点、跨通道节点、审计节点和共识节点，如图 5-7 所示。

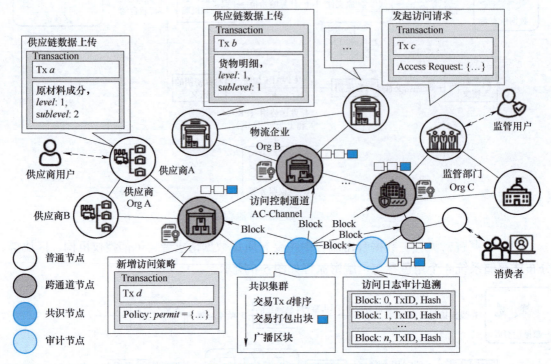

图 5-7　供应链数据分级访问控制机制架构

在该架构中，同类企业或部门共同组成区块链网络中的一个组织（Org）。组织内包含若干个普通节点，这些节点存储着各企业或部门数据的分布式账本，其中包含供货信息、生产信息、物流信息等，实现供应链数据在区块链上的分布式可信存储。供应链中的供应商、生产商、物流企业、分销商和监管部门等实体分别组建并维护各自的组织，还可以进一步组建数据通道（Channel），其中通道间的账本数据相互隔离存储。

访问控制通道由供应链各方共同参与和维护，由跨通道节点、审计节点和共识节点组成。该通道内的分布式账本在区块链网络中负责存储访问控制事务（Transaction）所需的访问策略、属性、分级和授权访问记录等信息，通道内的节点及智能合约实现分级访问控制模型，为不同企业或部门提供数据访问控制服务。

5.3　本章习题

5-1　工业区块链在企业内部有哪些应用？
5-2　设备身份管理存在哪些问题？
5-3　区块链是如何助力设备身份管理的？
5-4　访问控制存在哪些问题？
5-5　访问控制是如何应用区块链技术的？

第 6 章
工业区块链在供应链中的应用

供应链由众多中小微企业围绕核心制造商主体而构成。互联网时代海量个性化、小众化的需求与传统工业批量生产思维发生碰撞，供应链中的中小微企业必须具有更强的业务柔性、动态适应性和响应能力。随着信息技术向生产环节的扩散，产品大规模定制和大规模个性化成为可能，互联网结合大数据、先进制造等技术使供应链已经具备了个性化产品生产的能力。如何最大限度地接触消费者的需求，并做出快速响应至关重要，这呼唤传统庞大的供应链层级组织裂变为更有活力的小微组织。

从"社会—技术"系统的角度来看，社会系统因素（如社群经济和共享经济环境、社会化和小微化企业环境等）和技术系统因素（如物联网、移动互联网与智能终端、区块链、社交网络、云计算、大数据等新兴信息技术）相互协调，从市场、生产组织、知识、产品等多维域共同作用于制造业，促进未来供应链系统向服务化、个性化、社会化、智慧化的方向发展。这种趋势给兼顾分布式协同效率和成本带来挑战。

随着以新一代信息技术为主导的新一轮产业革命的到来，云计算、大数据、物联网正引领各行各业的创新。新一代信息技术产业早在国家"十二五"规划时就被确立为七大战略性新兴产业之一，是我国各行业逐步深化信息技术应用的方向。区块链技术被誉为新一代信息革命的底层技术，受到我国政府的高度重视。在 2016 年年底发布的《国务院关于印发"十三五"国家信息化规划的通知》中，提出加强区块链等新技术基础研发和前沿布局，构筑新赛场先发主导优势。《中国区块链技术和应用发展白皮书》中建议国内重点企业、科研、高校和用户单位加强联合，加快共识机制、可编程合约、分布式存储、数字签名等核心关键技术攻关。纵观国内外区块链技术的发展趋势，现如今已经形成了以区块链技术为核心，云计算、大数据、物联网相辅相成的新一代信息技术产业布局。区块链技术应用同时也推动了其他新一代信息技术的长远发展。

供应链中存在大量生产交互协作，信息被离散保存在各系统中，影响协同效率。当各成员间出现纠纷时，举证和追责耗时费力。因此，当前供应链急需智能高效的分布式协同能力。工业区块链可以实现去中心化或多中心化的精准追溯和充分信任，适用于供应链管理。

本章阐述了传统供应链管理的难题，梳理了将工业区块链应用于供应链管理的优势，给出了工业区块链驱动下的企业信息化参考架构，分析了工业区块链在供应链管理中的应用场景，综述了一些典型的工业区块链使能的供应链分布式管理模式，最后展望了工业区块链在供应链管理中的应用方向。

6.1 传统供应链管理的难题

中小微企业由于体量的原因，在企业信息化方面往往存在做与不做的抉择，即使做信息化，也仅仅是购买一些传统软件厂商的通用平台（如 CAD 系统、PDM 系统、ERP 系统、MES 等），而无力进行定制化开发，导致产品、工艺流程及其他技术数据较为缺乏。因此，中小微企业在实施供应链协同时会因大量数据的孤岛或直接缺失而遭遇困难，数据的潜在作用没有得到发挥，导致中小微企业通过数据积累来总结知识的能力不足。然而，个性化需求的大规模爆炸式增长要求供应链中的资源能精准找到需求方，并能通过自组织快速地聚类，以群体智慧与聚合能力将需求转化为实体。

当前中小微企业往往在供应链中扮演被动的角色，新的生产需求则要求中小微企业在有限的资源与能力条件下，主动地与供应链中相关上下游企业协同，充分利用内外部资源和服务系统，推动供应链驱动的中小微企业间的相互促进，构成有机整体，以便降低风险，提高效率，实现整个供应链的可持续协同发展。然而，当前供应链普遍上下游协同能力薄弱，信息可追溯性差，从最终产品存在的问题出发追溯原因，可能是由于设计、制造、材料、装配等单个环节的问题，也可能是由于环节之间的衔接产生的问题。供应链上中小微企业间的协同水平不高，且协同能力较弱，其原因包括：①整个供应链上中小微企业集群的协同体制不完善；②协同所需的技术、人才、资源等要素不足，导致协同动力和信心不足，因此多数中小微企业只能追求眼前效益；③协同的动因识别和协同方法的成熟度还不够。这些原因导致中小微企业间、中小微企业与大型核心集团企业间很难保持良好的关联性，单个企业的突破难以有效改善整个供应链的协同发展状况，因而必须通过协同实现技术集成。此外，当前供应链驱动的中小微企业群还存在控制权冲突、机会主义出现、专利产权与利益划分不均、产学研用脱节、技术溢出等问题。

供应链组织的底层重构导致了供应链权益的重新分配。供应链的传统层级式传播与交互方式消失，新的平衡在话语权的博弈中逐步形成。供应链成员间的供需评估、交换、博弈、协调等群体决策过程，是供应链成员持续交互的主要部分，也是建立和强化供应链成员关系、形成集体智慧和裂变效应的重要途径；建立并执行群体共识（由群体确立的一种普遍的成员行为期望，或是衍生的一系列规则条文）则是能否有效实施群体决策的重要保障，决定了社群的持续力和生命力。

供应链管理也存在诸多信息安全问题。首先，工业 4.0 的改革趋势是从集中式计划制造到动态分散式制造的转变，以此来提高产品质量、支持个性化制造和增强供应链系统的灵活性。其次，工业 4.0 的发展要求是在供应链系统的所有操作中无缝集成多种先进信息技术。这两个变化导致在构建供应链系统以实现生产的智能性、可追溯性、安全性和灵活性时会有许多困难。例如，虽然数字线程技术能够在配置和操作阶段及时共享网络模型及其物理系统，但它也容易受到来自网络空间的恶意攻击。供应链层级式管理系统在持续信息攻击下（如 Stuxnet、Shamoon、BlackEnergy、WannaCry 和 TRITON）变得脆弱。集中式供应链系统在信息共享中也可能遭受设备欺骗和虚假认证。此外，多样化设备的异构性和个性化的服务需求使得点对点交互和互操作变得困难。在分布式供应链网络控制和管理中的关键问题则是参与者之间的保密性和信任。此外,这些安全问题实际上与跨系统的工业产品的大规模个性化需求密切相关,这使生产和供应活动更加复杂化。集中式平台无法保护参与者的数据隐私,因此有必要了解彼此的能力和状态,以便做出协调决策。制造商还需要克服集中式平台中单个关键节点故障的低鲁棒性,以避免导致不可靠的网络和数据服务。

6.2 工业区块链应用于供应链管理的优势

表 6-1 从系统安全及效能优化角度概述了在供应链管理中使用工业区块链的四个类型及十大优势,即信息安全(包括数据防篡改和数据溯源)、决策架构(包括分布式决策、协同优化和系统柔性)、系统性能(包括节省成本、系统可持续性和系统抗风险能力)和信任增强(包括网络透明度和声誉提升)。这些优势的编号从 M1 到 M10。

表 6-1 供应链管理中使用工业区块链的四个类型及十大优势

类　　型	优　　势	作　　用
信息安全	M1:数据防篡改	链式结构按顺序链接数据块
	M2:数据溯源	追踪数据来源
决策架构	M3:分布式决策	使用去中心化的共享分类账
	M4:协同优化	最大限度地减少订单延迟、产品损坏和多重数据输入
	M5:系统柔性	实现更广泛、更灵活的协作
系统性能	M6:节省成本	通过智能合约快速管理整合关系
	M7:系统可持续性	提高盈利能力和竞争力
	M8:系统抗风险能力	增强系统在风险和攻击下的恢复能力
信任增强	M9:网络透明度	提供可追溯性、可视性和去中心化结构
	M10:声誉提升	让合作伙伴可以安全访问彼此系统的数据

从信息安全的角度来看,工业区块链为管理通过互联网分发的记录提供了一种弹性和鲁棒的方式。链式结构按顺序链接数据块,并保护产品信息不被篡改或以加密方式伪造(M1)。M1 指标为制造商提供了安全的产品设计、所有权验证、零件验证,以及不受中间人控制的分布式决策。此外,工业区块链实现了传统上难以实现的数据溯源(M2),使系统更加透明。

从决策架构的角度来看,降低动态制造流程中控制复杂性的关键点是增强系统在干扰下的灵活性,其中基于工业区块链的分布式决策架构是一个潜在的解决方案(M3)。此外,基于工业区块链的协调智能合约可以在分布式供应链网络中实现分布式决策和协作式机对机交互。其他挑战如订单延迟、产品损坏和多重数据输入,也可以通过使用工业区块链协同优化(M4)来减少。工业区块链可以在不同的制造单元/系统之间实现更灵活的协调和更广泛的数据共享(M5)。

从系统性能的角度来看，工业区块链带来的透明度增强了以较低的信号成本保护交易的能力。制造商可以通过使用智能合约（M6），主要降低维护合作伙伴关系的成本，并更及时地做出外包决策。此外，透明度还提高了制造商的声誉、盈利能力和竞争力，从而确保了企业信息化的系统可持续性（M7）。工业区块链也可以增强供应链网络在风险和不确定性下的弹性（M8）。供应链系统中的风险预防通常通过库存、缓冲和备份来保护。如果我们能够在同步应急计划中创建恢复所需活动和数据的记录，工业区块链就可以基于其分布式决策原则减少此类结构性冗余/低效。如果发生中断，工业区块链可以帮助我们追踪中断的根源及其传播路径，并基于对可用容量的清晰理解来选择应对方案。将基于工业区块链的 ManuChain 与其他解决方案（包括基于数字孪生的集中式系统和基于代理的分布式系统）的系统性能相比较，对干扰/变化的灵活性和鲁棒性使智能合约更适合大规模个性化制造范式。

从信任增强的角度来看，跨多个制造商的信任是推动工业区块链实施的主要因素，工业区块链可以提供增强的去中心化、可视性和可追溯性（M9）。工业区块链提供了一种分布式的点对点交互方法，可以有效地处理参与者之间的交易信息，因此它能有效防止网络中的任何单个参与者或通道被攻击者破坏。工业区块链所实现的透明度是解决分布式供应链网络中信任问题的关键指标。工业区块链可以记录所有设计、制造、维护、物流、资本信息以及其他信息，以便于监督和解决责任纠纷。参与者可以在社区内同步和共享制造需求及能力，其共享过程产生的数据可被安全地存储在工业区块链上。制造商可以使其组织的数据被网络上的其他节点访问，以建立声誉，从而部分产生信任（M10）。通过智能合约，工业区块链可以提供大规模的个性化制造服务。

6.3 基于工业区块链的企业信息化参考架构

基于国际自动化学会实施的企业与控制系统集成国际公认标准（ISA95），图 6-1 给出了一个将四层工业区块链计算架构映射到企业信息化的参考架构。

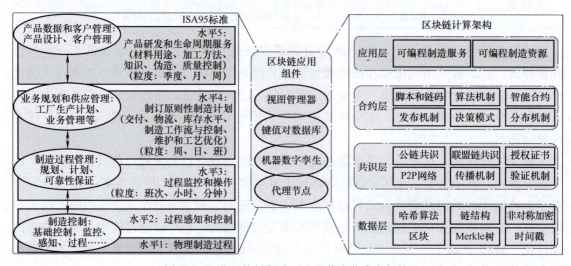

图 6-1 工业区块链保障下企业信息化参考架构

边缘/雾计算和物联网技术最新进展驱动学者重新考虑供应链系统运行方式。采用工业区块链作为分布式的 P2P 通信系统，通过将计算扩展到分布式网络设备，可以有效地防止系统中任何单个节点或传输通道被黑客攻破而导致整个网络崩溃。表 6-2 概述了各种企业信息化的工业区块链安全架构（如信息物理生产系统和社群化制造）。网络协同制造模型（例如云制造和社群化制造）中分布式制造商之间的数据保护至关重要，而工业区块链和智能合约可以增强分布式供应链管理环境中的数据安全。分布式供应链管理环境中的数据安全可以分为数据完整性、数据机密性和数据可用性。

表 6-2　各种企业信息化的工业区块链安全架构概述

模　型	节点操作逻辑	应　用　领　域
信息物理生产系统	结合智能合约和工业区块链来创建分布式网络，作为工业 4.0 解决方案	PCB（Printed Circuit Board）生产行业
感知制造	将人工智能与工业区块链结合，用于系统的感知配置和操控	—
全球制造	使用工业区块链搭建一个全球供应链网络，实现无限制的高效连接	设备制造行业
社群化制造	使用工业区块链来管理社群制造商之间的合作以及信用机制	服装行业
云制造	使用工业区块链来实现制造商之间不需可信中介也可联系	模具行业
开放制造	在开放性制造生态系统中，使用工业区块链来实现知识和服务安全共享	3D 打印行业
安全增材制造	在航空领域数字孪生中使用工业区块链技术，用于保障增材制造的过程数据安全	飞机制造行业

6.4　工业区块链在供应链管理中的应用场景

工业区块链在供应链管理中的应用场景由底至上主要包括了工业物联网、供应链数字孪生、资源调度及产品全生命周期等。

科学家精神

6.4.1　工业区块链使能的工业物联网

供应链网络中工业物联网（IIoT）用于收集数据并支持运营决策。供应链网络在 IIoT 中获取的数据量和种类不断增多，然而，由于缺乏安全对策，IIoT 容易出现隐私信息泄露和受到网络攻击。传统的集中式 IIoT 体系结构对于单个节点的故障鲁棒性不强，随着节点数量的增加，网络和数据服务变得不可靠。

在这种情况下，工业区块链的可审计和透明的点对点交易特性可以帮助消除传统 IIoT 架构的安全劣势，并保护数据免受盗窃、损坏和网络攻击。在由工业区块链和智能合约支持的分布式 IIoT 中，设备在无干预交换和分析数据方面具有更大的自主权。设备可以互相验证，以确保传送数据的完整性，并防止恶意用户使用。工业区块链由于具有不可篡改性、数据冗余、透明性、可审核性和操作弹性而可以增强 IIoT。

工业区块链与物联网技术的集成可以带来以下改进：

（1）去中心化和可扩展性　从集中式架构到 P2P 分布式架构的转变将消除故障和瓶颈的中心点。架构分散带来的其他好处有提高了容错能力和系统可伸缩性。这将减少物联网孤岛，并有助于改善物联网可扩展性。

（2）身份验证　使用通用的工业区块链系统，参与者可以识别每台设备并且唯一地标识设备提供的实际数据。与 RBAC、OAuth2.0、OpenID、OMA-DM 和 LwM2M 等传统授权协议相比，智能合约可以为联网的物联网设备提供更有效的授权访问规则，且复杂度更低。这些协议如今已广泛用于物联网设备身份验证、授权和管理。此外，还可以通过使用智能合约来确保数据隐私，这些合约设置访问规则、条件和时间，以允许某些个人或群体的用户或机器拥有、控制或访问静态或传输中的数据。智能合约还可以阐明谁有权更新、升级、修补物联网软件或硬件，重置物联网设备，提供新的密钥对，启动服务或维修请求，更改装备所有权以及提供或重新提供服务。

（3）设备自治　工业区块链技术赋予下一代应用程序某些功能，从而使智能自主资产和硬件即服务的开发成为可能。借助工业区块链，设备无须任何服务器参与即可交互。

（4）可靠性　物联网信息可以在工业区块链中保持不变并随时间分布。系统的参与者能够验证数据的真实性，并确信数据没有被篡改。此外，工业区块链技术还实现了传感器数据的可追踪性和可问责性。

（5）安全性　物联网应用程序通信协议（如 HTTP、MQTT、CoAP 或 XMPP 的协议），甚至与路由相关的协议（如 RPL 和 6LoWPAN 的协议）在设计上都不安全。此类协议必须包装在其他安全协议（如 DTLS 或 TLS）中，以用于消息传递和应用程序协议，从而提供安全的通信。同样，对于路由，IPSec 通常用于为 RPL 和 6LoWPAN 协议提供安全性。DTLS、TLS、IPSec，甚至是轻量级的 TinyTLS 协议在计算和内存要求方面都很烦琐，使用 PKI 流行的协议对密钥管理和分发进行集中管理和治理也非常复杂。有了工业区块链，密钥管理和分配就完全被消除了，因为每个物联网设备一旦安装并连接到工业区块链网络，就会拥有自己独特的标识符和非对称密钥对。这也将大大简化其他安全协议（如 DTLS），而无须在握手阶段处理和交换 PKI 证书。例如，如果使用 DTLS 或 TLS（或使用 IPSec，则为 IKE）以协商，则需建立主密钥和会话密钥，这会导致烦琐计算和高内存要求。因此，为满足物联网在计算速度方面的应用要求，应针对物联网本身特性对现有的轻量级安全协议进行计算和内存方面的可适应性设计。

（6）微服务化　工业区块链可以加速创建物联网服务生态系统和数据市场。在这些生态系统中，对等方之间的交易可以在没有权限的情况下进行。微服务可以很容易地部署，微支付可以在不可信的环境中安全地进行。这将改善物联网的互联和工业区块链中物联网数据的访问。

（7）**安全代码部署** 利用工业区块链安全的不可变存储，代码可以安全可靠地部署到设备上。制造商可以用最高的可信度跟踪状态和更新生产指令。物联网中间件可以使用此功能安全地更新物联网设备。

6.4.2 工业区块链增强的供应链数字孪生

数字孪生可以显示加工设备的即时状态，并通过学习和利用行为模式来分析制造环境，从而预测加工设备的性能，反馈调整物理实体。通过工业互联网进行的数字孪生通信受到信息安全和信任问题的困扰。解决这些问题的一个办法是引入工业区块链作为数字孪生系统的一个新的数字孪生体，从而使控制和指令更安全。工业区块链与物理系统及其他信息系统之间孪生的关键使能技术是制造数据的即时同步（见图6-2）。

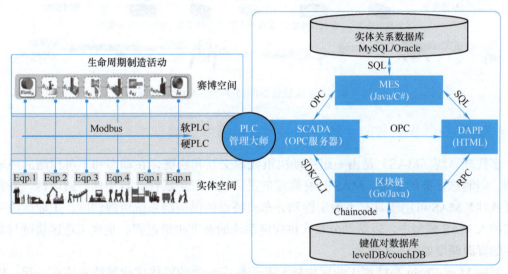

图6-2 工业区块链与物理系统及其他信息系统的即时同步

即时同步可以分为两个步骤：①通过工业互联网在机器之间建立即时通信；②从分布式机器收集并哈希制造数据上传到工业区块链中。

数字孪生、区块链数据安全系统（工业区块链）、IIoT和传感数据之间的关系如图6-3所示。在信息物理系统（CPS）中，基于设备上部署的传感器和控制器，IIoT将数字空间与物理供应链系统连接起来。赛博空间包含多个数字孪生体（DT）（如DT2是用于生产管理的制造执行系统，DT4是用于数据保护的区块链数据安全系统）。数字孪生模型不仅可以监控设备的当前状态，还可以通过分析设备运行行为规律来预测其趋势，每一个数字孪生体在制造管理方面都有其独特的优势。例如，区块链数据安全系统（数字孪生体）可以充当防伪索引服务器，以确保生产指令没有被篡改，可编程智能合约可将每个制造设备的数字孪生体当作一种数字资产来直接操作，以提供个性化的制造服务；制造执行系统可有效执行和管理上层计划。

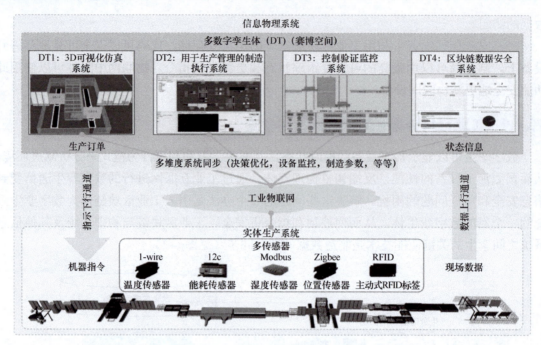

图 6-3 工业区块链保障数字孪生系统的运行

6.4.3 工业区块链智能合约使能的供应链资源调度

多代理系统（MAS）是由一组主动决策代理交互和协商，在动态和不可预测的环境中协调一组制造任务的系统。MAS 具有高度的灵活性、可扩展性、自主性、适应性、并发性和开放性。MAS 可用于具有不确定性和分布式特点的供应链系统资源调度。工业区块链可以被纳入 MAS 模型中，以帮助分布式供应链系统的调度决策过程。集成工业区块链与数字孪生的资源调度如图 6-4 所示。

双层 ManuChain 系统将工业区块链与基于数字孪生的整体优化算法集成在一起，以消除制造计划和执行之间的不平衡。在系统的下层，嵌入在智能网关中的智能合约可协调各个制造资源之间个性化制造任务的执行，并将决策和执行结果上传到上层数字孪生系统中，进而调整粗粒度的整体计划。在系统底层的自组织中，智能网关允许机器与工件交互，并且每项加工任务都基于智能合约主动与合适的生产资源相匹配。

6.4.4 工业区块链赋能的产品全生命周期管理

可持续制造愿景要求制造商在网络环境中共享产品生命周期信息，并进行协作制造。首先，由于参与产品制造的社会化资源和使能技术的增多与发展，产品概念化、设计、制造和装配变得越来越复杂，可持续制造往往由多个分散的产消者（Prosumer）进行，每个产消者都是一个信息孤岛。其次，由于制造业上下游协调能力较弱，生产周期和质量难以保证，当发现质量问题时，制造商很难快速找到故障源，一些新兴的可持续制造模式普遍缺乏用于识别、维护和发展群体共识的安全网络环境，需要第三方集中平台辅助提供安全信息共享与验证服务。

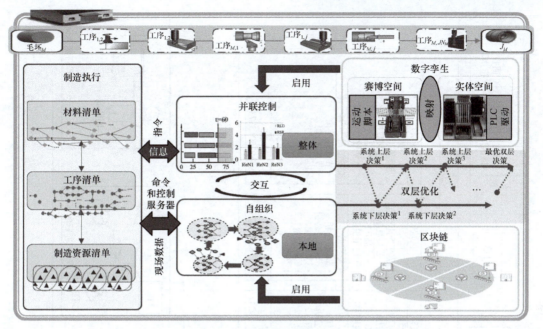

图 6-4 集成工业区块链与数字孪生的资源调度

解决上述问题的一种方法是工业区块链计算范式,它为解决系统的安全性、可持续性、弹性和效率问题提供了一种新的工具。工业区块链提供了一种创新的、分散和透明的交易机制(即计算信任)。工业区块链和智能合约所带来的透明度和可追溯性特征表明,它有望提高供应链网络的可持续性,同时避免来自第三方的干预。

首先,工业区块链技术可实现在工业 4.0 中的一个关键因素,即要在产品制造链上形成一致的数据流。在现有信息技术的条件下,形成数据流的策略多种多样,从集中式数据库到分布式系统和云计算,各种技术各有优缺点。集中式数据库可能被破坏或篡改,分布式数据库却存在同步效率问题,这使得工业区块链本地同步机制有了发挥的舞台。图 6-5 显示了在原始设备制造商(OEM)、工程服务提供商、两个附加制造服务提供商和回收商之间运行的工业区块链中实施 7 项交易输入的示例。该系统在网络化多节点环境中进行验证,参与者在其中与工业区块链代理进行各种交易。产品全生命周期管理系统的指标包括合作伙伴之间高效且价格合理的数据交换机制、所有交易的更高透明度、改进的操作可追溯性,以及所有联网参与者的更高责任。

其次,工业区块链为制造商在分散的环境中分享价值和知识创造了条件。工业区块链保证了知识共享的防篡改性,而边缘计算提供智能服务来满足分散化要求。制造商可以利用工业区块链平台上的共享知识来确定哪些产品包含价值较低的零件,以实现循环经济。在产品的报废阶段,制造商可以从工业区块链中收集准确信息,以提高其从报废产品中设计副产品的能力。制造商可以考虑从产品组合中移除那些资源利用率较高、循环潜力较低的报废产品,从而提高产品的运营耐久性,并最大化供应链价值。工业区块链还可以为产品删除提供透明度和安全性。基于工业区块链的战略产品删除管理是一个多阶段过程(例如识别、分析、评估和决策格式化),这需要来自供应活动的决策支持信息。基于工业区块链的战略产品删除和供应链信息管理如图 6-6 所示。

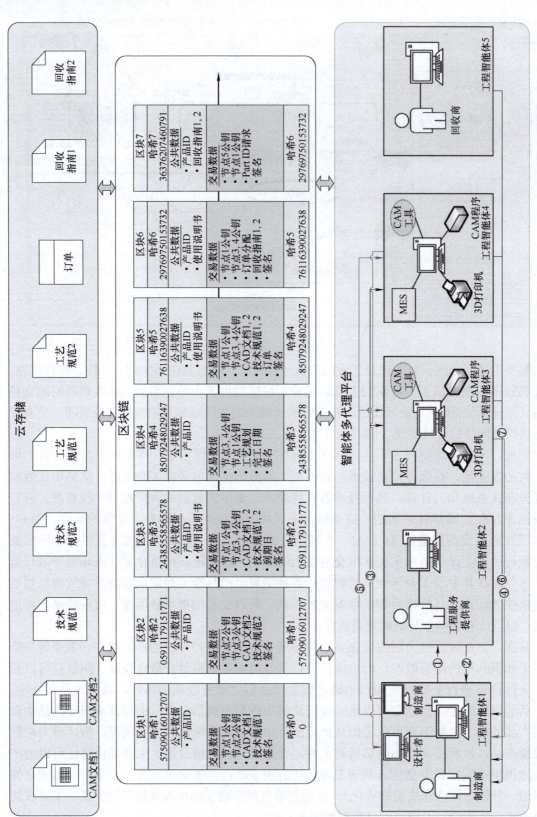

图 6-5 利用工业区块链管理产品开发流程

第 6 章 工业区块链在供应链中的应用

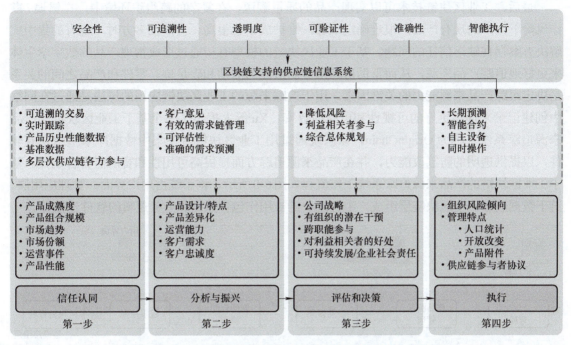

图 6-6 基于工业区块链的战略产品删除和供应链信息管理

再次,工业区块链技术可实现工业 4.0 中的分布式决策。工业 4.0 中的业务流程管理(BPM)系统需要数字化、自动化和优化流程工作流,并使制造和产品服务提供商能够透明地进行互操作,以实现更高的系统效率,包括更高的利润、更快的响应和更好的服务质量。在工业区块链提供的开放商业环境中选择和组合服务,并在工作流组合和管理中实现服务质量的节能和经济高效移动。基于工业区块链的自动化 BPM 解决方案的工作流程如图 6-7 所示。

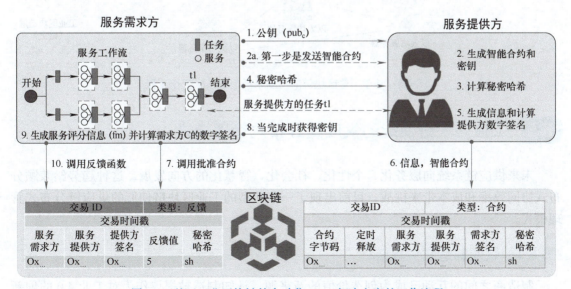

图 6-7 基于工业区块链的自动化 BPM 解决方案的工作流程

最后，工业区块链技术可以实现产品的质量溯源。在复杂的跨组织环境中，在错误/欺诈风险下生产的现有产品，很难确定来源，维护成本也很高。当涉及多方时，现有的集中式解决方案存在缺乏信任的问题。基于工业区块链的模型有望通过形成物理产品的数字孪生体来更好地追踪产品来源，从而帮助追踪众多制造商的活动和碳足迹。零件和产品之间的关系是决定跟踪产品来源能力的关键因素。用于追踪来源的工业区块链应用的想法是通过在网络中创建记录来提供更好的可视性和更高的效率。Xu 等人提出了一个基于工业区块链的产品来源追踪系统，称为 OriginChain，该系统通过用工业区块链替换集中数据库来重组现有软件，以提供透明的防篡改能力，并在产品来源追踪方面提供高可用性和智能监管合规性。基于工业区块链的产品来源追踪系统工作流程如图 6-8 所示。该系统由用户界面、管理应用层、链下数据层和工业区块链层组成。工业区块链被用作包含数据和业务逻辑的软件连接器。

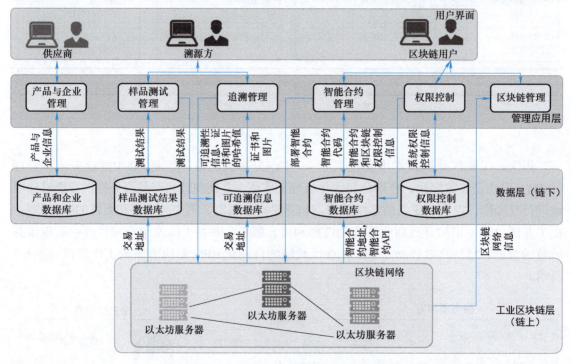

图 6-8　基于工业区块链的产品来源追踪系统工作流程

6.5　工业区块链使能的供应链分布式管理模式

未来供应链系统向服务化、个性化、社会化、智慧化的方向发展。这种趋势给兼顾分布式协同效率和成本带来挑战。目前出现了一些典型的工业区块链使能的供应链分布式管理模式。

6.5.1　认知制造式供应链

制造商之间的互动已成为创造价值的新来源。认知制造被提议作为对工业 4.0 的创新变革。在工业 4.0 中,人工智能、数据分析和深度学习技术被结合起来,用于物流、设备和质量管理的认知配置和操作。在认知制造业中,数据挖掘过程分析由大量传感器捕获的设备操作和工人运动的背景,使高级决策支持成为可能,包括过程监控、故障诊断和趋势预测。Chung 等人提出了一种工业区块链安全的认知制造架构。该架构中,采用了基于侧链的分布式一致性算法来提高智能设备的容错能力;采用基于潜在 Dirichlet 分配的主题封装方法提高工业区块链的性能,通过 P2P 分布式账本联合管理制造过程信息;设计了一种格式化的统计推断方法来挖掘制造过程中的决策模式。

Lee 等人提出了一个概念框架,利用工业区块链扩展信息物理供应链系统的功能。四台机器在两个地理位置不同的组织中运行:"组织 A"和"组织 B"。从机器捕获的数据被上传到雾计算网关。从雾层获得的有意义信息被收集到分布式云网络中,用于高级管理分析。工业区块链可以通过解决数据可用性问题,提升智能预测健康管理和预测性维护系统的透明度,显著提高产品管理的质量。扩展产品运营管理功能的工业区块链如图 6-9 所示。

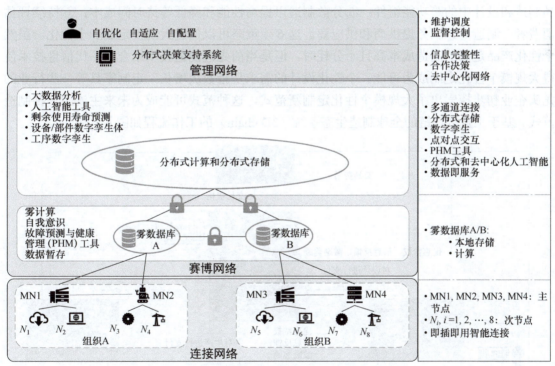

图 6-9 扩展产品运营管理功能的工业区块链

工业区块链展示了其成为一种安全基础设施的可能性,用于在认知供应链系统中实现机器对机器的连接和对开放式体系结构的控制。然而,由于分布式工业区块链节点在交易过程中需要参与并记录 P2P 验证过程,因此仍然存在潜在的局限性和实际挑战,例如巨大的信息冗余和较低的交易速度。

6.5.2 全球制造式供应链

全球价值链越来越分散,国家法律也越来越严格,这阻碍了制造商建立可持续的供应网络。工业区块链是一种可以获取并安全共享资源和信息的工具,过去这些资源和信息是私有的。根据证据、可验证性和可执行性框架,工业区块链可以通过智能合约向消费者提供更多关于产品的信息,从而为制造业提供更强的可持续性。

通过本地制造过程来减少工业全球化的影响至关重要,而其中工业区块链可以发挥重要作用;通过创建一个开放的平台和激励方案,在多个利益相关者之间分享制造能力。制造商在动态网络中共享闲置加工能力的背景下,Geiger 等人提出了一个基于防篡改工业区块链的框架,用于跟踪分布式操作(包括产品信息和加工参数),以最小化产品制造周期。Zareiyan 和 Korjani 引入了一种基于工业区块链的分散式解决方案,名为 3Dchain,为制造商、设计师和消费者提供了一个全球制造生态系统,使他们能够在工业 4.0 中不受任何限制地高效互动。3Dchain 通过其网络促进大规模定制和个性化,它通过以下策略满足全球需求:①激励和奖励受益方;②在优先考虑全球经济增长的情况下,开发创新流程;③构建软件基础设施,以便将先进制造技术可持续地整合到一个新的分散网络中;④构建产品制造和设计中的跨功能组件;⑤分散制造以提高性能和降低等待时间成本;⑥持续评估消费者、制造商、服务提供商和供应商。这 6 项策略可以促进大规模定制和个性化。虽然个性化产品定制的制造成本高且十分耗时,但是当前先进制造技术结合新一代信息技术使得大规模个性化定制成为可能。个性化设计的需求呈指数级增长,定制家具等一些行业的龙头企业初步探索出了大规模个性化定制新范式,这种范式可能成为未来主流的一种制造范式。基于工业区块链的全球制造生态系统(3D chain)的工作流程如图 6-10 所示。

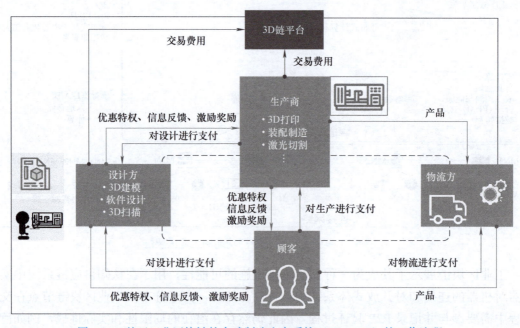

图 6-10 基于工业区块链的全球制造生态系统(3D chain)的工作流程

在全球制造模式下,制造商只有明确其合作伙伴的生产能力,才能做出外包决策。传统的决策方法效率低下,制造商之间的信息不对称使得管理者难以获得准确的决策支持信息。工业区块链有助于在全球制造范式中实现开放和分散的数据共享机制。与传统网络系统相比，基于工业区块链的全球制造生态系统增强了产业联盟内部的信息交互能力。然而，现有的基于工业区块链的全球供应链系统只能为有限数量的制造商提供数据存储，因为工业区块链要求系统中的每个节点记录加密的交易，这在海量增长的数据和分析的情况下效率极低。

6.5.3 云制造式供应链

云制造（CMfg）是一种受云计算启发的客户驱动的制造模式。它旨在将分布式资源封装为一种服务，并通过智能机器之间的交互来增强能力，以基于网络物理系统的制造服务为基础。然而，CMfg 体系结构中的信息通常由一个中心化的软件平台所拥有。这种中心化架构为服务提供方和需求方之间的安全和信任问题限定了信息访问范围，这种中心化的信息访问管控可能导致交互效率下降。若将信息访问权限管控下放到社群或节点，可以提高制造平台运营效率。Barenji 等人使用两种类型的工业区块链网络，即公有和私有工业区块链。公有工业区块链用于服务提供商级，私有工业区块链用于车间级，车间级连接到机器级进行数据接收和收集。Bahga 和 Madisetti 提出了一个基于工业区块链的 CMfg 平台，以使对等方能够在没有可信中介的无信任网络中交互处理。CMfg 模型将分布式资源互联以形成一个池。然而，许多制造商不愿意披露有关其资源的详细信息，而且这种模式也缺乏足够的激励来持续提供服务。因此，整个 CMfg 社区的运营效率和服务质量有所下降。

在 CMfg 中，使用工业区块链使制造商能够在没有第三方可信中介的情况下在云端工业区块链服务器进行相互协同制造服务交互。CMfg 是服务型制造的延展研究，最近有研究者将工业区块链技术和 CMfg 结合提出若干架构以解决服务过程中的信用问题，并且应用相关智能算法解决服务组合、服务推荐、服务定价等服务优化问题。云制造更多地涉及虚拟资源和系统可伸缩性的特性，泛在制造则更多地涉及企业随时随地使用设备（如笔记本电脑、手持设备等）直接管理、控制和操作供应链系统的可用性。

由于集中式资源管理和调度的过程灵活性较低，因此 Li 等人提出了一种基于工业区块链的 P2PCMfg 架构——BCmfg，以提高 CMfg 平台的可扩展性。Innerbichler 和 Damjanovic 探索了 StellarConsensus 协议和联合拜占庭协议共识，以确保 CMfg 实例和制造商之间的数据复制质量和计算信任，而无须集中授权。Yu 等人提出了一个基于工业区块链的 CMfg 模型，将资源公开并封装为消费者可以购买的制造服务，并记录服务交易过程及结果，从而提高系统透明度水平和分布式决策能力。给定的模型将资源公开并包装为消费者可以购买的制造服务。Barenji 提出了一种新的基于工业区块链技术的信任系统——Blocktrust，系统中的数字公司单元、能力池单元和数字证书颁发单元通过基于 Hyperledger 结构的私有 Blocktrust 对等网络进行交易，以此解决 CMfg 的信任问题。Hasan 和 Starly 基于 CMfg 即服务（CMaaS）提出中间件体系结构解决方案，以减轻终端用户的技术和智能负担，同时利用现有的数据资产，最大限度地利用制造资源。Aghamohammadzadeh 和 Valilai 提出了一种基于工业区块链技术的 CMfg 服务组合模型——Block-SC，通过将原始的服务组合问题划分为多个子问题，其中每个子问题都包含服务/任务池的一小部分，克服了集中式机制的性能局限性。Zhu 等人基于以太坊工业区块链的结构，构建了以 CMfg 为目的的联邦工业区块链系统，对 3D 打印服务场景进行了仿真研究，并采用 k 邻近（KNN）算法为每个请求推荐服务提供者。在基于云增材制造服务的场景中，Zhu 等人研究了服务供应商在竞标工作时的定价策略，提出了一种博弈论的定价模拟方法，并将模糊数学算法应用于定价决策中。Barenji 等人为解决中小企业的可扩展性和信任问题，开发了一种新的基于工业区块链云的泛在制造体系结构，在信息物理系统（CPS）的基础上，通过一个自治智能代理，对现有的协商机制和通信协议进行了改进。

6.5.4 社群制造式供应链

针对日益增长的生产个性化需求和社群化制造资源，社群化制造模式应运而生。在社群化制造中，利用工业区块链规范社群化制造资源之间的协作，以建立社群化信用机制。社群化制造的特点在于结合供应链和工艺的视角来优化协同制造服务，以实现协同制造企业高效合作，从而提升制造资源的利用率。

通过产品定制，制造商在一个固有的无信任网络中共享信息和协作。Pazaitis 等人设想了一种基于工业区块链的分布式合作模式，可以在共享经济环境中创建面向公共资源的生态系统。Liu 等人提出了一种基于工业区块链的服务业生产信用机制（PCM）来规范制造企业之间的跨企业合作，在社会制造模式下，社群化供应链网络（SMN）整合了分布式社群化制造资源（SMR），为客户提供更精确、更专业的服务。Liu 和 Jiang 提出了一个工业区块链驱动的网络信用评估系统（BCCES）来实现分布式网络信用评估。BCCES 可以为分布式中小微企业提供可靠的网络信用，而不需要可信的第三方，可以提高中小微企业之间建立可靠合作的效率。Liu 等人提出了一种基于工业区块链的生产信用机制，以规范社会制造范式中的企业间协作。Angrish 等人设计了三种智能合约表示法来模拟各种参与者之间的关系，这些关系形成于二级合约指数中，与现实世界工业生产活动中的"采购供应"逻辑一致。所有合同都可以从经审核的智能合约范例中衍生出来，其中包括三个步骤：①以 QR（Quick Response）码或射频识别（RFID）码的形式，将与生产合同相关的信息附加到货物交付中；②在用户签名时使用扫描仪扫描；③按照智能合约中的利润分配完成支付。成品由物流企业直接交付给消费者，物流企业根据智能合约范式与物流相连。最后，完成从生产到物流的定制。通过智能合约范式，将各类生产服务机构（即银行、担保机构和测试机构）的生产单元连接在一起，以提供相应的制造服务。

在分散的跨企业供应链网络中，迫切需要不同的智能合约范式来覆盖整个制造过程中的所有智能合约结构，以满足各种价值转移需求。工业区块链根据不同的生产模式提供多个已建立架构的智能合约范式。智能合约范式是智能合约的标准模式。其底层结构是合同的图灵完全智能实现。制造业规定了加工的标准，用户只需在合同范式下描述合同的具体内容，这大大降低了实施的复杂性。Leng 等人提出了一个工业区块链驱动的 Makerchain 模型（见图 6-11），以增强各类分散的制造商之间社会制造的网络信用。

该模型设计了一个带有分布式 3D 打印机的数字社交制造环境，系统中的所有产品都有一个数字孪生体，产品消费者决定何时何地将这些虚拟模型转化为物理产品。由化学签名组成的防伪方法旨在代表产品独特的个性化特征。具体来说，一旦消费者确认了个性化的产品订单，整个生产社区的所有智能合约都会被触发，所有服务需求与能力将根据智能合约范式快速自组织。通过利用现有的智能合约范式，每个生产单元都连接到与其产品相关的不同社区。通过各种智能合约范式，在虚拟世界中构建了产品制造活动的数字孪生体。通过智能合约范式，这些数字孪生体能够创造更多种类的小批量碎片化需求，进而推动新的个性化产品的开发。生产合同的最终付款条件是物流交付。在产品物流智能合约方面，使用电子签名为物流系统签名，进一步提高了交付的有效性。一般来说，智能合约可以调解服务关系，并在分散的供应链网络中实现交互。

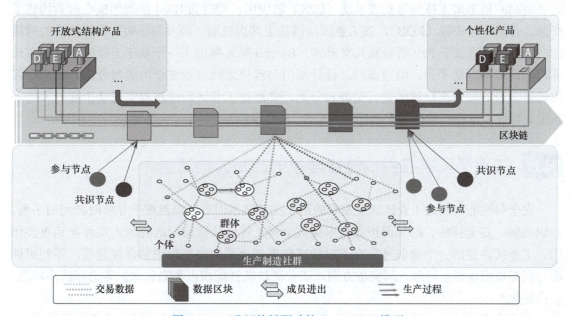

图 6-11　工业区块链驱动的 Makerchain 模型

6.5.5　开放制造式供应链

数字经济有许多机会来创建大量共享应用程序。开放业务是社群化制造愿景的终极范式，它意味着通过将外部合作伙伴连贯地集成到设计和制造过程中，为产品创新提供许多新的机会，以利用不同的能力和资源。这种趋势导致产品实现过程的分散化。值得注意的是，开放式商业模式为中小企业提供了以创新的众包方式满足各种客户需求的机会。Li 等人提出了一个可扩展的基于工业区块链的跨企业框架，以实现开放制造生态系统中制造知识和资源的安全共享，从而使制造商能够提供灵活、优质、高效的服务。

采用和恢复开放式商业战略的潜在挑战有：①产品制造过程中的群体决策；②众包的动力学分析；③博弈模型和合作谈判方案的困难。决策过程必须重新设计，以适应协同众包过程。在开放制造中，利用工业区块链实现开放式制造生态系统中知识和服务的安全共享，从而促进各个制造资源的交互和流动。开放制造的重点在于保护制造知识的安全，提高制造信息传播效率。开放制造在增材协同制造方面有很好的实践效果。

Xiong 提出了一个协作众包产品实现模型，以适应开放设计和制造的分散协作产品制造过程。为了对合作伙伴的动态进行建模，他建立了一个进化竞争–合作博弈模型，确定了合作伙伴的参与比例、跨领域能力平衡以及收入和分配之间的关系。结果显示，外部合作伙伴之间存在竞争–合作关系，整个社群具有协同进化特征。Li 等人提出了一种基于云计算的模具再设计制造知识共享系统，以期在模具联盟中建立一个安全可信的网络。该系统采用 k 邻近算法的文档知识邻域检索方法，提高了知识检索的效率。Li 等人提出了一个基于工业区块链和边缘计算技术的分布式框架，包括客户层、企业层、应用层、智能层、数据层和基础设施层，以促进知识共享与资源互换。Yu 等人提出了基于工业区块链的共享制造（BSM）框架来支持信息物理系统（CPS）的应用，同时为 BSM 框架的核心运营构建了资源运营工业区块链（ROB），该工业区块链基于共识机制（即参与证明）和智能合约网络（SCN），以促进基于 P2P 的资源共享范式。Barenji 等人提出了一个基于工业区块链的雾计算协同设计与制造平台，制造部门、设计部门与客户之间实现安全沟通与合作。该平台采用机器学习方法对客户视图进行聚类和分类，并通过工业区块链技术实现基于雾计算的子系统间集成，以提高数据的完整性和安全性。

6.6 工业区块链在供应链管理中的应用方向展望

安全和性能是制约工业区块链发展的两个关键技术因素，难点在于寻求两者间的平衡。共识机制、安全算法、隐私保护等技术突破会对工业区块链应用的跨越式发展起到重要作用。工业区块链的一个薄弱环节在于对敏感数据需要平衡隐私保护和合规监管，零知识证明与同态加密也是亟待深入研究的方向，工业区块链性能权限和隐私保护等仍存诸多问题，亟待优化。

当前许多供应链的运行借助于以互联网为基础的各个社交媒介，缺少信息工具来明确、维持、进化群体规范与共识，工业区块链机制及其计算范式是分布式供应链系统的自然建模，因此找准具有开放创新意识和个性化制造基础的供应链（如开源 3D 打印机制造、成衣定制、珠宝定制等），通过一套支持供应链自组织的工业区块链软件系统，可有效地支持产消者（包括消费者、设计类中小微企业、制造类中小微企业等）进行个性化产品制造活动的自组织，依托工业区块链的去 / 多中心化共识保障机制构造产品制造与服务价值体系，形成信任的流通机制，以自组织的方式解决供应链的网络化沉疴宿疾，最终打造示范性供应链新生态。

6.7 本章习题

6-1 供应链组织的发展趋势是什么？
6-2 在供应链管理中使用工业区块链的优势有哪些？
6-3 供应链管理中的工业区块链安全架构有哪些核心层？
6-4 在产品全生命周期管理中采用工业区块链技术的优势有哪些？

6-5 工业区块链支持的供应链管理信息系统有什么特点？
6-6 基于工业区块链的业务流程管理（BPM）系统需要什么？
6-7 数字孪生技术在供应链管理工业区块链应用中的作用是什么？
6-8 工业区块链与物联网技术的集成可以给供应链管理带来哪些改进？
6-9 工业区块链使能的分布式供应链管理典型先进模式有哪些？请举例说明。

第 7 章 工业区块链在跨产业链中的应用

区块链除了应用于企业内部、供应链中外，还可以应用于工业企业供应链金融、工业设备融资租赁、工业设备二手交易等方面。受限于技术、成本等因素，传统的供应链金融模式存在诸如信息真实性核验困难、信息在各级供应链间传递损失、信息可溯源性差等问题，区块链技术的出现提供了一个很好的解决方案。区块链技术以其特有的去中心化、可溯源、不可篡改等特点，可以很好地解决传统供应链金融面临的核心痛点，提高信用在各级供应链之间传递的效率，使供应链金融的优势能够真正深入供应链末端，为解决中小企业融资约束问题提供更切实有效的帮助。租赁公司结合自身的发展特点，利用区块链的优势创新租赁产品和租赁模式，在产品应用、企业经营管理中充分发挥科技优势，构建全新的数字经济生态圈，促进我国融资租赁行业长期可持续发展，提高融资租赁行业的影响力和竞争力。工业设备二手交易中存在流通渠道不畅、轻税收利交易、二手工程机械在市场上缺乏退出机制、二手设备信息不对称等问题，区块链技术由于可以处理信息不符、交易风险、成本价高等问题，是可以很好地解决二手交易问题的解决方案。

7.1 工业企业供应链金融

供应链金融是指银行围绕核心企业，管理上下游中小企业的资金流、物流和信息流，并把单个企业的不可控风险转变为供应链企业整体的可控风险，通过立体获取各类信息，将风险控制在最低的金融服务上。供应链金融属于微观金融范畴，既不同于传统意义上银行所提供的借贷服务，也不同于投资等其他类型的融资活动。供应链金融运营模式是指以供应链为基础，通过获取上下游企业之间信息流、商流及物流等信息，针对特定供应链参与主体所提供的融资活动。与传统融资服务相比，供应链金融不再对单一企业进行一对一授信服务，它基于产业链整体信息，以核心企业信用为背书，向整个产业链提供金融服务。

从缩减供应链管理成本视角来理解，供应链金融的核心就是在供应链管理中嵌入融资和结算功能，并优化供应链的成本；供应链金融是在核心企业主导的企业生态圈中，对资金的获取性和成本进行系统优化的过程，包括对信息流的归集、整合、打包和利用，嵌入成本分析、成本管理和各类融资手段等。

从银行金融产品视角来理解，银行把供应链上的企业作为一个整体，根据交易形成的链条关系和行业特点，以便将资金有效注入供应链上的相关企业。供应链金融就是银行根据供应链的真实贸易背景和核心企业的信用水平，以企业贸易行为所产生的未来现金流为直接还款源，配合银行的短期金融产品和封闭贷款操作而进行的单笔或额度授信方式的融资业务。

综上而言，供应链金融就是以核心企业为出发点，基于供应链链条的交易关系和担保品，在供应链运作过程中由银行等金融机构向其客户提供的融资、结算和保险等综合金融服务。供应链金融最大的特点就是围绕核心企业，利用中小企业与核心企业的贸易关系及衍生担保品（例如订单、应收账款等）提供的信用支持，为供应链资金薄弱环节（中小企业）提供融资服务，解决供应链资金失衡问题。供应链金融可以有效降低银行融资的风险，也可以提升供应链的竞争力，因此受到了金融业界的普遍关注。

7.1.1　工业企业供应链金融发展现状

一般来说，供应链金融可分为线下模式和线上模式。线下供应链金融模式，也就是传统供应链金融模式，包括供应链金融概念产生之前的各种单元产品。传统供应链金融模式可以分为两种类型，一是基于贸易流通的存货质押模式，二是基于贸易合同的订单、应收账款的融资模式。供应链金融存在三种基本模式，即应收账款融资模式、存货融资模式和预付账款融资模式。线下供应链金融也可分为订单融资、原材料融资、在制品融资、产成品融资和应收账款融资，如图7-1所示。

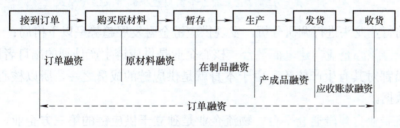

图7-1　线下供应链金融

上述融资模式均离不开物流企业的参与，因此也有学者从物流企业角度进行模式创新，把融通仓作为物流金融的典型模式，这种供应链金融的运作方式给中小企业、银行、第三方物流公司都带来很大的收益。

供应链金融模式也可总结为两大类，分别是内部信用增级模式和外部信用增级模式，物流服务则是外部信用增级的一种。从物流角度看线下供应链金融模式如图7-2所示。

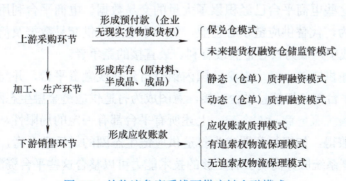

图7-2　从物流角度看线下供应链金融模式

随着电子信息、互联网技术的成熟与普及,供应链的信息化、智能化水平得到大幅提高,生产效率也大幅提高,供应链金融服务的线上化应运而生。从业者先后提出了基于第三方综合电子商务平台的供应链贷款模式和还款模式、基于 B2B 的供应链融资模式(电子订单融资和电子仓单融资)、以银行为主导的电子商务供应链金融模式。第三方综合电子商务平台自建小额贷款公司模式如图 7-3 所示。

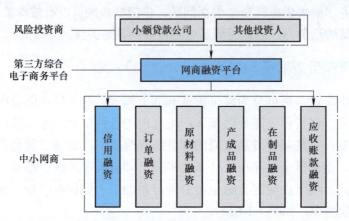

图 7-3　第三方综合电子商务平台自建小额贷款公司模式

结合目前行业龙头进行调研分析,发现供应链金融发展趋势呈以下格局:

(1) 供应链核心企业自建电商平台　核心企业是供应链生产计划的制订者以及总指挥,其供应链成员都对其有生产依赖;由于本身就是供应链的成员之一,所以核心企业掌握了大量的交易数据。

(2) 物流企业自建融通仓平台　物流企业是独立于供应链的第三方企业,既可以是供应链的纵向服务者、供应链某环节的横向服务者,也可以是行业服务者,既参与纵向的业务,也参与横向的业务。由于物流企业真实参与供应链的生产加工环节,其掌握的物流数据真实有效,数据范围也相较于核心企业的宽,也就是说物流企业要掌握整个行业数据是可实现的。在这样的背景下,物流企业建立融通仓平台,为供应链上下游企业提供存货质押、仓单质押服务,可有效降低银行的信贷风险。

(3) 电子商务平台自筹资金　随着网购的盛行,电子商务平台吸引了海量的中小企业入驻,几年来,这些电商平台已经积累了大量的交易数据。电商平台利用互联网、云计算技术挖掘用户行为,代替供应链核心企业,为中小企业提供交易数据及信誉担保,在供应链金融业务抢夺战中,成为核心企业最有利、最直接的竞争者。

(4) 银行搭建供应链金融生态圈　国内银行自建在线融资平台,并与核心企业、电子商务平台、物流平台等一切信息平台对接,意图成为打造供应链金融生态圈的最后整合者。

(5) 云计算系统服务商异军突起　上述所有平台都有一定的局限性,资金、数据、技术三者总是不能兼得,如银行意图成为打造供应链生态圈的最后整合者,但缺乏一定的大数据支持。云计算系统服务商确实有足够的技术能力可以整合这些平台资源。

7.1.2 工业企业供应链金融存在的问题

全面深化改革以来，产业结构向信息化、智能化升级成了主基调，而工业化与信息化的深度融合是产业结构升级的主要方式。企业在向互联网平台方向发展过程中，必将颠覆原有的商业模式，在线采购、在线销售、网络营销等将大大提高效率，加快商流、信息流的交换速度，同时也将对物流、资金流提出更高的要求。原有的供应链金融模式由于重资产、低效率、重复质押等问题，也面临模式创新和风险管理等问题。

目前供应链金融模式创新有以下几个发展趋势：

1）"服务链金融"概念产生，"网状"供应链打败"链式"供应链。供应链金融以工业部门的生产链为主，通过各个部门的生产协作完成整个产品的制作过程，因此，供应链金融模式关注的多是基于贸易货物、贸易合同的质押融资。然而，未来随着服务业比重的逐渐增大，供应链金融不再围绕"产品"生产完成，而是围绕"服务"完成。

2）去中心化自组织正在成为当前制造供应链模式的一种全新的组织。从产品创新方式转变的角度来看，个性化制造的兴起正在改变消费者和生产者的角色：消费者和生产者（一般为小微企业）都正从单一的买家或卖家角色转变为"消费者即生产者"的双重角色，即产消者（Prosumer）角色。产消者之间正在建立扁平化的直接沟通桥梁，按其双重的"需求"或"能力"角色在各环节自组织从而形成相似属性聚集的制造供应链。产消者之间互动层次的加深从根本上改变了产品更新的驱动力。

3）对大数据的挖掘成为最具价值的风险控制方式。供应链金融的本质在于降低中小企业与银行之间的信息不对称程度，以降低信贷风险。随着信息化的渗透，越来越多的传统产业将改变现有商业模式及生产模式，整个生产过程不再仅依靠核心企业的生产计划，也可以依靠订单信息，通过大数据挖掘中小企业的生产行为、销售行为，并根据这些行为分析出其信用，然后予以放款，这也是未来的发展趋势。

虽然我国供应链金融市场发展潜力巨大，开展供应链金融业务的主体众多，发展态势迅猛，但是其商业模式较为单一，目前仅有以核心企业信用为主的应收账款模式、预付账款模式和质押模式三种商业模式。这极大地限制了供应链金融产业的进一步发展，并导致以下三点发展难题。第一，供应链金融监管体系不够完善，供应链内部一级、二级及三级供货商或者经销商为满足自身融资需求，可能随意提升融资利率，从而导致供应链整体运营成本增加；第二，一级融资企业缺乏资质及商票无法分割问题，导致二级供应商难以在供应链体系内获得融资，致使供应链金融无法覆盖整个供应链体系；第三，供应链体系内信息数据分割度较大，存在较为严重的信息孤岛问题，不仅限制了供应链内部信息访问和流动速率，而且增加了信息审核部门的成本，提高了验证交易是否真实的难度。

7.1.3 基于区块链的工业企业供应链金融的解决方案

区块链技术作为互联网时代下的新兴技术，凭借其分布式数据存储、点对点传输、共识机制及加密算法等特征，在金融领域内的应用已经得到世界各国的认可。例如，在金融交易领域中，区块链技术可以起到弱化中心系统的作用，降低对核心机构及企业信用背书的依赖度，表现出金融脱媒特征；在互联网金融领域中，区块链技术通过自验证方式在无监管环境下建立信用交易链，提升了P2P产业、股权众筹及互联网保险等产业的安全性；在资产管理领域中，区块链借助时间戳及不可篡改技术，实现了对虚拟资产的保护、授权和追溯等功能。可以说，区块链技术正在改变金融产业形态，突破原有金融产业约束，实现更高效与更安全的发展。

1）借助区块链技术建立透明性融资账本，消除信息非对称问题。信息的非对称问题会增加供应链体系内各主体之间的信息交流成本，增大整个供应链运作的协调难度，降低供应链的运行效率。同时，在存在纠纷的主体之间，信息的非对称问题还会导致部分重要信息举证和追责难度增大，甚至部分重要信息会被篡改。因此，需要建立一个更加透明的运营机制或者高效的信息交流机制，以保证供应链金融的高效运作。在区块链技术条件下，供应链内部各企业所有数据都将在整个区块链系统集中与公开，避免了重复审查与反复校验过程。区块链时间戳功能还可以按照时间顺序记录供应链参与主体的每一笔交易，防止各节点篡改数据，可以建立透明性融资账本，有助于提升供应链整体运作效率。

2）通过区块链技术实现金融脱媒，降低人为影响因素。传统供应链金融是商业银行等金融机构以整个供应链全局角度所开展的金融业务服务，是以核心企业为依托，为部分信用资质"不达标"的中小企业提供金融服务。由商业银行等金融机构把控供应链金融的风险，而核心企业作为单一"记账人"的这种模式，存在较大的潜在道德风险，将导致供应链金融体系极不稳定。在区块链技术的驱动下，供应链金融将展现出"去中心化"特征，可以建立全局相互信任机制，没有任何主体或者节点可以单一记账，并且供应链系统内的参与主体越多，其系统内的信任成本就越低。

3）基于区块链技术实现智能合约功能，降低供应链金融人力成本。当前，存货融资和预付款融资是供应链金融主要的商业模式。此商业模式的特点是贷后管理需要较大的人力成本。因此，如果只依靠人力管理，势必将导致供应链体系运行效率低下，不仅会增加商业银行的操作成本，而且会增加融资企业的融资成本。在区块链系统框架内，通过智能合约方式，能够有效解决以上供应链金融发展痛点，显著提升供应链金融系统运作效率。智能合约是一套以数字形式定义的承诺，只要触发条件符合合约制定标准，智能合约就会及时自动完成。

4）将区块链技术作为电子票据补充，提升供应链金融服务质量。随着供应链金融的快速发展，票据在供应链金融中的应用越来越多。现阶段我国票据融资普遍以纸质票据交易为主，不易控制其道德风险及操作风险，而部分电子票据也存在金额与期限无法匹配以及无法与纸质票据兑换等问题。区块链技术作为一种互联网技术，可以通过计算机编辑出可交易的电子票据，并且根据其智能合约所构建的票据池，从而具有交易、融资及结算等功能，充分弥补现有电子票据的缺陷，更好地为中小企业提供高质量融资服务。

5）融合区块链技术，创新金融交易机制，建设更具秩序的供应链金融生态环境。区块链是一种按照时间生成先后顺序，以首尾相接组成链式数据结构，通过加密技术保证整个区块链系统不可伪造、不可篡改的分布式账本。完全依靠机器语言执行的智能合约将有效避免人为操作风险和道德风险，增强了金融主体之间的信任，对供应链金融的交易机制有所创新。区块链技术的时间戳及所有节点参与记账的优势,将供应链系统内所有参与主体都视为监管人,极大地降低了金融风险,有助于规范各经济主体行为,有利于建设更加有序和规范的供应链金融生态环境。

综上所述,这里给出基于区块链的工业企业供应链金融的一般性解决方案:①基于区块链的供应链金融系统,可将用户账户、授信申请、融资申请、放款还款等供应链金融的关键信息上链。②在与区块链平台对接过程中,供应链业务系统中创建新用户的同时,也需在链上创建对应的区块链用户。区块链利用加密规则产生相应的私钥、公钥,在链上存储公钥信息。③供应商用户填写授信申请,供应链系统调用区块链核心 API 进行操作,区块链将授信申请的关键信息上链。④基于区块链分布式节点,供应链金融各参与方可将融资申请、授信申请、授信额度、放款还款等供应链金融关键信息上链。⑤计算机终端连接节点服务器进行操作,具备用户注册、授信申请、放款还款关键信息上链等功能。以 Web 页面方式、手机 App 方式展示区块信息及交易详情。

7.2 工业设备融资租赁

融资租赁又称为设备租赁,是一种集融资、融物、贸易和技术更新于一体的金融产业。融资租赁业务是指承租人有特定的设备和厂商需求,而承租人没有足够的资金自行购买设备,完全依赖于银行贷款、民间借贷等方式难以满足庞大的资金需求,因此出租人通过资金融通与第三方制造商签订购货合同,购买承租人所需设备,然后与承租人签订租赁合同,将设备的使用权给承租人,并且定期收取租金。租赁期结束时,承租人可以选择续租、留购或返还租赁物。融资租赁的优势在于筹资速度较快,能够加快设备引进的进程,有利于降低企业的生产成本,同时也能够提高设备和资金的利用效率,灵活便捷,在一定程度上减轻了企业的负担。融资租赁交易的基础是由购买合同和租赁合同共同构成的,出租人和承租人的主要义务分别体现在购买合同、租赁合同中,供应商(设备制造商)需要对承租人负主要责任,购买合同和租赁合同缺一不可,三个主要参与主体需要分别在两个合同中确认权利和义务。融资租赁的基本交易架构如图 7-4 所示。

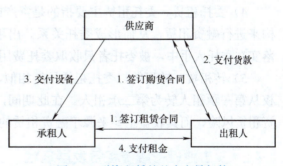

图 7-4 融资租赁的基本交易架构

(1)融资租赁的特点

1)融资租赁在任何交易中至少涉及三大主体,即出租人、承租人及供应商。在此过程中,至少还需要两大合同作为支撑,即购货合同和租赁合同。这三大主体以及两大合同存在相互制约的关系。

2)责任分明。在融资租赁交易过程中,承租人自行选择需要的设备,并且在之后的合作期间，需定时交付租金。出租人则不用负责生产过程中出现的问题，如延迟交货、设备存在隐患等。

3）不可随意解约或者更改约定内容。在融资租赁交易成立之后，承租人不能提前终止合同，出租人也不能随意更改合约价格。

4）设备存在所有权和使用权分离的情况。所有权归出租人，而使用权归承租人，这在合同期内不能改变。

5）融资租赁期间，设备全权由承租人负责，包括保养、维护等。

（2）融资租赁业务模式

1）直接融资租赁。融资租赁业务最基础的一种业务模式（也可以称为最简单的业务模式）是直接融资租赁，它的业务模式是出租人出租设备，然后承租人进行租赁，承租人需要定期缴纳租金，并承担机器的维护和使用风险。采用这种业务模式的大部分是期限较长的大型设备租赁。

2）售后回租。承租人将自己的设备进行售卖，而在此之后，从买方手中租赁该设备，以此来达到资金快速回笼的目的。在融资租赁结束之后，承租人可以继续租赁或者购回，这种模式就是售后回租。该模式多应用于资金不足或贷款额度有限的企业，其中技术型企业在这个群体中占据主导地位。租赁的资产类型可以包括自制设备以及其他各种类型。

3）杠杆租赁。杠杆租赁与银行贷款类似，但是相对于银行贷款和一般融资租赁业务，更为复杂。在融资租赁过程中，20%的资金来源于承租人，剩余资金来源于银行贷款，这样可以享受低税待遇，最终形成"以二博八"的杠杆方式来进行融资租赁。之后的过程与一般融资租赁相同。只是因为涉及相关方较多，所以其合同设立以及具体操作较为复杂。这种融资租赁资金来源多样，享受税务优惠，具有较低风险水平，融资租赁企业在收取租赁资金方面具有较高的可行性和保障。

4）委托租赁。委托租赁主要指的是资产或者设备所有者，将其委托给非银行的金融机构来进行融资租赁，从而形成委托关系。出租的资产或者设备在融资租赁期间，其所有权落实在委托人手中，被委托者只收取委托费用，不承担融资租赁风险。

5）转租赁。转租赁与委托租赁虽然相似，但是也存在本质上的不同，即转租赁是使用权从第一承租人转为第二承租人。在此期间，第一承租人也是第二出租人，其需要承担融资租赁风险，而其收益主要来源于融资租赁的差值。

7.2.1　工业设备融资租赁发展现状

20世纪80年代末，融资租赁业才在我国逐渐发展起来。随着我国实体经济的不断发展壮大，融资租赁企业数量从2006年的80家增长至2020年的12156家，相应的业务量增长至65040亿元，在全球占比约为23.7%。我国融资租赁业务主要集中在航天航空、建筑工程、交通运输、电信、医疗等行业。随着社会的不断发展，小微企业也需要大量资金购置设备，然而"弱信用"往往使得它们面临资金短缺的困境。融资租赁因此成为仅次于银行信贷的第二种间接融资方式，并逐渐受到学术界和产业界的关注。

现如今，融资租赁成为越来越多企业为业务拓展而融资的首选。融资租赁最大的特点就是基本无须担保、无须抵押，甚至不需要企业提供良好的信用证明，而且审批流程简便，贷款额度可大可小，资金发放快速，是目前市场上较为灵活的融资方式之一。总体来看，融资租赁公司集中于北京、天津、上海、广东等经济发达的东部沿海地区，湖北、河南等中部地区次之，西藏、内蒙古等西南、西北，以及东北省市较少。截至2021年上半年，融资租赁公司注册数量在2000家以上的地区有广东省、上海市、天津市。其中，注册地位于广东省内的融资租赁公司数量最多，达到4278家。

融资租赁业的快速发展促进了机械设备销量增长，以国际经验来看，融资租赁在工程机械行业的销售份额至少在80%以上，高的甚至可达95%。"用别人的资金和设备赚自己的钱"，已经成为行业的普遍共识。由于融资租赁公司规模不断扩大，以及全国各地工业领域蓬勃发展，工业设备融资租赁具有前所未有的发展良机，具体有以下几点：

1）工业设备融资租赁可以扩大租赁企业的投资规模，缓解租赁企业资金短缺的问题，且有些工程或项目需要使用一些大型、先进的设备，采取租赁方式引进这些设备可以在不影响对外负债总额的情况下扩大投资的规模。

2）一些国家重点项目需要高性能的技术装备，若现阶段国产设备不能满足其性能要求，直接向国外采购会受到进口配额或者技术封锁的限制，采用租赁的方式既可以避开这些限制，又可以引进先进技术。

3）工业设备融资租赁可以建立起设备社会租赁市场，以此盘活机械设备固定资产，体现投资效果，提高机械的利用率。工业设备租赁业可以充分利用闲散资金，促进融资大市场的发展。

2016年，国际货币基金组织（IMF）报告强调，区块链具有改变金融的潜力。融资租赁作为非银行金融工具，正处于以数据服务为核心竞争力的"3.0+"阶段；见表7-1。融资租赁业应把握住区块链这一突破口，将区块链技术作为当前发展的基石，着力提升其渗透率，扩大行业影响范围，在将信息时代的数据转化为价值的基础上，营造良好的产业环境，进一步提升融资租赁行业的地位和影响力。

表7-1 融资租赁业务发展阶段

发展阶段	1.0阶段	2.0阶段	3.0阶段	3.0+阶段
发展模式	传统租赁	创新租赁	科技租赁	智能租赁
核心竞争力	金融服务	产业运营	数据服务	
主要特点	采用直租融资租赁、售后回租等传统租赁模式，以息差为主要收入来源	创新租赁模式，增加培训和咨询服务 与其他参与主体实行战略合作，建立企业联盟	采用互联网技术，实现租赁交易数据的互联互通 将提炼出的数据转化为价值	

7.2.2 工业设备融资租赁存在的问题

2022年度，金融租赁有效样本及融资租赁有效样本户均营业收入分别达到63.11亿元和58.45亿元，较上年度分别增长5.09%和11.22%。租赁行业营业收入整体呈增长态势，发展潜力依然很大。中国融资租赁行业的快速发展是必然趋势，但是受诸多因素的影响，其发展也受到一定程度的制约，具体表现如下：

1）工业设备租赁业的宏观管理，难以在管理上协调统一，行业整体急需有效的监管，同时保护租赁业正常发展的租赁法规有待进一步完善。租赁业要想长期健康发展租赁合同当事人应有统一的行为规范，租赁合同的合法权益应得到有效保障。在工程投标、资信审查中，也要保护租赁业的合法性。

2）缺乏扶持租赁业发展的财政税收政策。我国长期将融资租赁视作贷款，在税收上视同一般商业行为，一般银行不受理租赁业的抵押贷款及银行信用担保，保险业也基本不参与租赁业保险工作，这已成为租赁市场正常发展的障碍。

3）承租人拖欠租金情况严重，导致租赁方资金周转困难，巨额租金拖欠使各租赁方陷入严重的经济困难，此外，多数租赁方的资金力量还不够雄厚，尚未形成比较健全的设备租赁网络及租赁连锁机构。

4）内部缺乏相配套的关键支撑能力。营销渠道方面，尚未形成专业化营销体系，业务形式较为单一；风险管理方面，重租前风控，轻租后管理，预警干预机制缺位；人才资源方面，行业发展缺乏人才支撑，团队培育留存已成为瓶颈；信息技术方面，仍然处于信息化初级阶段，数字化能力有限。

5）信息共享程度不高。区块链在应用的过程中需要进行信息的汇集以及分析，这就需要各部门共享相应的信息，以此为区块链技术的应用奠定基础。但是在融资租赁公司实际的业务运转过程中，各部门会以本部门的利益为先，从而导致信息共享不全面、信息共享存在滞后性等多方面问题。这些问题不仅会影响融资租赁业务的整体管理，而且对后续整体信息管理也有一定的消极影响。除了以上不利影响外，目前我国大多数融资租赁公司内部都采用单向的信息传输，信息的交流以及核实效率不高，进而又影响信息的真实性。

6）信息来源过于单一。公司内部和承租人是融资租赁公司内部报告的信息来源，融资租赁公司根据报告判断承租人的支付租金能力。信息贯穿于整个租赁业务的全部流程，包括租赁前期的资格审核、中期的租赁物交付以及偿还租金，以及租后的相关合同管理等。但是目前融资租赁公司在判断承租人的财务状况、经营风险时，其所依据的报告的真实性值得商榷，有些承租人因为一些条件无法达到融资租赁公司的要求，而可能会为了获得租赁物提供虚假信息。在项目审查期间，相关部门在承接业务的过程中，会拟定该合作项目的可行性报告，而这就需要获取承租人的相关信息，但是在实际操作过程中，相关部门经常是直接摘取承租人递交的资料内容，作为可行性报告的数据依据，这就会导致其数据存在一定的风险性。如果承租人为了达成合作，刻意隐瞒部分信息，或者对一些信用信息造假，相关部门又从承租人的资料中获取信息，则信息就是不真实的，从而提高了整个融资租赁业务的风险。由此可以看出，信息来源过于单一的问题如果不能得到有效改善，其后续的融资租赁业务开展必将受到消极影响。

7）专业技术人才缺乏。融资租赁是一个高风险的行业，需要庞大的资金流，创新和发展融资租赁模式需要大量专业技术人才。区块链作为近些年发展起来的新兴技术，还处于探索阶段，需要不断地钻研和突破。因此，既具备专业的融资租赁知识又掌握区块链技术的复合型人才更是少之又少,这对融资租赁行业应用区块链技术的融合发展产生了一定的阻碍。

7.2.3　基于区块链的工业设备融资租赁解决方案

面对行业乱象,新兴技术的崛起给融资租赁行业带来了新的希望,区块链技术、云计算、大数据、人工智能等技术已经成为人类下一代产业革命崛起的实际推动力量。尤其是区块链,它作为制造信任的技术,甚至可以彻底改变信息传递的方式。总的来说,区块链技术具有去中心化(或多中心化)、可追溯、不可篡改等特点。如果以区块链技术为基础,结合融资租赁现有的业务能力,它可以完美地解决融资租赁行业发展过程中的一些信息不符、交易风险、成本价高的难题,实现质量透明化和事后可追溯。

区块链技术对融资租赁市场的主要问题提供了很好的解决方案,具体有以下几点:

(1)打破各主体之间的"数据孤岛"　交易参与方对每一笔业务数据和融资信息加密,并上传至区块链。通过数据备份,一致地同步到所有节点的分布式账本中,此时金融机构或其他数据需求者不再需要从第三方单向调取和验证数据,从而减少不必要的借贷审核环节,提高小微企业的融资效率。

(2)区块链保障流程安全　如果说供应链是电商公司的核心竞争力,那么风险控制能力就是融资租赁公司的核心竞争力,尤其是对于中小企业而言,风险控制能力是十分重要的。长期以来,融资租赁的交易一直需要业务或风控做详细的尽职调查,以确保承租人的安全可靠性。早在2015年,我国就已经允许融资租赁公司接入银行的征信系统。但是这样的方式也非常耗费人力资源还有时间资源,同时对融资租赁公司提出了更标准化、更高质量的要求。

应用区块链技术后,可以利用其点对点的信息传输特性来传输信息。一方面,可以最大限度上提升时间效率和降低人力成本,同时也能够保证流程传输安全性;另一方面,所有线下数据还有纸质票据都可以避免被篡改和丢失的风险。信息上链后,所有纸质票据都可以数字化,并且可以确保其安全;当数据上链后,还可以通过区块链技术监视承租人的交易行为异常状态,及时发现和消除欺诈行为。

(3)智能合约让结算流程更简约　区块链是分布式账本,智能合约能够让区块存储的数据根据预先设定好的程序自动运行,并不需要中介的参与,过程高效而且具有严格的安全保障。以租房为例,为了保障房东和租客的权益,需要签订冗长的合同并且要交大额的押金,如果租客是从中介方进行租赁的,那么就还要走烦琐的审批程序。如果应用了智能合约,一切就会变得十分简单,甚至连押金都不需要付,智能合约可以自动执行。在供应链生态系统中,制造商生产商品,代理商负责销售,融资租赁公司提供租赁服务,客户则通过租赁获得使用权。控股公司可作为这些实体的监督者和管理者。如果以上业务应用了区块链,这一切就可以在链上执行。一旦中间出现什么问题,也可以第一时间追责到人。

(4)区块链让融资租赁市场更加清明　区块链技术最终解决的还是相关方之间的信任问题。我国融资租赁市场发展得并不完善,目前还存在很多流程方面的弊端。举个最简单的例子,一家合伙企业的很多高价值办公用品都是租来的,那么当它破产后就存在将这些办公用品返还租赁公司的流程,可是它的债主想用这些办公用品抵债,就要求租赁公司拿出合法的凭证。由于纸质合同和很多实体化证据都有被篡改的可能，因此需要将它们数字化后上传区块链，当证据上链，租赁公司就可以保证自身的合法权益。

在应用区块链后，人们可以把一笔一笔的交易都记录在区块链上，区块链这个"分布式账本"可以完完全全、仔仔细细地记录下所有的账，形成完美的、不可篡改的账单，实现再销售、租赁使用、融资服务过程中的可信记录，增强交易的透明性，减少欺诈，简化流程，提升设备和资本的流转效率，有助于形成新的业务生态模式。合同文件经哈希加密后生成"数字指纹"，该指纹经多方数字签名后存储于链上。合同内容的任一变更都会导致对应数字指纹发生巨大变化，通过对比合同的"数字指纹"，即可快速校验合同的真实性和完整性。电子合同一经上链就无法篡改，一旦产生合同纠纷，多方机构也可以直接从链上取证并将其作为直接证据，从而提高电子合同取证效率，加快数据信息线上证据化流转。这个账单在法庭上也可以作为证据使用，当然也可以作为应用凭证。所有的收益和利息包括时间也都会被记录在链上。只有通过技术手段，才能百分之百地保障公正性和公平性。

其实，融资租赁在我国的市场和前景都非常巨大，其行业也会为我国的金融市场带来更多的便利。近些年来，融资租赁通过售后回租业务，改变了上市公司资产形态，降低了银行负债率，提高了流动比和速动比，增加了现金流，改善了企业和银行的财务状况；通过加速折旧，加快了设备更新速度，避免了设备陈旧的风险；通过融资租赁可以处置很多的不良资产，比如可以通过售后回租盘活存量资产。融资租赁行业的发展前景广阔，区块链的出现正好可以解决其发展过程中信息不对称、交易成本高、陌生人信任等一系列问题。

传统的融资租赁交易需要强调对承租人的尽职调查，确保租金按期支付和设备合理应用。但是"信息孤岛"在所难免，尽职调查手续特别繁杂，无法保证承租人所提供信息的真实性、完整性、及时性，最终给出租人带来了巨大的交易风险。虽然早在 2015 年我国就已经准许融资租赁企业接入人民银行征信系统，但是这种方式与区块链当中完全点对点的去中心化结构相比，仍然不够高效、便捷。"区块链 + 融资租赁"的交易模式，能够实现全程无纸化、透明化的信息传递，随时分析交易方的财务变化，从租前的信用分析、租赁物的质量安全性能，到租后管理都能得到有效控制，大大提高了交易效率。

"区块链 + 融资租赁"交易模式流程如图 7-5 所示。

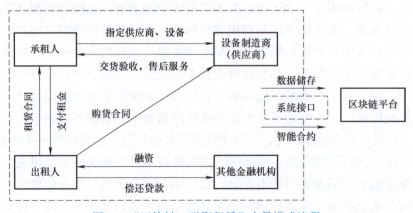

图 7-5 "区块链 + 融资租赁"交易模式流程

（1）与设备制造商（供应商）的对接流程　融资租赁的开始环节是承租人有特定的厂商和设备需求。区块链能够从已经达到要求进入网络体系的节点中筛选出符合承租人要求的设备制造商和设备类型，从设备的零部件生产、组装、质量检测到出厂运输的信息都通过哈希算法和时间戳等基本算法进行数据储存，保证承租人能够找到最适合本单位生产运作的设备和供应商，同时保证其质量和安全性能，有效避免租赁物存在质量瑕疵的风险。

（2）与承租人的对接流程　融资租赁业务风险管理的核心是出租人要确认承租人能够按期支付租金，所以承租人需要将资产、负债、股权结构、利润等财务信息全部提供给出租人以进行信用评级，同时能够保证财务报表的真实性和合法性，出租人据此筛选出优质的合作商。依靠智能合约，可以强制要求承租人执行租赁合同，不随意毁坏租赁物，按期缴纳租金，降低承租人的违约风险，从而使得租赁合同能够高效执行。

（3）与出租人的对接流程　出租人作为融资租赁业务的核心企业，需要与交易的各个参与方进行业务对接，对接信息包括各参与主体的信用度、租赁物的交付使用情况、资金流和债权债务等，需要强调交易全过程的安全性、真实性、透明化。智能合约降低了出租人的交易成本，将合约参与方协商一致的相关权利和义务承诺以数字形式写入代码中，只要交易达到了智能合约的要求，智能合约就会自动强制执行。同时，由于租赁物的经营权与所有权分离，出租人作为所有权人，通过区块链的数据传递：一方面能够有效避免租赁物的质量瑕疵风险；另一方面，也能及时通过信息交换了解承租人对租赁物的使用情况，有效降低了租赁物的损坏风险。

要成功构建基于区块链技术的融资租赁平台，需要依赖供应链金融、征信和风险管理的应用模式和信息数字化管理模式。参与融资租赁交易的出租人、承租人、供应商、银行等其他金融机构都是区块链上的数据节点，任何符合要求的机构和个人都能以节点的形式加入平台，对所有信息进行数据化处理，共同构建一个去中心化、可信任及具有时间戳的信息数据库。这些信息经过筛选和检验，在非对称密钥（公钥和私钥）保护下，确保数据的有效性和交易的真实性，进而提升交易效率。区块链的应用，打破了传统租赁两两交易的隐蔽性，实现了信息共享，整个链条上的所有节点均能信息互通。

盛梦寒对区块链技术以及融资租赁概念进行辨析，探讨我国融资租赁业务的特点、分类以及模式，并对国内外研究现状进行了综述和分析，同时指出我国融资租赁业务信息管理的现状，引出我国融资租赁业务信息管理存在的问题。他还结合区块链技术，提出并详细描述了基于区块链技术的融资租赁业务信息管理，业务数据管理流程如图7-6所示。

蚂蚁集团推出了蚂蚁链租赁平台，基于区块链的真实、不可篡改的基本原理，通过将租赁业务全流程上链，解决租赁产业生态对中小出租平台不信任的问题，帮助中小微商家解决采购贵、融资难、坏账多的经营性难题，实现整个租赁产业升级。蚂蚁链租赁平台通过重新构建租赁生态中的生产关系，实现租赁产业从重资产往轻资产方向发展。蚂蚁链租赁平台通过身份认证、智能合同及租赁物设备信息等交易全流程上链，为保险、资金方输出可信租赁交易订单，以此保证租赁数据真实性；采用区块链+物联网技术、数据安全可信网络环境等，实现租赁资产流转全过程数据上链，打造全生命周期可信资产，使得链上资产可信。融资租赁作为潜力巨大的贷款产品，通过智能合约统一接口面向资产端、资金方开放共享技术、产品、生态等资源和能力。"租葛亮"是一个办公设备免押金租赁服务平台，为企业提供免押金、按月付的办公设备租赁服务，它就采用了蚂蚁链租赁平台。在租葛亮构建的全新区块链 IT 租赁的新场景里，资金方能够根据客户的订单放款给服务商，服务商用自有资金加融资采购设备，客户付的租金通过支付清分直接给到资金方。这在源头上大大降低了资金风险，为租赁企业融资找到了新的机会，突破了传统租赁企业融资的"天花板"。

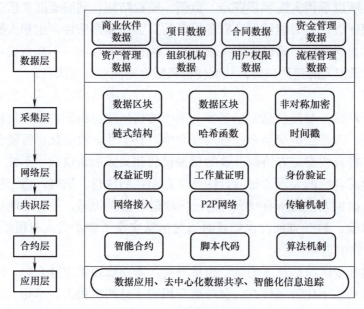

图 7-6　业务数据管理流程

优力电与树根格致为解决传统模式下各方合作效率低下、流程烦琐脱节、信息传递不透明的问题，应用工业互联网技术、区块链技术，实现传统融资租赁交易中资金方、厂商、代理商、用户等角色线上多方协同操作。在线租赁管理平台应运而生，构建了基于区块链技术的全生命周期物联网租赁服务平台。在线租赁运营平台将业务的多方角色（承租人、资产管理公司、租赁公司、服务网点）的关键业务流程线上化，构建高效率模型，实现业务规模化，降本增效。核心业务流程如图 7-7 所示。

优力电驱动系统有限公司（简称优力电驱动）是国内最早将工业互联网技术应用于末端物流车的制造企业，通过在其车载电池上集成信息采集模块，采用 2G/3G/4G 信号，可以将车辆和电池的数据采集到关联的工业互联网平台上。平台为客户提供设备位置管理、设备工况数据管理、设备故障管理、设备远程锁机管理、保养提醒与记录、预测性维护、固件升级、远程救援等功能。优电力驱动在车辆的销售过程中，针对末端物流企业在以往购买物流车后，面临的资产重、运营成本高、业务不透明、管理难度大、效率非常低、难以获得资金支持等问题，推出末端物流企业车辆租赁的模式：物流企业能够以较低成本获得优质的物流车辆；优力电驱动可以获得更高的销售额，更快速地占领市场；资金方也能够从巨大的物流需求中，获得稳定的资金回报。通过区块链电子合同，实现产业链上下游多方可信协同,构建可信产业链。使用新运力平台,通过区块链服务,打通产业链上下游协作,实现订单、资产等信息的上链存证。资产管理公司资金雄厚,与租赁公司合作,租赁公司买车。优力电驱动在租赁平台上运营出租业务,并通过平台对接线下服务网点,为末端物流企业提供交付车辆及维修服务,走上了轻资产运营之路。

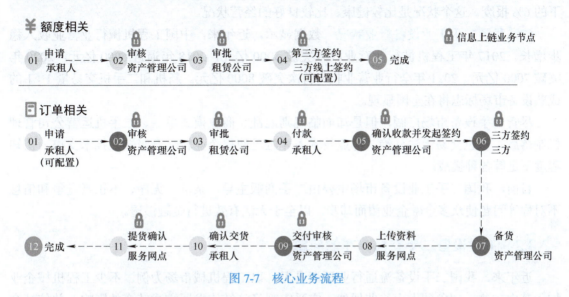

图 7-7　核心业务流程

在线租赁管理平台于 2020 年 6 月月底顺利上线,经过 6 个月的运行推广,截至 2020 年年底,通过平台出租的设备就达到 8443 辆,开拓了 19 个城市,融资放款金额超 5000 万元,资金方授信 7 亿元,服务的终端客户近 200 家。

7.3　工业设备二手交易

7.3.1　工业设备二手交易发展现状

现今全球经济进入徘徊阶段,我国工业设备行业正处于"新常态",我国经济面临结构性转型、结构性失衡带来的挑战。在此种经济大环境下,工业设备行业面临产能过剩、应收账款失衡等问题,传统营销模式已失去优势。终端市场客户的理性购买在逐步加强,用户趋于年轻化,"80 后""90 后"占比约 70%,在终端市场盈利变得愈加艰难,各企业面临新的挑战。

(1) 国际二手工业设备行业状况　据了解,在美国、日本等二手机械业务成熟的市场,用于租赁的设备占设备总保有量的 70% ~ 80%,目前在我国这个比例只有 10% ~ 20%。我国市场中代理商零件服务、租赁、二手车销售额合计占比不足 10%,而美国、日本市场中其合计占比达 64%。租赁业兴旺是工程机械市场成熟的标志之一,可见我国租赁市场尚有很大的发展空间。

在世界二手车最大制造国日本,二手车产生以后有 37% 卖到厂商、经销商手上,还有

60%是通过二手车的贸易商进行收购。日本的二手车贸易商和我国内的不一样,是指厂商投资的二手车贸易公司,例如日立(上海)贸易有限公司、小松(中国)投资有限公司等,它们是整个二手车经营中间环节的主体,占比达到97%,而真正最终用户间的交易只有3%。这些设备经过中间渠道,其中有50%都出口到海外,还有41%在日本国内流通,剩下的6%报废。这个状况是比较健康、比较良好的经营状况。

(2)我国二手工业设备行业状况 数据显示,近年来,中国工程机械行业营业收入稳步增长。2017年工程机械行业营业收入突破5000亿元,2018年逼近6000亿元,2020年突破7000亿元,2021年全行业营业收入首次突破8000亿元。新机和二手机交易量1∶1的成熟设备市场标志将在全国显现。

尽管二手设备市场广阔,但是却面临规则混乱、商业模式单一、二手机运营公司管理机制落后、灰色交易无法杜绝、专业技术人才匮乏使得企业转型升级缺乏技术支撑、认知程度不足等各种挑战。

目前,我国二手工业设备市场主要由二手商贩主导,杂乱、无序、不正当竞争和信息不对称等问题使众多金融企业望而却步,以至于无法有效进行金融渗透。

7.3.2 工业设备二手交易存在的问题

近年来,我国二手设备流通行业逐渐升温,以工程机械市场为例,不少工程机械企业加入其中。这一现象的发生绝非偶然,它受宏观经济结构发展方式转变的影响,并使社会资源配置得更加合理得到优化。按照惯例,机器设备将在投产后5~8年大修。未来社会对二手设备的需求将大幅增长。目前中国工程机械新机市场已经基本饱和,设备存量仍在不断增加,二手设备的市场规模也越来越大,随之出现了一系列问题。

(1)流通渠道不畅 市场中二手设备的销售方式一般分为三种:第一种是由经销商自行内部消化;第二种是通过国内主要的二手机集散市场处理;第三种则是借助第三方平台进行拍卖。二手设备销售渠道的不完善是影响该行业有序发展的关键问题之一。目前,国内二手设备交易量有80%以上是私下交易,即通过二手市场或私人面对面交易的,二手机的流通去向和质量难以监管,有些设备只能证明其完整性,不能证明其性能,这就造成了二手设备市场鱼龙混杂、良莠不齐的问题。

(2)轻税收利交易 二手挖掘机等二手机只要在市面上交易,就一定要交税。目前,我国新机出口可以退17%的增值税,但二手机出口却一直没有退税政策,这导致我国二手机出口市场少有人问津。于是另一个问题就出现了,那就是二手机定价。现在国内还没有对二手机进行统一评估定价的权威机构或者组织。如何定价,也成为二手设备市场上的关键问题。

(3)二手工程机械设备在市场上缺乏准入退出机制 目前,我国的二手工程机械设备缺乏准入退出机制。我国工程机械市场最初并不是新设备的市场,而是二手设备的市场。虽然由于各种原因的限制,近年来二手设备进入我国的速度有所减缓、规模有所减少,但是二手设备在我国的市场份额依然非常巨大。

那么,究竟什么样的设备能够进入市场流通?什么样的设备能够进入工地现场施工?

这就需要有一个机制来对其进行限制。否则，越来越多品质和环保等方面都不合格的"洋垃圾"进入我国，必然会给我国工程机械市场、企业及社会环境等带来危害。

退出机制的欠缺又会导致什么呢？工程机械市场缺乏退出机制，将直接导致市场秩序混乱，新设备、旧设备和根本不能满足使用要求的理应被淘汰的设备充斥市场，就会导致本以饱和的市场更加饱和。从制造企业的角度来看，缺乏退出机制，还会对新机销售产生一定的负面影响。因此，退出机制需要建立起来。

(4) 二手设备信息不对称　由于没有第三方中立机构进行设备信息管理，二手设备的相关信息在流通环境面临被肆意篡改的风险，二手设备用户难以得到设备的正确信息。日立建机（上海）有限公司营业本部产品流通部主任孙羚认为：对市场的不信任，使得用户不愿意投入更多的资金来购买设备，而这又会导致二手设备市场充斥劣质的、低价的产品。国际上成熟的二手设备市场上设备品质非常高，究其原因拥有成熟的信息公开机制是关键。在日本的二手市场上，设备信息是公开透明的，某一台二手设备标注的工时是真实、可靠的数据，具备相关文件的支撑，买家愿意信任，也因此愿意给出相应高的价格。我国二手设备市场应借鉴国际成功经验，建立并完善具有公信力的设备信息公开机制，营造良好的交易环境。

7.3.3　基于区块链的工业设备二手交易解决方案

二手工程机械市场存在的问题，究竟如何解决？要解决这些问题，需要行业协会、制造企业、代理商企业等的共同努力，谁都不能袖手旁观。工程机械设备信息的公开透明，需要先从各类企业自身做起。区块链技术由于可以处理信息不符、交易风险、成本价高等问题，所以可以作为很好的解决二手交易问题的解决方案。

(1) 身份认证　信息安全是当今信息技术核心之一。身份认证就是基于计算机、互联网等对用户进行验证，确定用户的真实身份并进行鉴别的技术。一般情况下，采用第三方认证服务器进行身份认证，通过用户的指令或者身份特征进行识别。现在也可以利用区块链技术进行身份认证。在网络二手交易平台，区块链为每一个设备赋予一个身份，以及不可篡改的多方共同认证的设备画像。基于设备画像建立的二手交易平台，通过提供信息服务和交易撮合，为相关制造业生态企业带来服务型收益，比如二手交易定价手续费，设备画像用于优化设备运维的分享手续费等。

(2) 交易策略权限的管理　区块链的技术特点就是不可篡改，同时每个节点的记录又都是公开透明的，所以，通过区块链来控制交易策略权限，对其实现公开、透明的访问控制，将用户的角色、资源、属性、权限、环境、动作等与区块链的交易、账户、验证、合约等相结合。通过区块链来进行设备交易策略权限的控制管理，可以让用户的资源得到有效的保护，能够实现资源由用户调动且公开、透明的访问技术特点。区块链也可以与主流的访问控制模型相结合，具有较高兼容性。

(3) 控制访问方向　区块链可以支持链上脚本的运行，这种运行基于区块链的智能合约机制。所谓智能合约，就是通过代码来实现程序的自动执行。通过区块链的智能合约，可以控制用户的访问方向，保障用户的安全性。区块链上的信息只能被主体授权，其他第三方没有越权的行为；访问的权限基于区块链和用户权限，被访问的权限可以从一个用户转移到另一个用户，资源的拥有者不需要介入；设备拥有者可以对交易进行权限定义，便于审计；智能合约的区块链技术还能够实现对用户的访问进行控制、保护。所以，区块链技术可以刻画机械设备的销售记录、保险记录、出险记录、维修记录、运维记录，甚至设备的使用监控数据，使得这些数据只对交易相关的参与者透明。

以智臻链防伪追溯平台为例。智臻链防伪追溯平台为二手回收平台、检测机构、销售平台、监管机构建立区块链网络，将回收信息、检测明细、定级信息和销售信息写入区块链网络中。销售平台在二手商品上架时，需提供每件商品的唯一追溯码，以进行质检报告的核验。在商品回收后，由检测机构完成二手商品的检验定级并同步到智臻链防伪追溯平台，确保在售商品严格按照商品质检标准完成检测鉴定。消费者在收到商品后可以查看商品完整的流转过程及权威品质检测结果，与实物商品进行核验，如信息与实际商品不符，则可以申请退货或投诉等处理，让交易更加公开透明。监管机构根据区块链网络中的信息，能够实现对二手商品的品质监管。

2020年6月，智臻链联合京东旗下二手交易平台——拍拍，正式推出"区块链品质追溯体系"，是国内首个针对二手商品推出的区块链追溯体系，截至2020年年底，已授权超10家国内知名检测机构，为120余家二手商家提供检测服务智臻链流程如图7-8所示。数据表明，区块链追溯体系有效地降低了二手商品的退货率，提高了商品的可信度，更为客观地呈现商家的诚信经营，为用户的购买决策奠定了信任基础。通过打造区块链追溯体系，买卖双方进一步建立了信任纽带，促进了营商环境的正向循环。

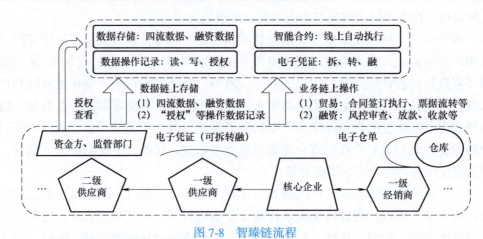

图7-8　智臻链流程

7.4　本章习题

7-1　什么是供应链金融。

7-2　供应链金融有哪两种模式？请分别阐述。

第 7 章 工业区块链在跨产业链中的应用

7-3 基于区块链的工业企业供应链金融的一般性解决方案有哪些？
7-4 什么是工业设备融资租赁？
7-5 工业设备融资租赁发展前景如何？
7-6 工业设备融资租赁是如何结合区块链技术的？
7-7 工业设备融资租赁平台有哪些？
7-8 工业二手设备存在哪些问题？
7-9 区块链在工业二手设备平台中是如何应用的？

第 8 章
典型区块链与工业区块链平台

近年来,数字化转型浪潮已席卷各行各业,以区块链为代表的新一代信息技术发展迅猛。区块链应用落地加快推进。区块链是新一代信息技术的重要组成部分,其相关应用已扩展到物联网、智能制造、供应链管理等多个领域,展现出广阔的应用前景。作为新一代信息技术的重要演进,区块链技术为建立跨产业主体的可信协作网络提供了新思路。"区块链+"业务已经成为互联网骨干企业进军区块链行业的发展重点,在金融业务之外,它们还积极部署互联网、溯源、供应链、物流、数字资产、政务及知识产权等多领域的应用。金融是区块链技术应用场景中探索最多的领域,占整体的 25%;供应链、溯源、互联网、物流、政务及知识产权,占比分别为 11%、10%、9%、6%、6% 及 6%。在 2020 中国国际区块链技术与应用大会上,信息技术发展司表示会跟踪分析前沿动态,加快完善顶层设计,培育壮大产业主体,构建完善产业生态,加快应用落地步伐,大力发展"工业互联网平台+区块链"。区块链技术可以促进工业行业数据共享、打通数据孤岛,优化工业企业内部生产流程管理、降低运营成本,加速设备安全互联,助推工业企业之间实现产业链协同,构筑可信互联的新型产融协同生态,赋能工业产业数字化、智能化转型升级和产业高质量发展。本章介绍了国内外区块链平台与工业区块链平台的发展现状,以及国内外典型区块链平台与工业区块链平台。

8.1 国外区块链平台

8.1.1 国外区块链平台发展现状

区块链技术发展到今天,其颠覆性潜力吸引各大传统 IT、互联网头部公司纷纷入场,寻找新的方向。它们在区块链领域的布局,在很大程度上引领了区块链产业的发展方向,其中主要包括基础技术、企业服务和垂直应用三大方向。从布局来看,它们更重视区块链技术的长期效应,而非短期利益。跨国企业积极布局,IBM、Intel 公司通过建立开源社区吸引各方参与,加快打造行业解决方案;Microsoft、Google、Oracle 等公司利用云平台提供区块链即服务(Blockchain-as-a-Service,BaaS),推动区块链技术应用落地。

国外典型代表有 IBM、Oracle、Microsoft、Amazon、Cosmos、IOTA、EOS、Ripple、Stellar、MOAC 等。Microsoft 作为为全球软件模型制定了统一标准的 IT 头部公司,2015 年 11 月启动了"AzureBaaS"计划,将区块链技术引入 Azure,为使用 Azure 云服务的用户提供 BaaS 服务,让他们可以迅速创建私有、公有或混合的区块链环境,解决了早期跨行业区块链使用者的大量常见问题。但是在 2021 年 9 月 10 日 Microsoft 正式关闭了 Azure 区块链服务，并建议客户立刻开始寻找替代方案，Microsoft 建议用户使用 ConsenSys 从 Azure 区块链迁移到 Quorum，或者用户可以使用虚拟机在自己的基础架构上进行管理。

2019 年 6 月，脸书发布加密数字货币 Libra 白皮书，此举在传统互联网和区块链等领域引起巨大轰动，被认为是继 2008 年比特币诞生以来区块链领域最重磅的事件之一。

Corda 是 2015 年由 R3CEV 推出的一款分布式账本平台，并逐步发起 R3 区块链联盟。Corda 借鉴了区块链的部分特性，如 UTXO 模型、智能合约等，但其本质又区别于区块链，并非所有业务场景都可以使用这个平台。Corda 的设计目标是取消全局账本，由公证人来解决交易的多重支付问题，并限制交易的可见范围。因此，Corda 的所有交易都不会向全网广播，所有节点都是直接通信的，没有 P2P 网络，难以形成大规模的联盟链，适用的业务场景比较狭窄。

2022 年 10 月 7 日，BNBChain 发布 *BNBChain Ecosystem Update*，表示 BNBChain 将引入新的链上治理机制，可以进行链上治理投票，以对抗和防御未来可能的攻击。2022 年 10 月 14 日，三星宣布为其智能设备引入区块链安全系统 KnoxMatrix，旨在提高多设备环境的安全性，每个智能设备监控其他设备并共享数据以简化登录任务。该系统将互联网络上可用的不同智能设备，通过"多层相互监控"增强安全性。2022 年 10 月 27 日，Fantom 部署 Watchdog 自动化智能合约监控系统，该监控系统将自动扫描 Fantom 生态系统中智能合约的问题，一旦发现漏洞，安全公司 Dedaub 将通知项目方，并协助项目方分析风险，支持项目方及时修复漏洞，以加强其区块链上去中心化应用程序的安全性。

基于区块链平台的探索性研究和主流区块链平台的技术特征，可以发现当前区块链平台主要存在以下几点问题：

1）现有的区块链技术在系统集成性、权限控制、隐私保护、运维管理上仍存在不足，平台运维难度远大于平台搭建难度。

2）智能合约应用处于初级阶段，尚难以满足复杂业务场景需求，且存在可信性、安全性等方面的问题。

3）安全威胁影响区块链吞吐量、共识效率、区块容量等相关性能的提升，如何检测攻击行为和避免安全风险是目前区块链平台研究中需要考虑的问题。

4）金融行业区块链平台与应用发展较快，传统垂直行业区块链平台发展缓慢，难以构建适应性强的行业应用。

5）当前，区块链应用（DApp）较为局限，主要集中在单一垂直行业，对于跨领域、涉及多对象的应用场景支持较为有限。同时区块链上的数据上链行为也非常频繁，如何提高区块链服务性能仍是待解决的难题。

8.1.2 国外典型区块链平台

1. IBM 区块链平台

IBM 从 2014 年开始就筹备区块链项目 OpenBlockchain，但是直到 2015 年，IBM 才迈开步子探索区块链的商业化应用。其中非常关键的一步就是加入 Linux 基金会领头的开源区块链项目 Hyperledger（超级账本）。IBM 还参与了定义一个全新的市场——区块链即服务（BaaS）。IBM 的"区块链即服务"属于公共云服务，用户以此为基础开发安全的区块链网络。在"IBM Inter Connect 2017"会议上，IBM 宣布了其首个商业应用项目——IBM Blockchain。IBM Blockchain 的操作框架正是 Fabric，基于 Fabric，开发人员便可以构建企业级应用。

IBM Blockchain 旨在为用户提供点到点的区块链平台解决方案，快速搭建高可用的区块链网络，还可以提供区块链平台安全特性，并且在全球各地都可以使用。IBM 构建的区块链技术不同于一般的区块链技术，它开发了全新的共识算法，这种算法需要既保证隐私安全，又保证可审性。因为企业与合作伙伴之间不仅需要高效地分享数据和信息，而且这些信息必要的时候还能是保密的。

在医疗领域，IBM 与制药公司勃林格殷格翰（Boehringer Ingelheim）合作，将临床记录保存在区块链上，旨在保持数据的完整性、透明度和患者信息的安全性，同时降低成本和加快自动化流程。

在金融领域，IBM 自 2016 年年初就相继推出可以改善借贷流程的"影子链"——Shadowchain，以及身份认证系统、云端安全服务等区块链项目。2018 年，IBM 推出了基于区块链和 Stellar 协议的全球支付系统 IBM Blockchain World Wire，使金融机构能够在几秒钟内清算和结算跨境支付，进而开发了对应的区块链支付系统。2019 年年末，IBM Blockchain World Wire 已涉及 6 家国际银行，其 Stellar Lumens 正在加速发展为各国法币间的桥梁货币，进入更广泛的跨境交易市场。

在食品安全领域，IBM 与沃尔玛、京东、清华大学电子商务交易技术实验室于 2017 年年末共同成立了安全食品区块链溯源联盟，旨在通过区块链技术进一步加强食品可追溯性和安全性的合作，提升我国食品供应链的透明度和安全性。

在全球贸易供应链领域，2018 年年初 IBM 与丹麦哥本哈根市政府、纽约阿蒙克市政府、马士基集团宣布组建一家合资公司，旨在创建一个联合开发的全球贸易数字化平台。该平台建立在开放的基础之上，全球航运生态系统中的各方均可使用。它旨在满足跨境和贸易区内货物运输方面的需求，使信息流更透明、更简化。

从全球区块链的市场份额来看，IBM 的主要优势在于：提前意识到了区块链战略的成功因素是超出技术范围的。在业务网络的构建和拓展之路上，关键还在于业务，也正因为如此，IBM 将其众多工作重点放在了用户应用区块链的动机以及对应的区块链方案设计意图上，从而能在业务网络通用化所需的通用模式下，确定好相关方在业务价值和生态治理上的细微差别，进而把握住区块链发展整体形势的脉搏。

2. EOS 区块链平台

EOS 是由 Block.one 公司开发的一个新的区块链软件系统，它的目标是将一切去中心化。自 2017 年年中开始，经过一年的代币众筹后，它于 2018 年 6 月 15 日通过由数十个区块生产者（Block Producer，BP，又称超级节点）组成的社区上线了主网，EOS 主网这条主要的区块链开始正式运转。

EOS 与微软的 windows 平台类似，通过创建一个对开发者友好的区块链底层平台，支持多个应用同时运行，为开发 DApp 提供底层的模板。EOS 通过并行链和 DPoS（股份授权证明）的方式解决了延迟和数据吞吐量的难题，EOS 的处理量是每秒上千笔交易级别的，比特币每秒 7 笔左右，以太坊是每秒 30～40 笔；EOS 是没有手续费的，受众群体更广泛。在 EOS 上开发 DApp，需要用到的网络和计算资源是按照开发者拥有的 EOS 的比例分配的。你拥有了 EOS，就相当于拥有了网络和计算资源，随着 DApp 的开发，你可以将手里的 EOS 租赁给别人使用，单从这一点来说 EOS 也具有广泛的价值。简单来说，就相当于你拥有了一套房，可以租给别人收房租；或者说你拥有了一块地，可以租给别人建房。

EOS 所采用的共识机制是 DPoS，即一些节点在获得足够多的投票支持后，成为见证人（Witness）节点或区块生产者，负责区块链的区块生成。在比特币系统中，任何人都可以接入网络，以算力竞争记账权力，生成区块。在 EOS 中，只有区块生产者才有资格生产区块。这是因为两者所采用的共识机制不同：比特币和以太坊采用的是工作量证明共识机制，EOS 采用的则是 DPoS 共识机制。

3. Oracle 区块链平台

Oracle 于 2018 年 7 月 17 日宣布正式推出 Oracle 区块链云服务（Oracle Blockchain Cloud Service），该服务能够帮助企业轻松搭建区块链网络，使企业更安全、高效地处理交易，并在全球供应链上跟踪货物。阿拉伯约旦投资银行、东方海外货柜航运有限公司旗下 CargoSmart、印度石油公司、尼日利亚海关等多家跨国知名企业或机构现已使用 Oracle 区块链平台。

Oracle 区块链云服务提供预组装的区块链代码，该代码对许多标准业务流程进行了优化，包括传统的需要第三方验证的 ERP 事务。区块链通过防篡改、对等分布式分类账提供独立验证，解决了企业等其他组织之间的信任问题。该区块链云服务有以下几个特点：

（1）简化了区块链的管理与部署　　Oracle 区块链云服务中集成了区块链的大部分组件，如基础设施依赖项、超级账本 Fabric、REST 代理和内置的身份验证等。

（2）数据开放共享　　区块链云服务构建在开源的超级账本 Fabric 上，可以与部署在数据中心的其他超级账本 Fabric 实例或第三方云服务互相连接和共享，也可以使用 REST API 和 FabricSDK 从本地访问。

（3）灵活调整　　使用 Oracle 自带的整合工具可以快速集成基于区块链的应用程序，这些应用程序一旦建立即可使用，一旦删除即可停用，如 Oracle Flexcube Core Banking 和 Net Suite ERP。

（4）安全可靠　　Oracle 区块链云服务具有多数据中心灾难恢复、连续备份和归档功能，通过对静态数据的加密、证书撤销管理和基于角色的身份管理增强了安全性。

区块链技术可以让交易更安全、更透明、更经济、更高效，为每个行业的业务模式带来革命性变化。Oracle 区块链云服务更是创造性地为用户提供了一个开发平台来构建自己的网络，并快速集成 OracleSaaS 及其他现有第三方应用，以及其他区块链网络和 OraclePaaS。此外，Oracle 区块链方服务还支持由用户提供区块链网络、连接其他组织，以及部署和运行智能合约来更新和查询分类账本。Oracle 区块链云服务是一个全面的分布式区块链云平台。用户可以自行配置或者加入区块链网络，并在该云平台上部署和运行智能合约，从而实现账本的更新和查询功能；通过现有或新开发的云应用程序，与供应商、银行和其他贸易伙伴可靠地共享数据，并进行可信的交易。

Oracle 区块链云服务基于 Linux 基金会的超级账本 Fabric 技术构建，预装了所有底层相关基础设施，包括容器生命周期管理、事件服务、身份管理、REST 代理，以及集成在单独操纵台的一系列运营及监测工具，可以加快应用搭建和开发的过程。Oracle 区块链云服务是一个可用性服务水平协议（SLA）高达 99.95% 的 Oracle 托管云平台，其内置高可用性、自治性恢复代理以及持续的分类账备份功能，实现跨可用性区域的多数据中心灾难恢复。

得益于 Oracle 云平台的广泛功能，它还支持与现有云、内部部署的应用、API 管理，以及各种应用开发环境和工具的即插即用集成。此外，Oracle 还提供了一些全新的 SaaS 应用，将区块链技术运用到各类常见场景中，如跟踪与追溯、物源识别、担保和使用以及冷链等。Oracle 区块链云服务支持 Oracle 应用和第三方应用的即插即用，能够加快与各种记录系统的集成，从而极大地加快产品上市速度，并使得在各应用场景中使用区块链平台的回报倍增。

8.2 国内区块链平台

8.2.1 国内区块链平台发展现状

国内学者也在不断优化区块链底层技术，提高系统性能，促进区块链应用落地。李佳潞总结了粮食供应链溯源所需的基本原则和基本需求，依据国际物品编码组织（GS1）全球可溯源标准设计了基于区块链的粮食供应链溯源方案，并使用以太坊系统结合动态标识追溯、零知识证明等技术，设计实现了基于区块链的粮食供应链溯源系统。段冉阳、周文辉等学者将超级账本 Fabric 应用于食品溯源领域，设计了一套切实可行的食品溯源方案，搭建并测试了食品溯源系统，证明了超级账本 Fabric 系统的可扩展性。张夏在对区块链与标识关键技术进行深入研究的基础上，将物联网标识与区块链相融合，设计并开发了基于区块链与物联网标识的消费电子产品追溯原型系统，有效避免了区块链数据爆炸问题，并实现了消费电子产品全生命周期信息透明、可追溯且不可篡改。胡廷贤、黄杰亭以日常食品数据为例，基于超级账本 Fabric 设计了一种食品区块链溯源信息存储与查询系统。该系统利用区块链技术的加密算法、数据不可篡改和时间戳等特性，并引入区块链共识机制，将技术与模式相结合，实现对食品数据的源头追溯、产品防伪，从而保证食品的安全。任守纲等人为提高农产品溯源信息的完整性、安全性及可信性，从农产品产业链角度出发，提出了一种改进的区块链共识算法——基于信誉监督机制共识算法，设计并实现了基于区块链的农作物全产业链信息溯源平台。

各大企业利用云的开放性，将区块链与云计算紧密结合，降低了区块链创新创业门槛，提供了快速开发和搭建区块链去中心化底层架构的平台，降低了部署区块链和运营维护成本。各类规模企业积极开发、布局区块链公共服务平台，其中具有代表性的分别有华为云 BCS 平台、TBaaS 腾讯云区块链服务平台、阿里云 BaaS 平台、百度 BaaS 超级链平台等。

8.2.2 国内典型区块链平台

1. BaaS 超级链平台

身经百战的"汉阳造"

BaaS 超级链平台是百度区块链团队自研，为用户提供全面区块链服务的平台产品，能快速地为企业和开发者在公有云、私有云中搭建区块链网络，支持多底链框架，包括 XuperChain、Fabric、Quorum 以及以太坊。BaaS 超级链平台借助于百度智能云的技术与产品积累，帮助企业和开发者快速、规范地搭建企业级去中心化业务系统，辅助企业建立企业内外的业务可信协作。同时它也将区块链落地行业中积累的创新实践，通过产品和技术输出赋能至合作伙伴，助力合作伙伴加速落地区块链。BaaS 超级链平台架构如图 8-1 所示。

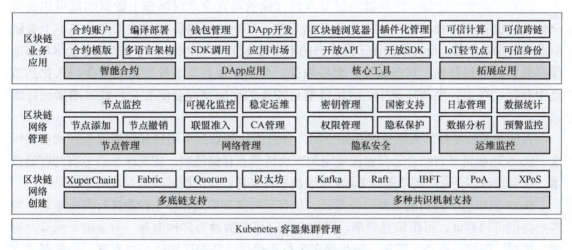

图 8-1 BaaS 超级链平台架构图

BaaS 超级链基于百度云容器引擎 CCE，构建区块链即服务平台，用户仅需要根据企业对区块链网络的需求进行简单的参数配置，即可搭建出符合业务要求的区块链网络，目前提供 XuperChain 试用版本、企业级联盟链两种产品形态。

BaaS 超级链平台的特性：

（1）可信计算环境　BaaS 超级链平台基于多个维度的可信计算环境支持，实现全方位区块链网络安全保护，全时段维护业务链上应用信息、数据、执行逻辑的安全可信，有多级加密技术，支持数据上链、数据传输、合约调用等多流程多种加密算法逐级加密及验证，如图 8-2 所示。

（2）高性能高吞吐　基于多链架构，支持区块链网络及链上应用规模性增长。用户可根据业务场景需求选择区块链架构，进行链网参数优化及共识机制切换，突破性能与吞吐的极限；支持多链架构水平动态扩缩容；基于轻量级内存缓存优化架构。

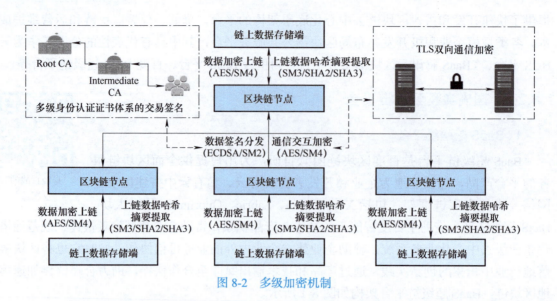

图 8-2　多级加密机制

(3) 可扩展的存储　区块链通过节点间存储的高冗余来保障链上数据的高可用及安全性。这也就意味着相比于中心化的存储系统，区块链网络保存的数据副本基本上会随节点规模线性增长。反过来，由于世界态的不可破坏性⊖，区块链中每个节点都会尽量多地保存原始的全局数据，状态数据、交易数据、交易凭证甚至事件数据等都会持久化到节点中存储。在实际生产环境中，区块链节点需要的存储空间会随着交易数量增加而持续增大。

百度智能云能提供无限量的存储空间，并且能达到数据可用性和数据安全性的业界标准。BaaS 超级链平台结合云存储深度定制区块链节点存储机制，实现区块链专有的存储技术。这也是许多企业级用户选择 BaaS 超级链平台来托管生产级区块链系统的原因。

BaaS 超级链平台目前已经以公有云、私有云的服务形式在多个行业进行商业落地，为客户提供可信存证、可信信息共享、可信金融、可信激励等多种服务，为金融、保险、物流、传媒、医疗、政务、零售、游戏等多个行业提供优质的区块链解决方案。一些解决方案的案例如下：

(1) 物联网–危化品物流运输　危化品运输行业对从业人员专业要求度较高，也存在资源信息不明确、丢货引发货物污染、经销商链条信息不透明、居高不下的空载率等问题，这些问题无形中增加了企业成本负担。百度构建了基于区块链的危化品物流运输方案，如图 8-3 所示。

将危化品运输中的各方信息都接入 BaaS 超级链，物流公司可以回溯危化品货车行驶轨迹、货运司机不当操作、公证机构的车辆资质及数字签名、交通部门监管信息等货物运输链条的每一个环节，从而做到资源运输全程的监管可控，同时基于线路和数据的货运调度优化，也可以提高企业运营效率和员工收入。

⊖ 世界态的不可破坏性是指在区块链中，每个节点都会尽量多地保存原始的全局数据，并且这些数据是不可篡改的。这是区块链技术的关键特性之一。

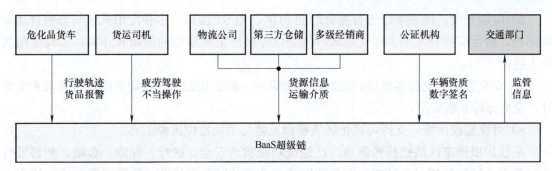

图 8-3 基于区块链的危化品物流运输方案

（2）金融催收　百度云与金融机构共建区块链催收任务分包平台，通过差异化资产包与催收任务的统一上链与管理，实现了全流程的信息共享、真实和透明，借助链上合规通证体系，为第三方合作伙伴构建了一套以贡献度为准的激励体系，同时规避了以往招投标、结款等烦琐流程，大大提升了催收效率和平台信任度。此外，通过接入智能合约，根据合约定义执行催收任务，实现了资金自动结算清算，有效规避了规范混乱和结算周期长等行业痛点。

应用 Baas 超级链平台，解决了零售信贷催收场景中存在的信息透明度不高、平台地域分散、无有效激励体系、结算周期长等问题，使得资金自动清算结算，数据真实透明安全，增强了多方信任、平台运作，支持多分支机构接入。该解决方案适用于"数据"资产化上链、数字资产与区块链相结合、"资产流转"多方参与等场景。

2. SaCa Echo Trust 区块链应用平台

早在 2016 年年初，东软就已经开始投入对区块链技术的研究，并且在多机构共识机制、数据存储和使用安全、区块链性能、智能合约等区块链关键技术领域有深厚积累，突破了一系列关键技术，申请相关专利 10 余项。SaCa Echo Trust 是东软的一款帮助企业实现多级互信业务的区块链平台产品。SaCa Echo Trust 提供了可视化区块链全生命周期管理、高性能区块链交易能力、丰富的应用开发接口和工具，使企业可以专注于业务实现。区块链应用的快速落地，解决了信任与安全问题，推动了企业数字化转型，实现了业务高质量发展。

SaCa Echo Trust 区块链应用平台具有以下功能：

1）区块链网络管理：支持自动化生成配置与一键部署区块链网络，让构建区块链环境变得更简单。

2）成员与节点管理：提供分布式成员与节点管理功能，支持动态增加区块链成员与节点，实现区块链网络的动态扩容。

3）共识机制：支持毫秒级共识算法，具备高吞吐率和高稳定性，支持大规模节点部署扩展，满足企业应用商业需求。

4）通道管理：通道中自动创建分布式账本。提供通道配置管理功能，可根据业务需求创建不同的通道来实现不同业务对区块链账本的安全隔离和分片要求。

5）智能合约管理：提供智能合约全生命周期管理，包括合约开发、部署、升级、调用和应用集成等。

6）应用开发：提供多语言智能合约和 SDK、REST 接口、多种应用模板与合约自动生成功能，满足应用开发的多样化需求，使企业专注于上层应用的创新和开发，实现应用快速上链。

7）安全保障：支持多级访问控制、国密算法、同态加密、零知识证明、告警与系统审计，全面保障系统安全。

8）可视监控运维：支持可视化区块链浏览器与系统监控运维工具。

东软积极推进区块链技术落地，已经成功在食药安全、医疗、保险、金融、慈善等行业实施多个区块链项目。其中，在食药安全行业东软结合区块链、物联网等技术，建立海关、采购代理、医疗机构各环节的可信追踪链条，帮助监管机构降低风险、提高效率的同时也为患者提供便捷的服务；在医疗行业，东软通过区块链、大数据、人工智能等技术的结合，打通医院、研究机构、企业间的数据孤岛，以区块链技术解决数据确权、数据授权使用和数据使用追踪等核心问题，建立智能医疗科研工作的支撑平台、医疗人才的培养平台，并为患者提供智能医疗服务；在保险行业，东软致力于建立保险公司、维修厂、投保人之间的互信系统，消除保险报销流程中的各个存疑环节，通过区块链、时空管理、物联网等技术确保数据可靠与互信，提高保险公司的工作效率、降低赔付成本，同时整个保险过程对于投保人清晰可见，提高投保人满意度；在金融领域，东软针对贸易及商业相关交易的管理，对应付款项、应收款项及合规等财务流程建立统一监管，为几乎所有流程节约时间和成本，实现近实时的运作。下面介绍在医疗领域和政务领域东软利用区块链提出的解决方案。

在医疗领域的处方流转应用场景中，存在以下问题：

1）缺乏有效控制：电子处方在外流过程中，面临被多次重复使用的情况，无法有效控制，无法实现医保控费。

2）药品匹配问题：处方在各个机构没有电子化流转，导致医院药品目录库与外部药店匹配度不高。

3）用户体验差：药品配送时，由于无法及时获得配送信息导致患者等待成本过高，用户体验不好。

4）责任不清：由于药品质量而发生纠纷时，责任难界定，从而出现争议。

5）用户隐私泄露：用户隐私得不到保护。

基于区块链的处方流转解决方案中：处方具有开具医生的电子签名，无法伪造；处方在流转的过程中不可篡改，流转全程可追溯，保证处方安全；处方与消费记录真实可信，并实时在相关机构同步，使医保与药店实时结算成为可能，能缩短清算周期和成本；医保机构、药监局等部门可以实时监管处方情况，实现药品全流程溯源，可作为法律依据，提升执法效率，保障行业生态稳定；解决了用户隐私泄露的问题。基于区块链的处方流转解决方案具体如图 8-4 所示。

在政务领域的"一网通办"应用场景中，存在着以下问题：

1）材料重复提交：政府内部数据的整合与共享还有待进一步完善，以避免民众反复提交材料，还没有完全实现减材料、减证明的目标。

第 8 章 典型区块链与工业区块链平台

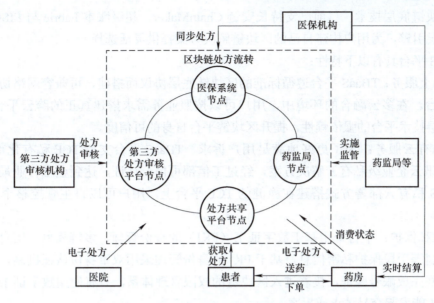

图 8-4 基于区块链的处方流转解决方案

2）办理周期长：目前虽然已经把业务流程搬到网络上，但是还没有完全实现以民众"办成一件事"为线索整合各个政府部门的服务和管理流程，办事流程的协同度有待提高，应持续推动实现减时间、减跑动次数。

3）缺乏统一标准：网上办事的事项更新不及时，办事指南标准化和规范化散落在不同办事机构，有待形成统一流程和标准。

针对以上问题，东软提出了基于区块链的一网通办解决方案：材料与证明电子化，通过区块链实现电子存证，进而保证数据的安全可靠、不可篡改，实现部门间的安全数据共享；事项材料不可更改，实时安全共享，一次上链，多次访问，从而减少了事项材料的交接环节，降低了材料丢失和错误的风险，保证了材料的完整；使用区块链改造不合理办理流程，结合绩效考核，推动办理人员有效及时办理相关业务，缩短办理周期；各部门共同维护办理事项与流程，通过区块链面向公众实时开放，提升办理的标准化，实现数据的标准化。基于区块链的一网通办解决方案解决了数据资产共享时的数据所属权、数据追踪、隐私保护等关键问题，真正实现了"只跑一次"，既缩短了民众的办理周期，也减少了政府部门的工作负荷。

3. TBaaS 腾讯云区块链服务

腾讯云区块链服务（Tencent Blockchain as a Service，TBaaS）平台依托腾讯云基础设施，为企业及开发者提供一站式、高安全性、简单易用的区块链服务。TBaaS 平台集成开发、管理和运维等功能，支持用户在云上快速部署联盟区块链网络环境。基于 TBaaS 平台，用户可以降低对区块链底层技术的获取成本，专注于区块链业务模式创新及业务应用的开发和运营。

TBaaS 平台不仅符合金融级别的安全合规性要求，同时还具备腾讯云完备的能力，用户在弹性、开放的云平台上能够快速构建自己的 IT 基础设施和区块链服务。TBaaS 平台集合众多区块链底层技术，目前已支持长安链 ChainMaker、超级账本 Fabric 与 FISCO-BCOS 区块链底层引擎，为用户构建自己的区块链解决方案提供灵活选择。

TBaaS 平台具有以下特性：

1）云上服务：TBaaS 平台遵循标准的区块链底层协议而搭建，可兼容网络协议一致的友商云平台。在多云融合的环境中，用户可以按照业务需求搭建真正的跨云平台联盟链，解耦对底层技术平台的强依赖性，提升区块链平台自身的可信度。

2）私有云服务：为了更好地满足用户诉求，TBaaS 平台支持 TCE 私有化部署方式。TCE 是腾讯云企业级私有云解决方案，经过工信部可信云认证，达到金融行业最高标准级别。TBaaS 私有云部署方式搭建在稳健的 TCE 平台上，用户可以自主管控整个 TBaaS 云平台。

3）隐私保护：平台采用基于数字证书（PKI）的身份管理、多链隔离、信息加密、智能合约控制等手段保护私密信息。基于 PKI 的身份管理采用双重身份认证机制，首先通过腾讯云官网完成账号验证，接着进入区块链的权限管理体系，只有使用数字证书签名的客户端节点才能发起交易请求或提案。

4）多链支持：一条逻辑上的区块链是集合了特定组织、特定节点的私有区块链系统，不同的组织可以建立不同的逻辑区块链，链间实现数据隔离，智能合约可以部署在不同的逻辑区块链之上。

5）合约管理：TBaaS 平台提供完备的智能合约集成开发调试环境，缩短了用户开发周期并减轻了开发压力，以更便捷的方式辅助软件开发。与其他平台不同，TBaaS 平台不仅可以对智能合约进行词法分析、语法检查，还专门提供了智能合约安全检查服务，对合规性和安全性进行校验。

6）共识机制：共识机制决定了区块链的数据一致性的实现方式和适用场景，TBaaS 区块链目前支持超级账本原生共识机制，未来还将支持用户自定义的共识插件和背书插件，方便用户根据自身业务需要进行灵活选择和切换。

7）开放机制：TBaaS 平台是一个开放的服务平台，在支持超级账本 Fabric 的同时，也支持 BCOS、TrustSQL 等优秀合作伙伴的区块链底层平台。未来还将支持 R3 的 Corda、企业以太坊等区块链技术，并积极关注区块链前沿科技的发展。

8）证书管理：TBaaS 平台与目前国内领先的证书服务提供商中国金融认证中心（CFCA）进行深度的战略合作，支持在 TBaaS 平台中使用 CFCA 签发企业所需的各类证书（例如电子签名、身份认证、SSL 证书、交易监控、反欺诈），为用户带来全平台的证书可识别性和一体化的用户与证书管理服务。

9）硬件加密：腾讯云已具备成熟的硬件加密能力和产品，TBaaS 平台可以直接与其无缝对接，帮助银行、保险、证券等企业充分保护其数据存储安全和传输安全，提升加密解密和签名验签效率，实现密钥安全管理，帮助用户符合监管和等级保护要求。

10）按需存储：存储膨胀是当前区块链必然会面临的一个问题，TBaaS 平台为此提供了多种存储层解决方案，以适应不同的需求。例如：账本数据，可以使用块存储解决方案；状态数据和历史数据除了使用原生的 GoLevelDB 和 CouchDB 以外，还可使用腾讯云端的

MongoDB 方案。

11）企业互联：TBaaS 平台以 VPC（Virtual PC）的形式部署和提供服务，将区块链部署于一个独立的 VPC 中，不占用用户的 VPC 配额，同时支持将区块链 VPC 与其他多个用户的 VPC 快速打通，不受限于网络地址重叠与烦琐的路由配置等因素的影响，方便用户直接通过自己的 VPC 访问自己的组织和节点。

12）网络管理：TBaaS 平台网络遵照联盟链的准入机制，采用多组织联合、区域自治的方式，通过多链隔离等技术，实现了网络既可以灵活拓展，又可以自适应的管理模式。

13）策略和权限管理：TBaaS 平台提供了图形化等更加友好的权限和策略方式，帮助用户更好地实现针对不同用户和不同业务逻辑的共识定制。同时，针对企业级的管理和监控需求，对用户的权限、角色和各种共识策略、访问策略进行了全方位的增强。

14）账号管理：TBaaS 平台的登录体系和敏感操作支持双层安全保护，在用户名和密码之外，再加一层 MFA（Multi-factor Authentication）设备，MFA 设备可以安装到智能手机等移动设备上。

TBaaS 平台为用户提供公有云、金融云、专有云的服务。用户可以根据自己需求，灵活构建自己的系统，既可以购买公有云上的 BaaS 系统，也可以将系统搭建在自建机房专有云上。

TBaaS 基础设施架构如图 8-5 所示。

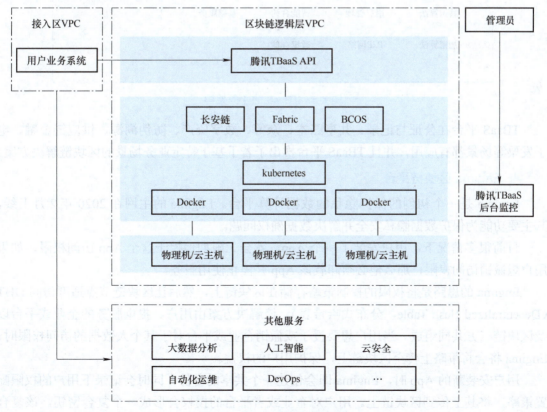

图 8-5　TBaaS 基础设施架构

TBaaS 专注于将区块链技术应用于不同的业务场景，通俗易懂地帮助用户从业务的角度去理解区块链，并推出特定业务场景下区块链的解决方案，从而更低门槛、更高效地帮助用户方便、快速地构建区块链服务。TBaaS 将用户从烦琐、重复性的开发任务中解脱出来，让用户将更多的精力投放于区块链上的服务、业务系统的高级架构设计。

TBaaS 的业务架构如图 8-6 所示。

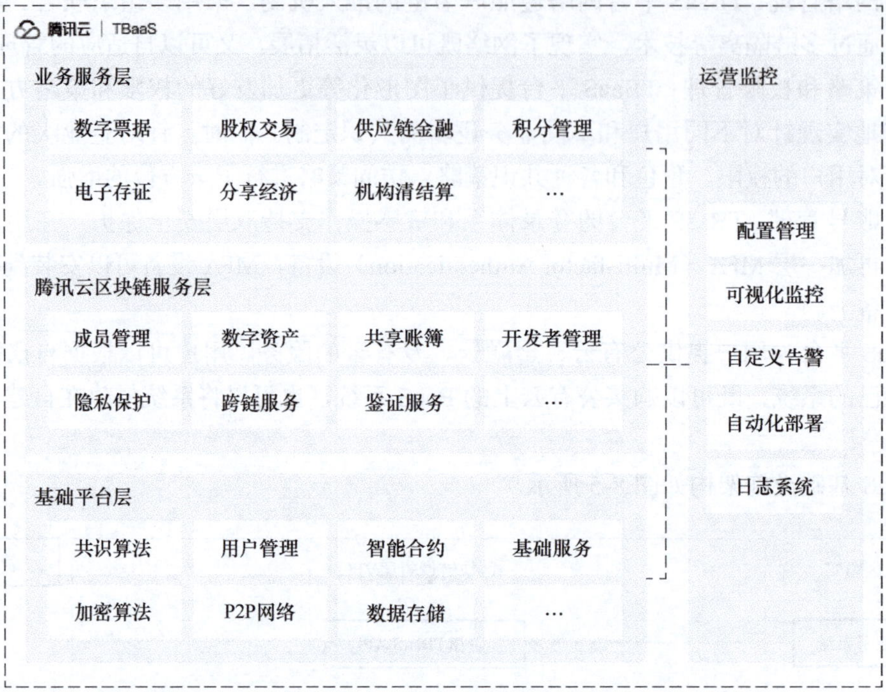

图 8-6　TBaaS 的业务架构

TBaaS 平台在公证与记录、共享账本、众筹、数字资产、防伪溯源、供应链金融、电子发票等场景都有应用，并且 TBaaS 平台推出了若干基于特定业务场景的区块链解决方案。

4. Engima 区块链平台

Engima 是一个初创的保护隐私的数据计算平台。Engima 的主网在 2020 年 2 月上线，其主要功能为保护数据隐私安全并解决数据确权问题。

目前很多情况下，用户安装了一个 App，就会无限期地授予这个 App 访问权限，如果用户想撤销访问权限，那么他必须卸载该 App 并停止使用服务。

Engima 的思路是将权限的控制策略存储在区块链上，然后让区块链节点适度访问 DHT（Decentralized Hash Table，分布式哈希表）。该解决方案由用户、提供服务的企业或平台以及区块链三方共同组成。当用户想要授予或撤销企业或平台对其个人数据的访问权限时，Engima 将会将策略上传至区块链上，保护用户的权益。

用户安装新的 App 时，Engima 即会创建一个共享的身份，同时会记录下用户的权限配置策略，将其上传到区块链上。用户对企业或者平台的授权会形成一个复合密钥，该复合密钥由双方的签名密钥对组成，可以保护数据免受无授权方的侵害。

企业作为被授权方，访问数据时，Engima 会根据最新的权限配置策略检查其权限。这意味着用户可以随时调整授权，可以增加授权，也可以取消授权。通过这种方式，Engima 完成了对数据隐私的保护和数据确权的工作。

5. 基于区块链的数据交易系统

2019 年 10 月，上海数据交易中心基于区块链底层技术的数据交易系统正式上线，该系统利用区块链的可追溯和不可篡改等特性，对每笔交易和数据进行确权和记录，解决了大交易量情况下的交易记账、清结算处理，以及分布式环境下的信息分发、同步和存储问题，构造了高开放性、去中心化的可信数据交易服务环境。

基于区块链的数据交易系统采用联盟链、分布式的架构体系，将数据交易相关的会员基础信息、交易品信息、订单信息、交易账本存储在区块链节点。该系统利用区块链的可追溯和不可篡改等特性，确保数据交易安全、高效、可信。该系统在标准规范上充分兼容区块链网络的通用功能和特性，并在底层改进了共识机制、准入机制和保密机制，由需方节点、供方节点、交易中心、清算节点构成联盟区块链，数据存储通过智能合约实现，包括会员合约、订单合约、交易品合约、账本合约。

供需方节点通过交易平台进行数据交易，交易过程中产生的日志记录（提案）定时汇总并提交给交易中心节点进行背书签名后，写入区块链平台形成分布式总账。清算节点主要实现根据区块链中的订单结算规则计算交易双方的结算金额，并最终通过账本同步至相关节点。数据供需方节点之间通过数据交易形成逻辑上的交易数据链，通过分区共识机制和交易访问权限控制，保证交易参与方只能访问与其相关的交易信息，保护交易双方商业机密。

基于区块链底层技术的数据交易流程如图 8-7 所示。

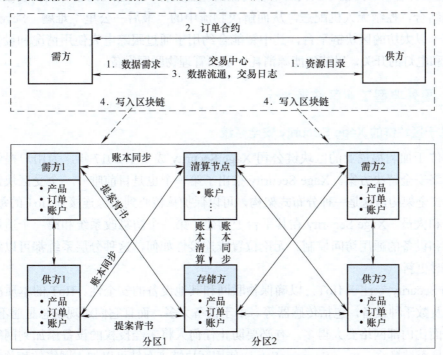

图 8-7 基于区块链底层技术的数据交易流程

此系统不仅构建了高安全、高可信的交易环境，能激发数据交易主体参与的积极性，而且促成了数据交易市场的规模性增长，真正推动各行业、企业运用大数据实现升级转型，推动数字经济快速发展。

8.3 国外工业区块链平台

8.3.1 国外工业区块链平台发展现状

目前区块链技术已经发展到第四代，前三代主要是做横向扩展，解决加密数字货币、超级账本和去中心化应用问题。与传统的区块链相比，工业区块链的四大核心技术依然是分布式账本、共识机制、密码学以及智能合约，它们分别起到数据存储、数据处理、数据安全以及数据应用的作用，但工业区块链对公用账本和分布式数据库的实时性能、大数据存储、隐私计算问题有更高的要求。

世界制造业强国纷纷将其作为提升制造水平的重要途径。新一代信息技术的广泛应用，推动企业生产从以传统的产品制造为核心向提供具有丰富内涵的产品和服务转变。SAP 公司推出区块链产品 SAP Leonardo Blockchain，应用场景之一是分布式制造，如果生产过程中有多方参与，SAP Leonardo Blockchain 则能够帮助企业记录各种生产相关的事件，包括产品设计的发布、产品参数的定义等；区块链上能存储 CAD 图样、文档和其他数字资产，追踪复杂的供应链，这一切不再需要一个中心化的数据库。多方配合变得安全和透明。沃尔玛在我国以猪肉作为试点，基于区块链技术实现了食品溯源体系，定位一批次产品只需要花不到 10s，在 30s 内就可以调出单个商品的相关文件；沃尔玛的新专利将物联网技术与区块链相结合，控制无人机配送，从而解决物流中的"最后一公里"难题。Seyoung 等人提出了基于以太坊的区块链平台，其中智能合约用于通过跟踪电表使用情况和设置策略来控制空调和电灯的开关，以节省能源消耗，从而管理物联网设备。

8.3.2 国外典型工业区块链平台

1. 基于区块链的 Xage Security 安全系统

总部位于加利福尼亚的区块链公司 Xage Security 成立于 2017 年，为用户提供基于区块链的网络安全解决方案。Xage Security 推出了第一个也是目前唯一一个受区块链保护的工业运营安全架构，这是一种分布式架构，可以保护从核心到边缘连接到 IIoT 的每个设备、应用程序和人员。Xage Security 在其平台上构建了第一个防篡改系统和第一个适用于所有工业操作和设备的通用访问控制。无论位置或连接性如何，这种分层系统都可以跨结构进行多个同时更新。

Xage Security 专注于 IIoT，以确保物联网和其他设备的安全性。IIoT 的本质决定了它们可能涉及数千种设备，包括传感器等。由于设备太多，而且它们对现场总是遥不可及的，因此攻击面比内部网络要大得多。有必要防止任何人将未经授权的设备添加到网络中，并检测安装是否被篡改。Xage Security Fabric 使用区块链来存储可以加入网络的相关节点，身份和特权信息以及活动审核跟踪。通常,入侵者在发动攻击时,他们可能会更改密码并通过修改审核日志来掩盖其踪迹。但是,如果密码更改和活动的日志被记录在区块链上,则攻击者将不得不操纵许多节点上的记录。这显著提高了防御标准,并使记录几乎可以防篡改以及容错。如果一个节点脱机,则其数据在其他节点可用。Xage Security Fabric 为工业和现实世界的运营提供全面的安全性。它保护每一个元素,无论是新的还是旧的,保护每一次本地或远程交互,并为 OT、IT 和云实现动态数据安全。

Xage Security Fabric 是围绕业务流程中的可信设备展开的,为机器、人和应用之间的安全合作与数据交换创建了可信基础。Xage Security Fabric 在设备网络上分发身份验证与隐私数据,为通信、身份验证与信任创造抗干扰防篡改的网络,确保广泛的安全,还支持任意点对点通信,保护基于用户的工业系统访问和机器到机器(M2M)的工业系统访问,即便连接不规律也能在网络边界正常工作,且随着设备不断加入网络而越来越强大。

Xage Security Fabric 的大部分技术藏身在"工业边界"设备中。系统中的云组件负责提供报警、监视和某些中央数据处理,但大部分区块链软件都在设备自身当中。Xage Security Fabric 的工业部署中就包括让智能仪表可以在社区内本地通联,这样一来,如果发生供电故障,这些智能仪表就可以确定出故障范围,直接与当地变电站通信,重新规划输电路线。很多情况下这些操作能够快速完成,消费者甚至都感受不到发生了变动。无论是公共设施还是工厂生产线,都可以通过这种任意点对点的机器通信提升生产力和运营效率,让机器自己管理自己。

Xage Security Fabric 需要经过批准的 MAC 地址及授权的指纹,来确保只有授权的机器和人员才能进入系统。同时,通过在设备上安装证书,来确保请求访问的机器已经通过真正的验证并拥有相关部门的授权。当遇到网络攻击时,Xage Security Fabric 会通过锁定受影响的扇区来隔离威胁,防止风险扩散到整个网络。该平台适用于能源、电信、公共事业、建筑管理、制造业、医疗保健等多个领域,目前全球已有 1000 多家企业使用。

2. 基于区块链的 P2P 电力交易系统

能源管理行业是一个高度集中的行业。一些初创公司提供以太坊区块链技术,让客户能够采用分散的能源生成方案进行交易,并且让人们可以生成、购买和销售能源,卖给邻居。能源区块链将能源流、信息流、资金流相整合。比如通过太阳能发电的居民可将过剩的能源及对应的信息发送到能源区块链,能源区块链对发送的每单位能源进行计算和记录;能源需求方向区块链发送所需能源量,并发送相应数字货币;能源区块链将能源分配给需求方;能源区块链将数字货币发送给能源提供者,从而缓解能源不均衡现象。

Power Ledger 成立于澳大利亚的珀斯,由澳大利亚的区块链软件公司 Ledger Assets 创立。Power Ledger 使用基于区块链的软件构建一个 P2P 的太阳能剩余电力交易系统。不同于比特币采用的 PoW(工作量证明)机制,Power Ledger 采用的是 PoS(权益证明)机制,区块链由 Ledger Assets 公司开发,名为 Ecochain。

Power Ledger 利用自己的区块链 Ecochain。区块链技术的应用使得在电能产生的时候系统就能确定电能的所有者,然后通过一系列交易协议完成电能所有者和消费者之间的交易，居民可以直接将剩余电能卖给其他人，出售价格也高于直接出售给电力公司的价格，电能的所有者获得了更大的收益，电能的消费者也获得了更低的用电成本。

Power Ledger 旨在通过 P2P 电力交易业务模式及其软件获得营业收入。Power Ledger 于 2017 年上半年在珀斯市区推出覆盖 80 个家庭的正式版交易系统，成为历史上首个投入使用的 P2P 电力交易系统。Power Ledger 目前已经进行了多次电力交易实验，但总体上还处于示范阶段，交易系统的稳定性尚未得到充分认证。未来大规模推广时它可能遇到的技术问题将成倍出现，Power Ledger 的技术团队将面临极大的挑战。

监管压力和资金的充足程度将是 Power Ledger 未来遇到的主要障碍。一方面，主要的电力公司很少推动分布式能源系统应用；另一方面，P2P 电力交易系统降低了人们对中心化电网的依赖，中心化能源供应商可能会"游说"政府征收"电网使用费"，阻挠 P2P 电力交易系统的大规模推广。

Power Ledger 涉及整个电力网络从发、输、电、配，到售、用、储，生产、即时消费，是一条无比复杂的价值链，电力能源非常特殊的难以存储的特性，导致整条价值链上各环节环环相扣。Power Ledger 所构建系统的复杂度、交易成本的增加都是指数级别的。其系统的出现是高效利用分布式能源的有效途径，也是电源交易的一次伟大尝试。Power Ledger 已于 2017 年得到审核最严格的交易所之一 Bittrex（成立于 2014 年，又称 B 网）的肯定并正式上线了 b 网。

3. 基于区块链的 Filament 智慧城市系统

智慧城市 (Smarter Citiy) 的概念涵盖硬件、软件、管理、计算、数据分析等业务在城市领域中的集成服务，即利用信息通信技术 (ICT) 感知、整合、存储、处理、分析、预测、响应城市运作各个环节中的关键信息，从而对包括民生、环保、公共安全、城市服务、工商业活动在内的各种需求提供智能化响应和辅助决策，为城市居民创造更高质量的生活环境。智慧城市的发展建立在信息化和数字化的基础上，它运用人工智能、大数据、云计算、物联网、移动互联网、智能感知终端等关键技术形成了城市操作系统。区块链赋能智慧城市：能够通过严格的身份核验机制和密码学的数据加密机制确保整个智慧城市系统建设的终端安全；打破传统智慧城市系统间的数据孤岛；为边缘计算保驾护航的同时，可以最大限度地激活市民对社会治理的积极性。

美国区块链初创公司 Filament，致力于用区块链技术改造并提升物联网体系，实现各个关键环节的管控，降低不必要的资源损耗和成本。该公司不仅有自己的开发方向和成果，而且十分关注技术巨头、行业先锋的动态与成果。

Filament 在行业内专注于将加密货币和区块链技术应用于互联设备领域，如物联网。Filament 用比特币区块链作为不可篡改的账本，用去中心化的方式记录设备付款收据的哈希值。其主要针对工业级市场，包括能源、农业、制造，帮助它们用分布式网络提升设备的利用效率。Filament 成立于 2012 年，其利用区块链技术为工业网络构建的硬件和软件，使企业能够安全地连接并通过远程无线网络监控它们的资产。Filament 的解决方案允许工业资产安全地相互无线通信，通过独立的云连接或任何其他第三方数据平台。其应用领域还包括追踪自动售货机里面的存货情况、监控工人的安全情况等。Filament 专注于基于区块链的网络硬件产品开发，得到了许多公司的支持。这些公司或许会对联网汽车的未来感兴趣，包括英特尔的风险投资部门和捷蓝。通信集团 Verizon 通过其风险投资部门，在 2017 年领投 Filament，投资 1500 万美元。Filament 的系统用类似于闪电网络的系统进行少量的小额交易。Filament 还开发了"Penny Bank"协议，这与 Filament 的主要设计目标稍有不同，比如不需要持续在线。

Filament 允许企业在任何环境下通过独立的网状网络（Mesh）连接传感器。无论是控制整个城市的户外照明，还是监测农场的土壤条件，Filament 都可以安全地收集处理数据。处理器内置环境传感器、USB 接口，并配备了硬件加密芯片，保障安全性和通信，使其不再需要一个中间系统处理即可独立执行智能合约。

8.4 国内工业区块链平台

8.4.1 国内工业区块链平台发展现状

国内工业区块链平台

当前区块链、物联网、工业互联网和共享经济在各自领域都经过了长期的研究和发展，形成了各自比较成熟的体系。但是，在工业互联网面临转型关键期的背景下，工业互联网与区块链的融合研究和开发还处于探索阶段。当前，工业互联网设备每天产生大量的数据，必须要以安全的方式对其进行整理、处理和存储。随着工业互联网不断深入发展，数据确权、数据安全（如隐私保护）、数据追溯等相关问题势必逐步凸显。在工业互联网中，数据作为一种新型生产资料要素，如果缺乏有效管理，一定会直接制约不同参与方之间的可信协作。区块链采用一种分布式技术，其多方共治共管架构、密码学加密运算和共识合约机制，能够实现数据的多方维护、交叉验证、全网一致、防篡改、可追溯等，为工业互联网中数据要素的配置管理提供新的解决方案。区块链技术会成为数字时代和信息社会的信任基石，对各行各业产生深远影响。

面对工业互联网的发展问题，区块链应用存在交易性能不足、跨链交互难以实现及隐私保护薄弱等多个主要问题。在交易性能方面，目前研究热点主要涉及分片、链下存储和链下支付网络等技术；在跨链交互方面，主要研究热点涉及公证人机制、侧链、哈希锁定和分布式密钥控制等技术；在隐私保护方面，主要研究热点涉及支持最新加密算法、二级证书、访问控制等技术。"为了让中小工业企业更快、更高效地加入联盟链，轻量化的区块链服务节点是面向边缘的部署方案的核心。"张桂平指出：每个上链的节点不一定需要一套完整的 BaaS 平台，轻量化的部署节点可能只具备数据接入功能，把网关和区块链主网络打通，把吞吐量提上来，这种小步快跑的策略在初期部署和试点阶段将显得更为合理。杨慧琴等人提出了一种以区块链技术为主、智能合约为辅的供应链信息平台，通过分析区块链技术在供应链系统中传统应用方案的弊端，解决供应链系统中信息共享程度低、透明性差，以及信息不可靠、不安全等问题。魏凯等人在分析了溯源的背景、概念、目标的前提下，从食药畜牧、知识产权、数字凭证、供应链 4 个领域探讨了将区块链技术用于溯源的可行性。叶小榕等人为了提高供应链信息化共享水平，增强数据透明度，实现供应链数据信息的可靠和可追溯性，设计了一种在物联网环境下基于区块链、智能合约的供应链原型架构系统。倪波提出了基于 RFID 的 3 层（生产商、经销商、消费者）溯源管理模型，并以生产商汽车零部件有限公司变速箱制造为例，设计了基于 RFID 技术的生产商溯源管理系统，还详细阐述了生产商溯源管理系统的各种功能结构、管理流程、溯源机制等，有效地帮助管理者实时监控产品状态，实现生产管理的可追溯。

8.4.2 国内典型工业区块链平台

1. 树根格致 Rootchain 区块链基础赋能平台

树根格致 Rootchain 区块链基础赋能平台是长沙市经济技术开发区、星沙区块链产业园为园区企业实施工业区块链应用、降低企业使用区块链技术的门槛和成本，打造的具有自主知识产权的区块链服务平台。树根格致深耕工业区块链领域，持续输出区块链可信存证、产业区块链等解决方案，与银行、租赁、物流、司法机关等企业或机构合作，构建可信数字化商业网络，打造区块链产业生态。

树根格致 Rootchain 区块链基础赋能平台具有以下特点：

1）安全：确保交易与数据的真实性、可溯源性、不可抵赖、不可篡改。国密安全机制和中国金融认证中心（CFCA）相配合，数据 / 交易可作为合法证据。可信客户端交易，角色 / 资产访问控制，数据物理隔离。

2）好用：以用户体验为主的一站式行业解决方案，企业"拎包入住"。多客户端支持，同时适配手机 / 平板 / 计算机，高性能，低延迟。

3）灵活：灵活配置资产模型、访问控制、商业流程、隐私模型图、前端组件、界面风格等；支持常见的集成模式，与现有系统轻松对接；支持单点登录对接；适应客户的硬件环境。

4）可靠：每一层都有对应的高可用（HA）方案；交易与数据账本定期快照备份，实时恢复；健康状态实时监控，账本完整性定期校验，及时告警。平台版本迭代时采用持续发布无缝升级。

树根格致 Rootchain 区块链基础赋能平台提供了 4 个产品服务，分别是可信存证、工业品溯源、在线租赁管理平台、工业品防伪溯源。

（1）可信存证　区块链可信存证运用区块链，结合哈希校验、电子签名、可信时间戳等技术保障电子数据法律效力，并通过可视的数字存证证书进行展现。数字存证上链后即同步至各节点，多个权威机构节点参与共识，共同见证，不可篡改和伪造，增强数据的可信度；数字存证加密后会在链上进行分布式存储和备份，即使某节点被破坏或删除，数字存证数据也可从其他节点恢复，提升了数据的安全等级；数字存证中均有数字签名、时间戳，所有记录不可篡改，多方备份，形成一整条完整可追溯的链。Rootchain 的可信存证可应用于文本文件存证、设备资产存证、物联网数据存证和可信工单存证。

（2）工业品溯源　工业品溯源平台提供了一般性的、通用的商品溯源系统基础功能，适用于需要实现"一物一码一证"的各种商品。该平台包含 DDoS&CC 防护、Web 漏洞扫描、WAF、HIDS、反向 DNS 劫持等基础安全服务，同时参照 PDRR 安全生命周期模型，且采用多层次的技术隔离手段，保证平台内用户之间数据互不可见，实现了安全共享；运用合约执行引擎 MSC 和分布式账本，一方面使交易脱离人的主观行为，从源头具备防篡改防伪造特性，另一方面将数据上链后同步至各个节点，避免人为恶意篡改；与 ERM、CRM、WMS、TMS、SRM 等系统对接，打破数据孤岛，实现多系统对接。

（3）**在线租赁管理平台** 在线租赁管理平台针对传统融资租赁模式所存在的问题，将 IoT 技术和区块链技术结合，打通上游生产企业、融资租赁公司、资产运营公司、账务清分银行、承租人等多方业务主体，实现承租人授信管理、设备在线租赁、承租人资质在线审核、交易各方的银行账务清分、全流程多技术手段的租赁风险控制、租赁账单管理、设备资产租后管理，帮助达成企业降本增效目标。

（4）**工业品防伪溯源** 防伪溯源系统为打击假冒伪劣产品，从生产源头抓起，首先严格控制二维码/条码标签的印刷和打印，其次将打印的标签识别绑定于每一台打印设备，从源头上控制标签信息真伪，然后将货物流经供应商、经销商、代理商的每一个环节的所有数据即时上链，且保证不可篡改，由此形成完整的数据链，最终消费者或市场监管者扫描产品二维码/条码，即可获取系统唯一认证的产品身份证书，快速判断产品真伪。防伪溯源系统方案流程如图 8-8 所示。

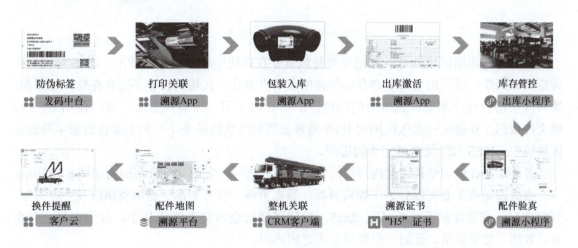

图 8-8 防伪溯源系统方案流程

2. 睿蜂群科技（睿链库）

睿链库是睿蜂群（北京）科技有限公司研发的基于区块链技术的工业资源共享协同平台。它主要针对电力行业备品备件现状（备品价值高、流动性差），将区块链技术与实际业务相结合进行创新，打造企业间跨组织边界的备品备件、技术服务等工业资源共享、流通、协同生态，实现产业链上下游协同，打通发电集团与外部企业之间的信息流、物流、资金流。通过降低单一企业备品备件库存量，提高整个行业备品备件的可用性和共享流动性，从而实现运营优化，降本增效。

睿链库的主要业务功能如下：

1）实现电力行业储备物资信息上链。

2）共建行业虚拟云仓，储备物资链上交易（交换、质押、买卖、物流、保险等）。

3）关键信息存入区块链，确保相关信息不可篡改，为交易提供具有公信力的账本数据。

睿链库构建了一个可信商业生态，可以在云端或者本地部署区块链节点，部署方式灵活，扩展性强，由集中式应用、区块链和分布式加密存储（IPFS）三大部分组成，总体架构如图8-9所示。

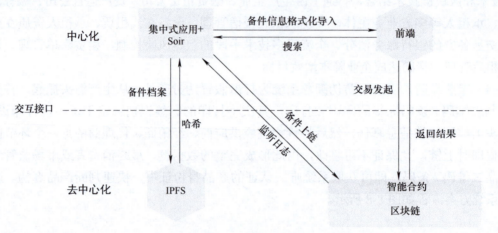

图8-9 睿链库总体架构

睿链库的底层区块链是一种记录交易数据并在区块中维护历史的技术。IPFS可视为一种协议和网络，设计用于共享和存储媒体的点对点方法。区块链技术不适合存储大量数据。针对区块链存储效率低、成本高的问题，IPFS提出了另一个解决方法：可以使用IPFS存储文件数据，并将唯一永久可用的IPFS地址放置到区块链事务中，而不必将数据本身放在区块链中。IPFS和区块链是完美的搭配。

睿链库是在星云架构之上构建的应用平台系列之一，它的详细分层架构如图8-10所示。

睿链库是将工业资源分为了物资资源、数据资源、服务资源、金融资源以及企业资源，分时独享。睿链库的系统模式是XaaS，构建联储云仓，实现资源共享、对等交易，在企业、数据、数字货币、金融、服务以及库之间协同。

睿链库初期目标是解决发电行业的痛点，实现备件共享、成本最低、到场的时间最短，盘活存量，减少库存，增加资金，降低成本。基于区块链技术的核心思想，睿链库为企业级应用定制特许共识机制、国密及通用加密算法、私有数据共享协议（Web 3.0）、行业业务流智能合约栈、区块链接口协议栈等专有区块链功能。睿链库主要具有以下五个职能：

第一，建立行业备件需求发布平台。使用区块链技术，打通发电集团内各发电厂之间的横向通道。实现存量库存备件协同（备件共享和交换）。解决以下问题：全行业备件库存总量巨大，整体备品备件的冗余过多，流动资金占用太多，但单个电厂需要备品备件时仍面临备品备件类型、规格、型号覆盖不全、不足等。

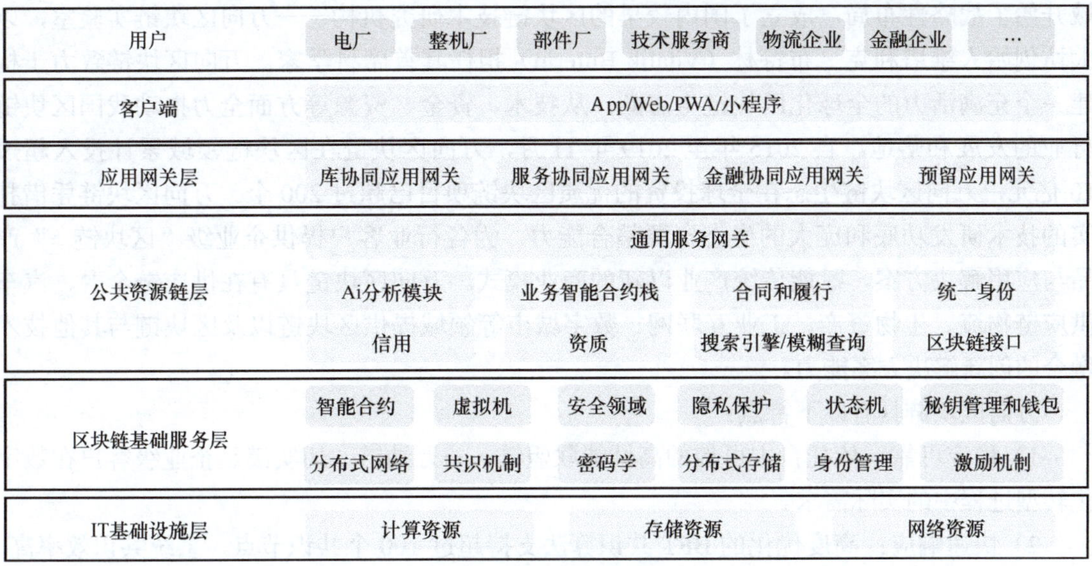

用户		电厂	整机厂	部件厂	技术服务商	物流企业	金融企业	…
客户端		\multicolumn{7}{c|}{App/Web/PWA/小程序}							
应用网关层		库协同应用网关		服务协同应用网关		金融协同应用网关		预留应用网关
公共资源链层		\multicolumn{7}{c|}{通用服务网关}							
		Ai分析模块		业务智能合约栈		合同和履行		统一身份
		信用		资质		搜索引擎/模糊查询		区块链接口
区块链基础服务层		智能合约	虚拟机	安全领域		隐私保护	状态机	秘钥管理和钱包
		分布式网络	共识机制	密码学		分布式存储	身份管理	激励机制
IT基础设施层		\multicolumn{2}{c	}{计算资源}		\multicolumn{2}{c	}{存储资源}		网络资源

图 8-10　详细分层架构图

第二，建立发电集团内部跨电厂虚拟库。通过打通横向的联系（突破企业间边界），建立一个虚拟的备件库，使备品备件各类型号能够实现充足的供给，同时减少各厂或者各业主单位备品备件资金的占压。

第三，优化产业链。睿链库建立的共享虚拟库的机制，不仅是在发电厂（业主单位）之间进行的，而且扩大到上游设备生产厂家（包括备品备件生产厂家、主机生产厂家），它们都参与到这个虚拟的共享平台中来，这就使得原有的闭环生产流程转为社会化生产，让生产资源能够得到最大化、最优的利用，也使业主单位的流动资金能够最大限度地提高使用效率（包括业主单位的流动资金、生产厂家的流动资金）。

第四，技术服务协同。在生产备品备件流动的同时，也需要标准制定、评估鉴定、人员机构认证、检修、保养、安装、运维管理等技术服务。由主机厂商、备件厂商、维修服务等第三方服务商在平台上提供协同服务。

第五，金融协同。伴随平台生态的建立，各方协同需要保险、银行、融资租赁等金融机构提供相关金融服务，利用金融手段促进协同的高效进行。

睿链库解决发电企业备件存量库存共享和交换问题，去产能，盘活资金；实现企业与外部协作方的协同，包括整机厂，部件制造商，提供技术安装，评估鉴定、保险、物流服务的外部协同方等。通过市场化机制运行，保障各方利益得到满足，同时也让资源得到最优配置。截至 2020 年，睿链库已经接入 5 个发电集团的 20 余家电厂、一家制造商、两家保险公司、1 家银行、1 家第三方支付公司，覆盖 11 个省市；接入装机量 850 万 kW、协同备件金额 9668 万元、协同交易量 215 万元。

3. 万向区块链（PlatONE）

上海万向区块链股份公司正式成立于 2017 年，它在万向区块链实验室的基础上整合资源、深化平台建设。2015 年，万向集团金融板块中国万向控股有限公司在区块链技术领域开始了战略性布局，成立了国内较早的区块链技术研究机构——万向区块链实验室，以太坊创始人维塔利克·布特林（Vitalik Buterin）担任其首席科学家。万向区块链致力于构建一个充满活力的全球化区块链生态圈，从技术、资金、资源等方面全力推动我国区块链行业的发展和落地。自 2015 年至 2019 年 11 月，万向区块链在区块链领域累计投入超过 10 亿元，万向区块链生态在全球投资的优质区块链项目已超过 200 个。万向区块链凭借扎实的技术研发功底和庞大的生态资源整合能力，为各行业客户提供企业级"区块链+"产品与应用解决方案，赋能传统产业以新的商业模式。万向区块链具有在供应链金融、汽车供应链物流、生物资产、工业互联网、数字城市等领域提供区块链以及区块链与其他技术融合的创新解决方案能力。

万向区块链具有以下特点：

1）稳定可靠：依托自主可控的高性能联盟链——万纳链，切实满足企业级客户在数字化转型过程中的实际需求。

2）快速响应：高度优化的 BFT 共识算法支持超过 100 个共识节点，系统共识效率高、交易确认快。

3）简单易用：场景化设计，非开发者也能快速上手使用。强大的兼容能力支持灵活对接其他系统。

4）安全可信：数据全程加密传输，提供密钥管理。

万向区块链有两大基础设施，一个是万向信达区块链 BaaS 平台，另外一个是万纳链。万向信达区块链 BaaS 平台支持用户自主选择节点部署配置，满足不同用户的个性化资源需求；便捷的联盟链搭建流程、完善的节点管理机制与项目成员邀请机制，结合简单易用的合约管理工具，大幅降低用户开发成本，提高项目运行效率；通过多维度监控联盟链资源状况，帮助用户快速了解联盟链运行状况，及时响应联盟问题。万纳链是万向区块链针对企业级客户和开发者在数字化转型过程中的实际需求，推出的自主可控的高性能联盟链。它提供了多种创新性技术和功能，包括安全多方计算，同态加密等密码学技术植入，优化的高效的共识，高每秒事务处理量（TPS）、完备、易用的企业级工具链和组件，优化的用户/权限模型，多开发语言支持等，旨在解决当前联盟链发展中存在的困境。

在 2020 年，万向区块链提出了"分布式认知工业互联网"（Distributed Cognitive Industrial Internet），简称"D.I.S.C.O"。分布式认知工业互联网在工业互联网技术的基础上，集成了区块链、知识图谱、隐私计算技术等分布式认知智能技术，以帮助传统工业制造业应对数字化转型过程中面临的挑战。其中，区块链和隐私计算技术的结合，打消了企业、政府在处理数据孤岛时对数据安全的后顾之忧；以区块链为基础的多边平台有效构建了数据确权后的资产化和价值创造合作模式，从而重构平台各方的生产关系；知识图谱则将认知智能的理解、分析、决策能力赋能到生产制造环节中，从而实现合理的资源调度和制造智能化。分布式认知工业互联网的分层解耦模型如图 8-11 所示。

万向区块链在供应链金融、运链盟、汽车零部件质量溯源、工业区块链质量溯源、石化可信仓单货转与质押融资、生物资产可信监管及金融服务、跨境贸易供应链金融以及移动出行等方面都有应用并提出解决方案。

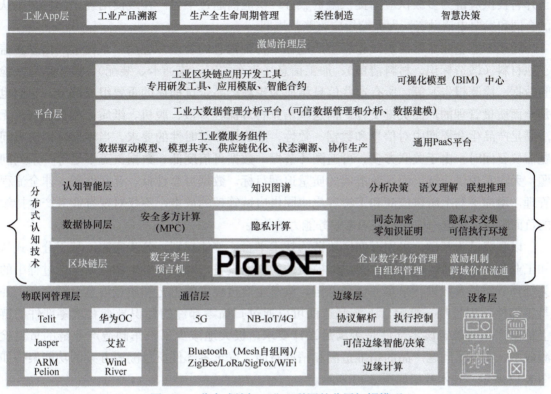

图 8-11 分布式认知工业互联网的分层解耦模型

1)在石化行业,万向区块链为大鼎油储有限公司(简称大鼎油储)打造了区块链可信仓单 CA 货转系统,利用物联网、智能识别和区块链技术确保线下实物信息的客观性和真实性、线上线下数据的一致性和线上电子数据的真实性,提高大鼎油储仓库电子化管理水平,实现货权清晰且唯一、不可篡改。物联网和区块链的融合确保了线下货物数量与电子货权数量是唯一匹配的,降低第三方公司的信任成本,通过将货物数字化、金融化为大鼎油储创造额外收益。

2)在工业区块链方向上,万向区块链质量溯源平台发挥区块链上数据防篡改、可追溯等优势,以质量溯源、生产协同、预警式审计、数字金融等多领域为突破口,与南钢工业互联网相结合,建设了数字化南钢工业互联网区块链应用,对内打造无介入式的、透明的、高效的管理,对外链接上下游企业,帮助客户极大地减少了重复检测成本,为钢铁行业树立了新的质量标杆。

3)在生物资产方向上,万向区块链构建了生物资产可信监管及金融服务平台。新疆昌吉阿什里牧场的 1000 头肉牛通过万向区块链生物资产金融服务平台,拥有了独属于自己的"身份证"。这些"身份证"是每头牛的唯一标识,能够实时显示每头牛的位置、体重、健康状况等。每头牛的生物数据都存储在平台上,牧场可监测每头牛从入栏到出栏的全生命成长周期。同时,平台接入了金融机构,当牧场需要融资时,金融机构可直接以平台上的生物数据进行评估,并借款给牧场。

4)在供应链金融方面,江西银行联合正邦科技使用万向区块链供应链金融平台,通过正邦科技供应链为多级供应商提供融资服务。供应商通过平台，在线使用经正邦科技确认的合同和发票申请融资，大大缩短应收账款周期。

轮毂制造企业非常注重对轮毂生产过程中各种信息的管理和应用。车轮生产信息涵盖了原材料（锻造标识、材料清单）、加工信息（汽车加工、流通卡、装配）、检验信息（检验数据、检测报告）等，所有这些信息将成为轮毂产品全息描述的重要组成部分，它们也是全面质量管理的产品关键支撑。但这些信息管理流程分散、脱机、纸质、相关性弱，无法满足产品生命周期中对信息和数据一致性、准确性和及时性的要求。当零部件因质量问题需要召回时，由于关联方多、可追溯环节短、数据可信度低、数据覆盖不足等一系列问题，无法实现供应链层面高效准确的质量追溯目标。数据可靠性低、互联性弱、非全流程管理，增加了与上游供应商和下游客户协同供应链管理的成本，不仅对现有业务产生持续的负面影响，也进一步制约了未来业务能力的拓展。

以联盟链为基础，采用万向区块链为技术平台，整体规划，分步实施。基于分布式认知工业互联网技术，利用嵌入区块链模组的物联网设备，对汽车全生命周期生产过程中的关键环节质量参数进行采集并记录上链。汽车生产过程中的工艺和质量信息上链存证，并与零部件标识号唯一绑定，下游制造商可以通过扫描零部件的标识号查看该零部件的链上信息，从而确定该零部件是否满足设计要求，极大地减少了汽车制造产业链的重复检测成本，实现了问题产品的精准追溯和精准召回。汽车零部件质量溯源方案的功能架构如图 8-12 所示，技术框架如图 8-13 所示。

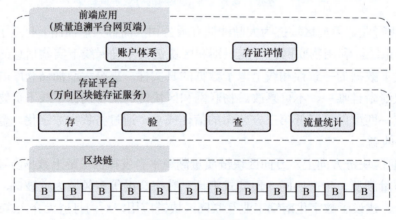

图 8-12　功能架构图

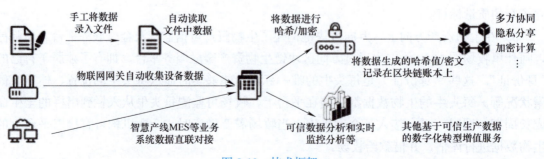

图 8-13　技术框架

1）信息互联，哈希上链：各主体将相关加工和质检数据哈希上链，打破数据孤岛现状。存储在区块链上的数据不可篡改，共享，且全流程可追溯，从而提升各方之间的信任。

2）全流程数字化程度提高：生产加工数据和质量检测数据电子化后哈希存储，易保存，成本低。

3）给未来基于链上数据的增值服务提供了发展空间，例如设备健康、供应链管理等。

基于分布式认知工业互联网的汽车零部件质量溯源平台，将各主体的相关加工和质检数据上链管理，实现上下游生产加工和质检数据的连接与共享。主机厂可实现问题产品的精准追溯和精准召回。政府监管部门根据加密后的质量数据，实现柔性监管，进行产业布局升级和优化。消费者可查看产品的全生命周期数据。可审计的溯源体系，不仅为企业降本增效，而且有助于实现便捷快速的数字化供应链管理转型，为行业产业链及政府部门提供了工业数据基础设施。

4. 浙江万象工业区块链平台

浙江万象工业区块链平台是区块链技术的率先实践者，任何数据提供方均可通过万象工业区块链平台发布数据并将其变成资产，完成数据的确权、发行、流通；数据资产流通信息将存储在区块链中，一旦数据流通触及法律风险，任何机构、个人均可在该平台上进行数据溯源，维护自身合法权益。万象工业区块链平台的数据交易如图 8-14 所示。

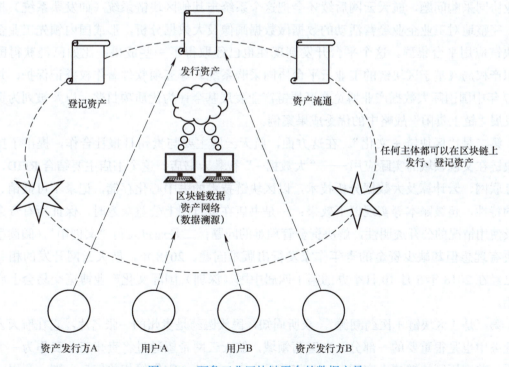

图 8-14 万象工业区块链平台的数据交易

换言之，数据购买者在万象工业区块链平台的每一笔购买交易信息都会放入区块链中存储起来，数据购买者可以得到一个交易凭证，在交易凭证中可以看到该笔交易的数字证书以及该笔交易信息在区块链中的存储地址。任何主体需要进行数据确权时，都可以登录用户中心进入查询平台，输入交易凭证中的相关信息，查询到存储于区块链中的该笔交易信息，从而完成交易数据的确权。

5. 航天云网工业区块链平台

2016 年 10 月，在工信部指导下，《中国区块链技术与应用发展白皮书》发布；2016 年 12 月，《"十三五"国家信息化规划》提出加强区块链等新技术基础研发和前沿布局；2016 年 12 月，贵阳市发布《贵阳区块链发展和应用》白皮书，制定贵阳区块链应用路径和推进顶层设计，以打造"中国数谷"、国家级公平共享创新中心城市。作为一项创新技术，区块链已在各个国家掀起技术革命的浪潮。

作为中国领先的工业互联网平台，航天云网也开始了自己的区块链 + 工业建设。区块链对于工业互联网来说是一把钥匙，如果将区块链技术应用到成千上万的工业场景中，就一定会有所突破。

目前，在区块链布局上，航天云网取得了如下成果：

第一是"区块链 + 工业"。在这方面，航天云网基于贵州工业云云供应链系统开发，打造了区块链协同供应链系统平台。这个平台主要用区块链的不可篡改、可溯源等特性解决企业协同采购问题，航天云网后续还会把这个系统与其他区块链系统（如发票系统）相呼应，完整地对工业企业经营活动的数据做数据画像及大数据分析，形成国内领先工业企业区块链应用平台集群。这个平台开发到现在也已经取得了一些成果：比如已经获得国家知识产权局《基于区块链的工业云平台协同采购系统》等五项软件著作权登记保护，并被 2017 年中国国际大数据产业博览会区块链产业发展基金评为优质项目奖，以及被列为贵阳市发展"链上贵阳"战略中的优秀成果案例。

第二是"区块链 + 文化"。在这方面，航天云网主要与贵州日报社合作，提出了探索区块链在文创领域的实际应用——"大数据 +"智慧云书店。这个书店主要结合 RFID、移动互联网、云计算及大数据分析技术，以区块链技术的去中心化存储，记录不可撤销、删除的特性，超级账本等实现以下效果：一是书店在进行网上公益众筹时，保证所有资金收入及使用情况的公开透明性，解决资金管理难的问题；二是通过发行"文创币"（阅读币），解决有理想但却缺少资金的青年作家发行出版难问题。2018 年，航天云网开发的相关应用已经在 2018 年 5 月 10 日举办的第十四届中国（深圳）国际文化产业博览交易会上启动亮相。

第三是"区块链 + 医药溯源"。众所周知，民族医药是贵州的一张名片，它在航天云网的业务中也是很重要的一部分。在医药领域，航天云网希望通过将贵州工业云作为一个主抓手，并应用区块链技术实现：一是将药品生产、包装、零售等相关信息上链，利用区块链的不可篡改性、公开透明实现客户端的查询，避免假药泛滥；二是实现对质量事故的快速反应，对不合格的产品实现快速溯源、有效整改；三是实现政府部门及有关机构的规范监管；四是利用区块链技术手段实现自动溯源，有效降低溯源的人工、信任成本。

区块链与工业互联网相结合的方法：一是将区块链技术融合到工业互联网平台搭建中；二是将区块链技术整合到平台产品和服务供给中。

在具体的业务中，航天云网通过在协同采购云平台中引入区块链智能合约、时间戳、共识机制等技术，帮助试点企业带动供应链上游的商业应用，实现工业企业协同采购数据的流通、溯源、确权及交易的有效执行；同时，这样的引入还可以为交易数据及数字资产提供安全保障，解决企业采购效率低、供应商管理难、信息不安全等问题，以打造智能高效安全的自动化云供应链体系，为后续提供精准、高效的供应链金融服务奠定基础。

只要参与实践，任何要素都是行动者，不同的行动者具有不同的利益诉求，但是每个行动者都围绕一个中心问题聚集到行动者网络中。2015年5月，国务院印发了《中国制造2025》，这是我国实施制造强国战略的第一个十年行动纲领。同年，我国政府工作报告中首次提出了"互联网+"行动计划，利用互联网为发展提供新动力已成为传统制造业转型升级的重中之重。在这一时期，在网络的构建过程中，政府通过资金支持、重大课题等形式促进了平台企业、供应商企业及工业企业、高校及科研院所等主体的发展。平台创新产品与服务，并扩大了业务领域；供应商企业及工业企业在政策的驱动下，纷纷尝试上云，以解决企业自身存在的问题；高校及科研院所需要协同平台企业创新研发，在平台以及国家资金的帮助下，促进平台企业的发展，也促进工业互联网的发展，这时，行业协会及产业联盟也纷纷加入平台的创新研发当中，与平台企业互惠互利，实现共赢。非人类行动者（Object）通过代理人，即相关的研发单位，参与平台的发展过程，促进平台的成长。这一时期的行动者包括政府、平台企业、供应商、工业企业、合作企业、高校、科研机构、产业联盟、行业协会以及其他非人类行动者，其中政府是关键行动者。

各行动者在这一时期均面临各自的障碍或问题，这阻碍了航天云网诞生期行动者网络的构建，只有突破各个行动者自身的障碍，才能够成功地完成构建过程。航天云网工业互联网平台生态系统诞生期的强制通行点如图8-15所示。关键行动者需要通过推动航天云网工业互联网平台的成长而加快落实我国工业互联网的建设。平台企业为了能够实现快速的扩张和产品更新，需要克服基础较弱的困难。供应商需要克服自身信息滞后、市场竞争激烈等问题以获取利益、拓宽市场。工业企业特别是中小微企业智能化水平较低，为了克服这一困难，需要加入平台获取利益。高校、科研机构等面临课题经费以及经验不足的问题，而且在此之前，高校和科研机构与工业互联网平台企业之间缺少产学研的合作，也会对研发创新产生一些阻碍。对于行业协会、产业联盟来说，为了推动产业技术的进步，它需要制定新的规则，需要更多的创新研发。合作企业存在智能化水平较低等困难，通过参与平台获取利益、增强竞争力。

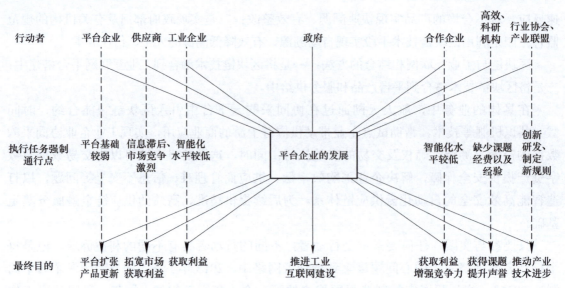

图 8-15　航天云网工业互联网平台生态系统诞生期的强制通行点

8.5 本章习题

8-1　工业区块链平台呈现什么样的发展态势？
8-2　树根格致 Rootchain 区块链基础赋能平台提供了什么产品服务？
8-3　睿链库的架构是什么？
8-4　万向区块链有哪两大基础设施？分别是什么？
8-5　超级链 BaaS 平台可以为哪些行业提供服务？
8-6　SaCaEchoTrust 区块链应用平台具有哪些功能？
8-7　上海数据交易中心基于区块链底层技术的数据交易系统是如何进行数据交易的？

第 9 章 工业区块链应用案例

我国已连续多年位居全球制造业十大强国榜首，我国工业的发展实现了由小到大、由弱到强的历史大跨越。随着传统工业向数字化和网络化加速迈进，工业互联网迅速兴起，并保持活跃创新发展态势。区块链技术可以促进工业行业数据共享、打通数据孤岛，优化工业企业内部生产流程管理、降低运营成本，加速设备安全互联，助推工业企业之间实现产业链协同，构筑可信互联的新型产融协同生态，赋能工业产业数字化、智能化转型升级和产业高质量发展。本章阐述了区块链在工业行业的应用案例，聚焦目前国内工业行业已落地的优秀实践及方案，涵盖产品溯源、数据共享、供应链管理等融合应用场景，为区块链与工业行业融合发展提供了有价值的参考。

9.1 旺链"云信用"区块链电子信用凭证平台

9.1.1 主要痛点

旺链科技是高速成长的国家高新技术企业，总部位于上海，在宁波、合肥、长沙、西安、雅加达、新加坡设有分公司。2020 年，旺链科技荣膺"亚洲创新企业 Top10"。旺链科技以数据中心运营、云计算为依托，自研云管平台和云操作系统，为全球客户提供前沿的高新技术解决方案，包括智慧农业、区块链溯源、工业互联网、边缘计算、元宇宙模型渲染、高速分布式存储、自治组织管理等多个应用场景，已成功服务包含航空、政府、金融、能源、农业、医疗、教育、房地产和快消等在内的十多个行业数百家客户。

旺链"云信用"区块链电子信用凭证平台（VoneCredit）是基于互联网的供应链金融服务产品，旨在充分发挥核心企业在产业链中的核心作用，以互联网思维为企业构建供应链金融管理服务平台，致力于打造核心企业与供应链上中小企业、银行等金融机构共同发展的产业互联网创新金融科技平台，通过盘活大企业优质信用资源，解决大企业财务费用居高不下、企业三角债，以及中小企业融资难、融资贵等问题，促进产业链企业提质增效，实现共同发展。VoneCredit 的功能如图 9-1 所示。

供应链金融是典型的多主体参与、信息不对称、信用机制不完善、信用标的非标准的场景，与区块链技术有天然的契合性，VoneCredit 正是针对这一痛点而提出的解决方案。在 VoneCredit 中，供应链上核心企业可以为其上游多层级供应商提供一种可流转、可融资、可拆分、可兑付的电子付款承诺凭证（到期支付货款的承诺函），使核心企业信用沿着可信的贸易链路传递，每级供应商在签收核心企业签发的凭证之后可根据真实的贸易背景，将其拆分、流转给上一级供应商。在拆分、流转过程中，核心企业的背书效用不变。整个凭证的拆分、流转过程在平台上可存证、可追溯，缩短了整个产业链的现金流量周期，降低产业资金成本，使金融行为穿透多个环节，做到可兑付、可融资。

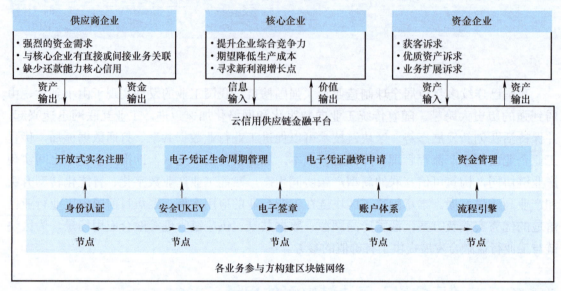

图 9-1　VoneCredit 功能

（1）VoneCredit 打破了供应链的信息孤岛问题　在区块链架构下，平台可对供应链中贸易参与者的行为进行约束，对相关的交易数据进行整合，形成线上化的合同、支付、单证等完整记录，以证实贸易行为的真实性，提供丰富可信的贸易场景。

（2）VoneCredit 解决了供应链金融中的信任难题　平台通过连接链内各个参与主体的数据信息，可以实现信用信息在线共享，实现实质性信任流通，解决多级供应商的信用问题。这不仅可以降低链条上供应商的融资成本，为供应链上下游中小企业提供高效便捷的融资渠道，还可以提高供应链链条的竞争力和效率。

（3）VoneCredit 能有效防范履约风险，提高交易效率　产品中智能合约的引入，可以实现金融穿透式支付，能够看到最后一层供应商拿到订单后的具体实施情况，以及获得资金情况，让中小企业融资更有保障。供应商通过拆分、流转而持有"云信用"，"云信用"快速流转到更多供应链上的中小企业，免费清理企业三角债，大幅降低供应链交易成本。

9.1.2　解决方案及应用成效

奇瑞汽车作为国内领先的集汽车整车、动力总成和关键零部件的研发、试制、生产和销售为一体的自主品牌汽车制造企业，配套中小供应商多达 800 余家，年产值 1000 多亿元，其探索开发供应链融资新模式具有优良的基础条件，对缓解小微企业融资难具有重要现实意义。

在数字化的发展趋势下，汽车行业在不断调整自身的产业结构和进行转型升级，而深植于产业链的汽车金融所扮演的角色愈发重要。

2020年旺链科技基于VoneCredit供应链金融平台,结合传统汽车制造企业的重资产重营销的销售模式,量身为奇瑞汽车打造了一条结合了汽车融资租赁和供应链金融双循环的金融服务产品——"开新融"供应链金融平台。"开新融"供应链金融平台,旨在推动奇瑞汽车的供应链金融业务全面数字化,稳固产业链上游的黏性,以便实现产融结合。"开新融"供应链金融流程如图9-2所示。

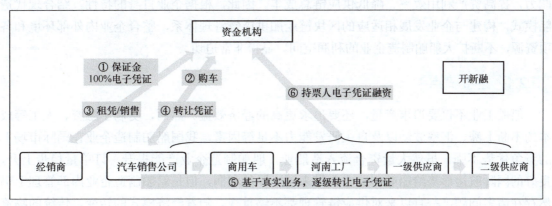

图9-2 "开新融"供应链金融流程

"开新融"供应链金融平台实施初期,通过白名单供应商企业开展试点业务,完全电子信用凭证(100%电子凭证)的开立、拆分、流转、融资、兑付实现线上全流程运转。后来,该平台进一步开阔运营思路,通过对接多家资金机构,满足奇瑞汽车产业链条中众多供应商的不同融资需求,同时通过银行间的充分竞争,获得更优质、成本更低的融资服务。该平台改变了以往银行对企业单一环节和产品营销的模式,着眼于将银行变为企业的战略合作伙伴,通过集群营销的模式,为整个汽车产业链中的企业提供融资服务方案,进而重塑银企关系,实现银企共赢。

平台整合奇瑞汽车上游供应商资源,助力搭建奇瑞汽车产融平台,协助奇瑞汽车开展供应链金融业务,基于汽车经销商的销售订单和应付账款在线开具可信电子信用凭证,加快了围绕奇瑞汽车核心企业的各级供应商的资金流速和周转率。平台通过与企业内部ERP系统和财务系统的打通,形成业务线全角色全决策的全线上化,把原本需要40天以上的业务录入和决策时间,缩短到4天以内,大幅提高了效率,有效支撑了市场的销售活动,扩大了市场占有率。平台通过银企直联,有效利用了银行的账号体系和固有的清分结算能力,从而可以快速完成放款和清分结算,放款时间缩短了$T+1$,清分过程$T+0$即可完成。"开新融"供应链金融平台自上线运营以来,截至2022年,累计为产业链中300余家企业提供电子凭证融资业务服务,平台累计融资总额20余亿元,2020年全年公司业务得到大幅度提升。

9.2 船舶供应链管理及协同设计和制造区块链平台溯源

区块链技术是一种全新的、去中心化架构的、极具颠覆性的技术,最初主要应用在金融服务、网络安全、社会公益等领域。目前,区块链技术已广泛应用在经济社会的各个领域。在航运领域,自 2016 年起,全球主要航运巨头均投入区块链技术应用的研究与实践,建立起若干技术应用联盟。在造船业,区块链技术的应用还处于起步阶段,仅有少数企业进行了实际应用。展望未来,区块链技术在解决造船业实际问题、提升企业竞争力方面的潜力有待挖掘。

基于区块链的船舶供应链管理及协同设计和制造联盟链能够增强企业在市场上的反应能力,提高资产利用效率、降低供应链总成本。因此,根据企业自身的特性,结合现代造船模式,构建与企业发展相适应的区块链船舶供应链管理体系,整合企业内外部环境和各项资源,不断扩大船舶制造企业的利润空间,显得非常迫切。

9.2.1 主要痛点

船舶工业不仅要追求产量,还要追求更高的经济效益。然而,受制于融资、人工等成本的不断上涨、汇率波动以及自主研发能力不足等因素,我国船舶制造企业在国际市场上的竞争优势不强。虽然大量资金流入造船业,船舶制造企业产能提升,订单量稳步上升,良好的国际航运形势给船舶制造企业带来了丰厚的利润,但是船舶制造企业内部管理上仍然存在诸多问题,一直以来对供应链管理都不够重视。随着经济模式的转变,传统的物流及供应链模式已无法满足现代企业发展的需要。如今,船舶行业产能过剩,接单难、融资难、交船难成为制约船舶制造企业生存和发展的"三座大山",撤单、弃单的状况时有发生,船舶制造企业利润空间下滑、生存面临挑战。

中国船舶集团有限公司(简称中船)装配车间多,供应链、运输链等上的业务数据量庞大,数据安全得以更好的保障,急需有效的资源管理。

中船业务流程如图 9-3 所示。

图 9-3 中船业务流程

苏州黑云智能科技有限公司与中船合作构建基于区块链的船舶供应链管理及协同设计和制造联盟链。解决方案从船舶供应链管理及协同设计和制造需求出发,运用区块链的智能合约、共识机制和国密算法等技术,打通造船业供应链全流程节点,将业主方(船东)、设计方(设计院所)、供给方(原材料供应商)、施工方(船厂)、第三方服务机构(保理、物流等)等角色上链并打造造船业联盟链,构建需求设计共享、供需智能匹配、订单协同生产、产品防伪追溯、智能运维等供应链服务,形成基于区块链的船舶供应链管理及协同设计和制造互联互通的全程供应链生态圈,解决造船业产能过剩、接单难、融资难、交船难等痛点,优化成本,提升数字化水平,提高节点效率,构建全流程数字化供应链体系,缩短交付周期，实现用户最佳定制体验。总体架构包括节点、区块链层、接口层和业务层四层，可实现联盟构建、分布式成员管理、供应链管理、物流管理、质量管理等功能，如图 9-4 所示。

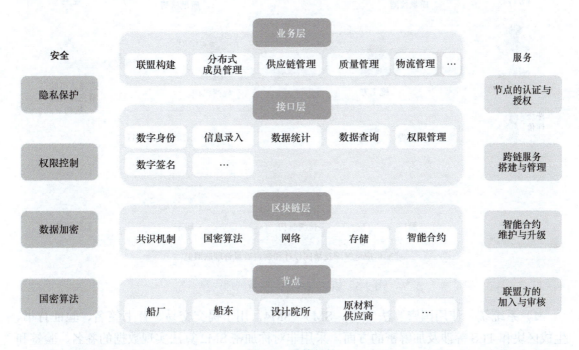

图 9-4　总体架构

船舶供应链管理及协同设计和制造联盟链的成员有供应商、物流机构、设计院所、船厂、船东、保险公司、监管机构、版权局、船舶检验机构，建设的内容是要制定统一的行业标准，实现智能物流、自动版权注册、船舶检验。全新的联盟链组织架构遵循多级管理、共同决定的原则，联盟成员按一定的标准被划入不同的级别，不同级别的成员在联盟链内的话语权重不同，以此保护最核心成员的利益。

船舶构件产品质量管理是 O2O2O 的全新模式，即线上（Online）—线下（Offline）—线上（Online）。线上记录供应商的信息资料；线下检测相关构件产品以考察生产能力；线上人工智能模型动态评级，综合考量优选供应商，并对供应商实时评级，采用淘汰的机制，始终保持强力的供应商储备，为产业链打下坚实的基础。

船舶构件产品质量管理内容如图 9-5 所示。

船舶供应链管理通过产品统一的身份标识，如二维码，将全流程信息进行记录、传递、核验、分析，保证了数据的联通性、一致性、完整性和价值度，解决了各企业之间信息孤岛的问题，提升了产品整体的流转效率。从生产构件的原材料，设计模型，到装配、出库、运输、安装等全部信息上链，如果后期发现质量问题，可以直接在区块链上追本溯源。

围绕船舶供应链的全生命周期，建立船舶供应链区块链安全能力框架，从国密算法、数据安全、隐私保护和证书管理四个方面设计该框架中区块链存证技术解决方案的安全体系。

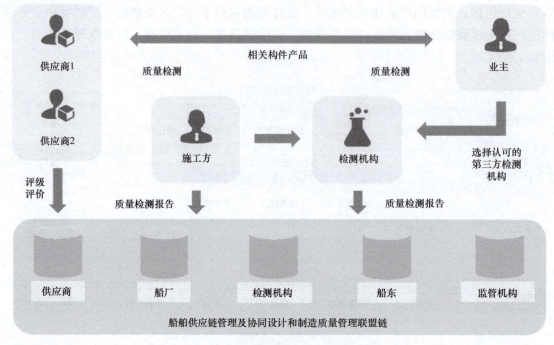

图 9-5　船舶构件产品质量管理内容

1）系统统一使用国密算法 SM2、SM3、SM4，用于提交交易、背书签名、验证背书、生成区块和 TLS 等涉及加解密的方面。采用非对称加密 SM2 算法实现数据的签名、验签和加解密对称密钥；采用 SM3 密码杂凑算法实现数据摘要的生成；采用对称密钥 SM4 加密算法实现对数据内容的加密。

2）数据安全是在区块链存证技术中保护存证数据免受未经授权的访问、篡改或损坏的能力。

3）隐私保护提供了一种或多种满足用户安全需求的隐私保护机制，实现对身份、交易等的保护。

4）联盟成员使用根证书（RootCA）为节点和客户端颁发子证书，实现对节点和成员的授权和管理。

9.2.2　解决方案及应用成效

为了促进船舶制造企业延伸和优化价值链，提高企业全要素生产率和市场占有率，研发高附加值产品，通过打造船舶制造联盟链实现向"制造＋服务"转型具有重要意义。

通过投入使用船舶供应链管理及协同设计和制造区块链平台，中船建立起一套覆盖船舶协同设计全流程的应用系统，在保障数据安全和隐私的前提下，各相关主体可充分分享各个环节的数据，有效解决信息不对称问题，并极大地提升交易效率，降低交易费用，搭建一个高效可信的船舶制造生态，使船厂、设计院所、原材料供应商、船东等产业链主体形成交易成本更低、信息共享高效的产业体系。区块链平台与精益制造的高度融合，提升了材料制作全程溯源、安全管理、设备健康管理等能力，船舶管系柔性制造及管控技术研究与应用投产使得自动化率提高了 178.6%，智能化率提高了 478%，生产产能提高了 42.1%，管件平均生产周期降低了 38.4%，典型产品成本减少了 25.1%，产品不良率减少了 22%，单位产能的能耗减少了 8.7%，参与工人数量减少了 89%，为企业带来了可观的经济效益。

9.3 基于区块链的半导体设备行业生态

中微汇链科技有限公司（简称汇链科技）是一家自带深厚工业制造基因，同时具备互联网属性的创新型企业，其前身为中微半导体设备（上海）股份有限公司数字化创新团队。汇链科技致力于构建基于区块链理念的新一代生态型工业互联网体系，助力重点行业和区域产业建立高效互信的协同生态。截至 2021 年 9 月，汇链科技已经在泛半导体、皮革化工、生物试剂等多个行业积累沉淀了千余家企业用户，初步建立起了跨行业生态型工业互联网。

汇链科技秉承创新理念，持续致力于构建跨行业工业互联网生态体系，成为工业互联网平台生态体系建设的践行者。基于中微半导体设备（上海）股份有限公司（简称中微半导体）加强供应链管理、提高国内产业链协同能力的需求，汇链科技利用区块链技术建立以中微半导体为中心的生态工业互联网平台，面向产业链提供包括联合创新、供应链金融、订单协同、质量溯源、伙伴管理等在内的丰富云应用，形成"云+链"模式的半导体设备行业平台。

9.3.1 主要痛点

中微半导体主营产品为国际领先的高精密设备，供应链企业分布全球，链上供应商数量繁多且条线复杂，传统供应链管理难以穿透多层供应商，导致了产品或原料的质量难以把控、生产良率无法提升、产品生产项目协同困难等一系列问题，最终造成产品竞争力提升困难，甚至无法满足客户产品质量标准。

国产半导体设备制造产业链中，材料、零部件 70% 以上依赖进口，产业技术壁垒高、前期研发投入大，关键核心技术难以突破，卡脖子问题严重，亟须提高产业整体水平，加快国产替代。中微半导体作为拥有世界一流技术的半导体设备领军企业，希望通过汇链科技的工业互联网平台，汇聚产业力量，整合产业要素，形成良性合作机制，提高产业链整体发展水平。

9.3.2 解决方案及应用成效

基于中微半导体加强全球供应链管理、满足客户产品质量标准的需求，汇链科技利用区块链技术建立以中微半导体为中心、连接 N 个一级供应商及 N 层供应商的"1+N+N"供应链管理及追溯体系；以此为基础，并基于中微半导体提高产业链整体研发、管理水平，优化产业资源配置需求，汇链科技利用区块链技术建立链接 1 个垂直行业和 N 个行业主体的"1+N"产业生态工业互联网平台。平台架构如图 9-6 所示。

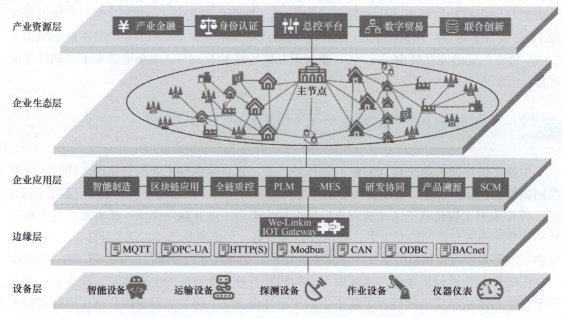

图 9-6 平台架构

具体应用"云+链"服务，一方面构建流程互连、资源共享、数据自治的半导体行业联盟链，即建立以国内半导体设备厂商为中心节点（主节点），下游链接全球芯片制造厂商（Fabrication，FAB），上游链接半导体相关众多材料厂商、零件厂商（Original Equipment Manu-facturer，OEM）以及相关专业服务提供商的协同网络。另一方面向供应链体系提供包括订单协同、生产协同、质量溯源、发运协同、伙伴管理在内的丰富云应用，形成半导体设备行业生态平台。

围绕研发设计、生产制造、发运交付、溯源体系、产品服务体系、供需匹配、供应链金融体系等，构建不少于30个创新行业应用。此外，汇链科技已打造30余个"工业互联网平台+区块链"应用解决方案，建立半导体行业生态资源应用、协同设计应用、供应链协同应用、设备全生命周期管理应用、供应链金融应用五大应用能力中心（Software as a Service，SaaS），以及基础设施层（Infrastructure as a Service，IaaS）、基于区块链的平台层（Platform as a Service，PaaS）、区块链（Blockchain as a Service，BaaS）平台和安全支撑技术体系，并选取3个细分行业节点进行应用推广，推进半导体装备制造行业的数字化、网络化、智能化转型升级。

产业链联合创新模式旨在扫清信任障碍，汇聚产业创新资源（包括企业、产品、人才、院校等），加快产业技术创新步伐：

1）汇聚产业资源，多产业主体通过身份审核认证后上链，成为链上等权节点。

2）建立信任链接，应用区块链节点标识赋予产业链上游主体可信身份，降低互信互认壁垒。

3）实现产权存证，基于区块链技术，对主体创新成果和相关专利进行确权保护，企业间可以联合或交叉授权，并对收益分成形成共识上链。

4）激发创新协同，产业链上主体可将技术创新需求发布到平台，邀请链上有资质企业一起参与创新，加快技术迭代，形成多层次、开放式和分布式的联合创新格局。

供应链协同管理帮助链上企业减少在管理层面投入的成本，降低管理风险，为企业赋能，帮助企业及供应链长期稳定发展。供应链协同管理可实现各企业间的高效协同，打破传统信息孤岛局面，将供应链各个环节联系在一起。各租户（如供应商、制造商、分销商、零售商）之间信息共享、资源共享，各司其职，提高供应链柔性与韧性。供应链协同管理包含订单协同、销售协同、计划协同、生产管理、发运协同、财务协同以及质量溯源等协同管理应用。以产品质量溯源为例，平台利用区块链技术，建立链接 1 个中心企业、N 个合作伙伴与 N 级合作伙伴的"1+N+N"穿透式供应链质量溯源体系。中心企业可通过联盟链，对每个供应链环节的上下游企业，同步设置质量标准；供应商可实时上传质量数据，并与链上所有参与主体共享数据。一旦发生产品质量问题，可回看全链质量数据，精确定位问题根源，实现全链条穿透式质量追溯。

汇链科技的基于区块链的产品显著提高了企业间协同与管理效率，订单签署时间缩短 25% 以上，生产交付时间缩短约 15%，企业间纠纷及违约事件显著减少。其实现了质量穿透式溯源管理，通过"1+N+N"穿透式供应链体系，实现跨层质检与追溯，精确定位问题来源，及时整改。体系完全满足了客户要求，产品良率提高了 15% 以上，实现了供应链质量的全程把控。供应链管理实现 95% 以上数字化。供应链管理成本节约 20% 以上。汇链科技基于区块链的解决方案，提高了产业整体协同创新能力，助力产业链企业在碳化硅、硅材料零部件、石墨基碳化硅、反应腔加工、真空阀、晶圆传输设备前端模块（EFEM）等 20 多个领域实现一定程度的国产化替代。

9.4 工业品防伪溯源服务平台

9.4.1 主要痛点

现有工业品生产制造全生命周期过程复杂而冗长，涉及原材料供应、生产制造、营销服务等多个业务环节。目前，这一过程各环节业务关联不紧密，尚未实现上下游业务贯通，全过程数据割裂，数据互通共享程度不高，致使工业品全过程数据追溯难，无法实现全链可信数据采集和多方互信，难以提升产品质量和内部管理效率，难以维护企业形象，无法有效解决生产制造环节中的窜货、质量问题责任不明，原材料供应及工业品服务环节中工业品信息防伪等诸多问题。迫切需要构建综合性工业品防伪溯源体系来解决上述问题，满足行业多样化防伪溯源需求。

9.4.2 解决方案及应用成效

针对工业领域中工业品防伪溯源全过程数据追溯难、数据可信采集及多参与方互不信任而导致的诸多问题，借助工业互联平台，构建工业品防伪溯源综合体系，实现业务和数据全链条的贯通与紧密结合；融合区块链和标识解析技术，打造防伪溯源通用支撑环境，构建防伪溯源云端应用服务,同步研制相应的标准体系和配套管理机制,实现典型行业的应用示范,进而通过推广应用满足多样化的工业品防伪溯源需求。确保各类工业品正向可追踪、逆向可溯源,全过程数据真实、可靠,以及工业品质量等风险因素的可管控。一旦发生工业品质量或安全问题,即可实现工业品可召回、原因可查清、责任可追究。工业品防伪溯源业务架构如图9-7所示。

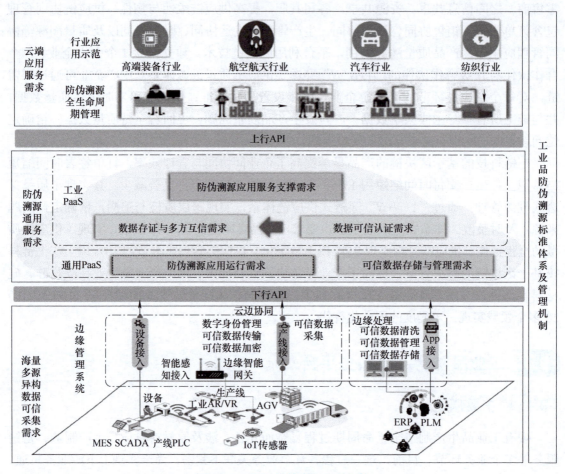

图 9-7 工业品防伪溯源业务架构

1)针对工业品领域,防伪溯源全过程各环节的海量多源异构数据的可信采集与认证问题,需要利用智能物联网、标识解析和边缘计算技术,实现对生产设备、产线和信息系统等软硬件对象的可信采集认证及边缘侧智能处理。

工业品防伪溯源全过程是一个复杂的业务实现过程,涉及原材料供应、生产制造、营销等服务多个业务环节,为了实现全过程数据可追溯,需要采集各业务环节中的生产设备、产线和信息系统等软硬件资源的数据,同时确保采集数据的真实可靠,即实现可信认证。

针对上述问题,需要采用云边协同模式并结合智能物联技术和标识解析技术,实现工业品防伪溯源全过程各类资源对象的智能感知接入,以及海量多源异构数据的可信采集与认证,并实现可信数据的安全防护。借助边缘平台中的边缘计算及处理能力,实现实时性要求较高的数据在边缘侧的智能处理、分析与决策,减轻防伪溯源通用支撑环境的处理压力。

2)针对当前工业品防伪溯源过程各参与方互不信任,无法实现全过程可追溯,数据处理过程可信认证及存证难等问题,需要构建区块链防伪溯源复合技术体系,打造防伪溯源通用支撑环境。

工业品防伪溯源全过程中涉及多方参与。无论由哪一方负责存储溯源信息,都存在数据被篡改的可能,容易引发互信危机。特别是当发生工业品质量问题等纠纷时,现有中心化的防伪溯源系统很难提供有力的溯源证据。

为此,针对工业品全过程的数据链路,利用区块链技术的不可篡改、强信任、去中心化的特点建立多方互信关系,通过将溯源信息保存在区块链的分布式账本中,使得工业品生命周期中的各个参与方通过智能合约,达成多方共识。各参与方作为区块链中的节点,共同维护和存储溯源信息的账本,确保溯源信息一旦上链,就不可篡改、不可伪造、不可抵赖,形成多方交叉验证机制;在各参与方、客户和监管机构之间形成具有公信力的防伪溯源机制,确保全过程数据可追溯。

将区块链技术与智能物联、标识解析和数据身份认证技术有机融合,建立起工业品数据可信采集、可信存储、可信数据存证以及溯源分析处理全过程的可信认证机制;形成以区块链为核心的防伪溯源复合技术体系,并集成应用于现有工业互联网平台之中,打造面向工业品的防伪溯源通用支撑环境。

3)针对工业品全生命周期过程中存在的窜货、质量问题责任不明、全链条数据可追溯性差等问题,需要借助防伪溯源通用支撑环境,在典型行业中应用示范,满足多样化的行业防伪溯源需求。

现有工业品全生命周期过程各业务环节中,有不同的防伪溯源需求:在原材料入库环节,企业需将原材料、采购人等信息记录到入出库平台中,对入出库产品的数量、批次进行统一管理,将所有信息统一上传到防伪溯源系统中,方便下一个环节的工作人员进行管理。当库存数量不足时,需要将防伪溯源系统与仓库系统相关联,通过系统预警功能提醒企业,及时应对产品数量过剩或不足的风险,减少企业损失。在产线加工生产环节,不仅需要对加工生产过程进行监控,而且需要将加工生产过程中的全部加工信息、产成品质量信息和对应人员信息等全部记录于防伪溯源系统之中,便于在出现产品质量问题后,快速定位问题根源及责任。产品物料管理贯穿于全生命周期过程,从原材料到半成品再到最终产品,需要在各个环节中记录产品用料情况,保证生产信息的安全以及信息追溯的透明度,从供应商到经销商都要实时详细记录,为产品质量安全提供保障。

为此,可将工业品全生命周期过程总的原材料供应、物料管理、产线加工生产、产成品运输、营销服务,在工业品防伪溯源平台之上一一关联,实现业务全链和数据全链的贯通与融合;通过原材料管理追溯、产成品追溯防窜及防伪识别,从根本上解决防伪和窜货问题。这可以让工业品质量问题处理有据可依,责任有据可追究,实现工业品全生命周期过程正向可监控，逆向可追溯。

通过将工业品防伪溯源体系应用于高端装备制造（如液压机锻造和工业机器人）、航空航天、汽车和纺织品行业，针对各行业的业务痛点问题，提供相应工业品防伪溯源服务，满足各行业特定应用场景的需求，以有效解决以下问题：液压机锻造企业原材料质量和采购效率不高的问题；机器人制造企业在制造阶段合同被篡改、信息不透明等问题；汽车零部件生产企业在售后运维阶段产品质量和数据采集不可信的问题；汽车零部件仿制、窜货，急需防伪溯源；航天液压配件质量品质保证问题；纺织品行业内制造能力无法均衡配置，原材料物资短缺和上下游无法打通的问题。伴随着工业品防伪溯源在不同行业的不断推广应用，最终实现多样化防伪溯源需求的综合满足。

4）针对当前工业品防伪溯源系统信息孤岛现象严重，各相关系统数据格式不统一、信息交互规范缺失和各行业企业标准不统一的问题，研制防伪溯源标准规范体系及管理机制。

在工业品防伪溯源领域，信息孤岛现象的普遍存在，导致工业品防伪溯源全过程数据被割裂、数据格式不统一、信息交互规范缺失，行业内部多个防伪溯源系统之间无法实现信息交互。企业内部防伪溯源系统也无法与 ERP、SCM、CRM 实现无缝集成。这些都制约了工业品防伪溯源系统的全行业推动和应用。

工业领域不同行业企业使用的现有防伪追溯业务和数据标准规范也存在差异。这些不同的标准规范之间存在潜在的冲突，不利于工业品防伪溯源综合体系的构建。为此，需要研制相应防伪溯源业务和数据相关标准规范，最终形成可支持工业品全生命周期数据采集、共享及可信处理的标准体系，并形成适用于不同行业工业品的防伪溯源配套管理机制。

综上所述，借助工业互联网先进技术打造的工业品全生命周期防伪溯源系统能够客观全面地记录企业内部工业品来源、生产制造环节与交易确认情况，连接原材料供应、生产、检验、监管和销售等各个环节。通过该系统，可方便供应商、生产者、监管者和用户了解产品从原材料采购、生产制造、各生产工序质量监管及产品销售全过程，有效地追踪工业品信息并确认工业品的来源，及时发现伪劣产品并可对工业品质量等问题进行信息追溯。

9.5　物联网+区块链环保大数据管理平台

9.5.1　主要痛点

随着我国工业化和城市经济的高速发展，工业废物、生活废物以及医疗废物急剧增多，其中对人体健康、土壤、水体等危害更大的危险废物（简称危废）也大大增多，整个 2018 年的危废产量达到 7500 万 t，与 2011 年相比翻了一番。如果危险废物处理不当，就会对环境以及人类造成巨大危害，甚至导致疾病和死亡。如何有效、环保、彻底处理或稳定化这些危险废物，成为当今世界关注的重大问题。

目前对危险废物转移过程的监管主要实行"纸质联单制度"，即转移过程中的关键信息和数据由参与方记录在联单上，最后寄给政府环保部门进行监管。纸质联单制度信息及危废流转示意如图 9-8 所示。此种制度存在流转效率低，数据准确性不可控，联单的保存与管理成本高等问题。

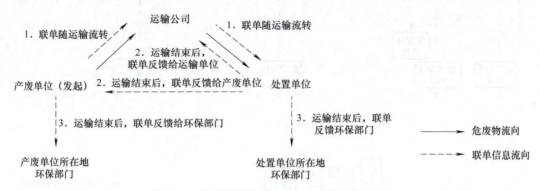

图 9-8　纸质联单制度信息及危废流转示意图

9.5.2　解决方案及应用成效

北京阿斯特时代科技有限公司与浙江当地的危废处理企业、环保部门合作，利用物联网和区块链技术，打造了一个工业级危险废物转移管理大数据平台。使用此大数据平台的企业会在产废单位放置智能危废垃圾桶，垃圾桶会将收集到的危废的重量等信息通过物联网协议上传到云端管理平台，保证数据的即时、准确。当垃圾桶中的危废达到一定重量阈值后，平台会调度相关运输公司的车辆将其运输到相关的处置单位。

在危废转移过程中，当智能垃圾桶中的危废被倾倒出去时，垃圾桶会自动在区块链上创建一个"区块链联单"，而产废单位、运输公司、处置单位接下来的每一次操作也都会通过 App 上传信息到区块链联单中。区块链联单从创建到完成的整个生命周期都在环保部门的监管之下。通过密码学技术以及区块链权限管理功能，平台可以有效地保护各企业的数据隐私。大数据管理平台会对危废转移数据、联单数据进行管理、分析和可视化，提供一个完整的从线下收集数据到云端管理数据的信息闭环。大数据管理平台的环保联盟链使用场景示意如图 9-9 所示。

大数据管理平台通过物联网、大数据和区块链技术建立起可信的数据获取渠道和安全的联单系统，提高了联单信息的流转效率，将传统制度下需要 3~4 周，甚至长达 1 个多月的联单流转周期降低到秒级信息同步，并且能够永久保留联单信息，帮助众多小微企业低成本、高效率地进行危废储存、转移与处理工作。目前，区块链联单系统已经在浙江省部分地区试点，据统计，仅浙江省台州市就有超过 10 万家小微企业，全国小微企业更有 7000 万家以上。相信在不久的将来，区块链联单系统能服务于更多的小微企业，为我国环保事业尽一份力！

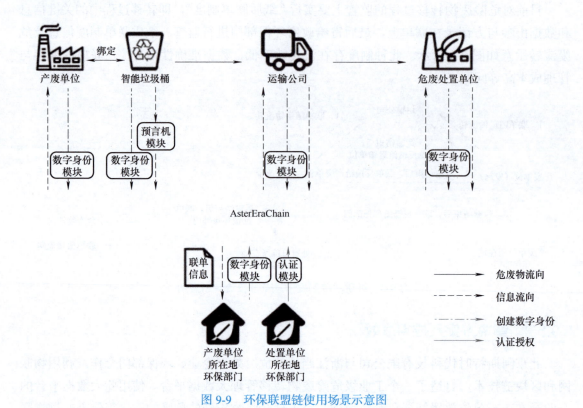

图 9-9 环保联盟链使用场景示意图

9.6 基于区块链的供应链应用

9.6.1 主要痛点

基于区块链的商用车供应链应用

1）传统供应链信息系统信息共享效率低下，影响供应链整体决策效率和效果。

近年来，随着社会分工的日益明确，消费者需求日益多样化，越来越多的企业开始放眼全球寻找供应链合作伙伴，集结多方优势组建供应链联盟，以提升产品市场竞争力。供应链上企业数量越多，企业合作范围越大，供应链结构就越复杂。供应链联盟中不同主体间的频繁交互对供应链信息系统提出了更高要求，但当前供应链运行中信息孤岛现象普遍存在，供应链信息离散储存在不同企业内，信息共享程度低、交互速度慢，信息的真实性与可靠性均得不到保障。研究表明：供应链信息透明度低，会导致供应链上各参与主体难以相互信任，阻碍产品信息流通，从而影响供应链整体决策效率和效果；供应链交易信息的可靠性过低，会导致金融机构难以精准评估企业信用风险，阻碍了供应链上中小企业获取资金支持，从而限制了供应链金融的发展；产品生产流通信息缺失，会导致政府监管部门在解决供应链主体纠纷和维护消费者权益时，需要耗费大量人力物力举证和追责，最终导致举证时间长、信息可靠性差、供应链监管困难重重。

2）物流服务要求越来越高，传统信息共享系统难以满足要求。

随着全球产业结构调整和制造业重心的转移，许多企业将核心业务之外的物流业务交给专业的第三方物流公司来完成，以实现降本增效的目的。企业对第三方物流服务的要求也越来越高，从简单的运输到涉及生产、销售多个环节，物流公司为满足客户需求逐渐形成集各种物流服务功能于一体的物流服务供应链（LSSC）模式，为制造企业提供全方位一体化的集成物流服务。但是在物流行业高速发展过程中，各环节信息不透明、信息交互不及时、信息真实性和货物安全性难以保证、追责困难等问题也逐渐暴露出来，极大地影响了物流效率和服务过程的可信度。区块链具有去中心化、共识信任、信息不可篡改、智能合约等特点，为物流服务过程中的上述问题提供了解决方法。

3）传统供应链金融系统受制于"信息孤岛"的传导机制，金融监管体系和风险管控能力差。

首先供应链金融的顺利运行需要在多主体间产生相应的订单、应收账款、发票、金融质押等信息记录。因为供应链金融的活动信息是建立在点对点的双主体之间的，集中在核心企业或者电商平台上，上下游企业、买方卖方能获取的信息非常有限，银行等金融机构获取的信息又局限于核心企业和电商平台的披露程度，因此往往会产生"信息孤岛"等问题。供应链金融中，由于交易市场中各主体各自为战，交易信息不透明，监管方职责和监管内容不明确，商业银行不能有效把握资金流向，产品流向和状态不能实时更新，因此建立完善的市场监管体系面临诸多挑战。其次，商业银行不能有效掌握交易的真实性，只能被动地以收到的订单、合同等数据作为融资依据，待核验订单、合同和交易的真实性统一后，才可进行授信、贷款等后续环节，因此会耽误大量时间。再次，商业银行在目前的模式下，不能直接参与监管其他主体是否按时按量按合同执行，又没有其他有力的监管主体，只能自行承担风险。监管体制不健全大大加剧了供应链金融活动中商业银行的风险。最后，物流信息的真实性不能得到有效监管，商家虚假发货、物流途中虚假滞留等问题需要得到解决。

9.6.2 解决方案及应用成效

基于区块链的去中心化和智能合约等机制，建立安全可控的数据共享机制，统一管理供应链中信息流、物流和资金流，打造一个为生态链企业提供高度信任、敏捷高效的供应链协同管理的平台。

基于区块链底层共享平台的供应链管理信息安全保护技术，建立安全可控的数据共享机制，解决供应链中信息流、物流和资金流等数据跨平台交互效率低下的问题，实现供应链企业多中心分布式的数据互联、流程相通、实时反馈，同时保障供应链交易信息的真实性和隐私保护。

基于区块链与物联网、大数据应用，研究物流运输与仓储信息等数据的链上融合管理模式，建立供应链多数据源的链上可追踪监管机制。

基于联盟链和智能合约技术，研究区块链链上数字信用凭证管理平台，实现提前规避金融风险，预测企业动态信用违约风险和欺诈行为，为供应链金融服务机构提供获客、授信、管理和风险处置的全生命周期风险管控服务。

主要研究与开发内容包括：

1）研究供应链管理信息安全保护技术，构建供应链信息共享平台。

区块链技术是一种去中心化、高信任度、分布式数据库账本技术，具有可溯源、信息无法篡改等特点，建立以区块链技术为核心的供应链信息平台，能够有效连接供应链联盟、金融机构及政府监管部门，促使供应链中的商流、物流、资金流、信息流四流合一，从而构建互信共赢的供应链生态体系。

2）构建供应链物流仓储信息管理平台，实现供应链多数据源的链上可追踪监管。

在传统供应链中，由于商品信息难以追溯，一旦商品质量或运输出了问题，就很难找到对应的责任人。因为中间有太多环节的信息由于遗漏或者人为篡改而无从查证，所以出现事故之后的追责很难进行，这也使得供应链管理过程难以得到改进和优化。区块链的不可篡改和可溯源的特点正好可以用于解决这一难题。

区块链与物联网、大数据、人工智能等技术相结合，能够处理复杂多变的海量数据和信息，并且能够自动修正和动态调整供应链规则，提高供应链上企业应对经营中不确定性的柔性能力。本解决方案利用区块链搭建一个包含供应商、制造商、分销商、零售商、物流机构等所有供应链环节的平台，在这个平台上所有企业结成联盟，将物流、信息流、资金流都记录在链条上，实时跟踪监管供应链所有动态，并实现协同化工作，实现对商品的全过程溯源。

3）基于联盟链和智能合约技术，构建供应链数字信用凭证管理平台。

传统供应链中各企业间的信任机制通常来源于第三方机构的担保和认证，但由于信息不透明等问题，各企业和第三方机构间很难建立良好的信任，担保和认证的第三方机构也都不敢轻易冒风险，最终造成了企业间合作难、融资难等诸多问题。

设计智能合约，利用区块链的多节点数据一致性，增强信息共享，改善信息不畅，让各方更好地跟踪交易状况，对上下游企业间交易合作进行管理。区块链中的共识机制可以实现在系统的不同节点间建立信任，每当新的区块生成，便会受到全网验证，且由于数据的不可篡改性，验证成功后便无法修改。通过智能合约，多维度合理评估企业供应链行为信誉，这样便可以对各企业间的交易和运营状况进行完整的计算和评估，为企业提供一个较为真实的信用评级，同时也省去了第三方机构的参与，节省了流程的时间和成本。

总体技术架构如图 9-10 所示。

区块链基础架构自上而下一般可以分为六层：应用层、合约层、共识层、网络层、数据层和数据基础设施层。其中，数据层、网络层、共识层属于协议层，是构成区块链技术的必要层级，也是实现区块链技术的基本保障，缺一不可；合约层属于扩展层，区块链的编程主要通过该层实现。本解决方案提出的供应链信息平台的技术模型主要有三大模块：①应用层的交互模块；②合约层、共识层及网络层的核心模块；③数据层和数据基础设施层的基础模块。

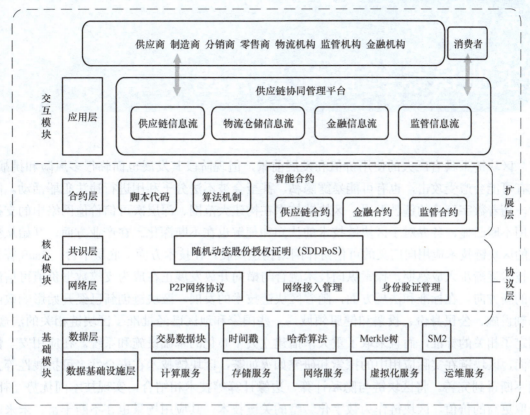

图 9-10　总体技术架构

9.7　本章习题

9-1　旺链科技解决了供应链金融的哪些问题？
9-2　简述中船业务流程。
9-3　简述船舶供应链管理及协同设计和制造区块链平台的架构。
9-4　半导体行业存在哪些问题？汇链科技的平台架构是什么样的？
9-5　工业品防伪溯源业务架构是什么样的？
9-6　工业级危险废物转移管理大数据平台是如何利用区块链技术的？
9-7　简述法士特的供应链协同管理平台框架。

第 10 章 工业区块链挑战与展望

区块链虽具有巨大的使用价值和发展前景,但现阶段其发展也面临很多风险和挑战。它有可能会遭受攻击,也有可能暴露隐私,甚至会被不法分子利用进行违法犯罪活动。同时,随着数字经济的蓬勃发展,区块链技术在构建大范围、深层次可信价值网络中的支撑作用不断凸显,各界对于区块链技术的认知和理解也在不断深化。在产业方面,开始从狭义的区块链技术应用向广义的可信协作网络构建发展。在技术方面,底层平台、BaaS 等相关技术逐渐步入成熟期,探索纵向技术融合与横向开放发展正在成为支撑数据价值可信流转的新方向。在标准和法规方面,随着区块链技术的发展,区块链创新已经开始影响政府基础设施、公民身份、投票和健康领域,一些国家和地区已经批准了区块链相关的法规,制定了相关的标准,而且采取了重大举措建立去中心化的基础设施和系统。在应用安全性方面,区块链在实际应用中的探索和研究如火如荼,区块链技术在安全性、可扩展性等方面不断得到完善。将区块链与隐私计算、边缘计算等技术相结合,实现技术间优势互补,获取更高的价值。区块链作为数字化转型的关键技术,其应用场景也在不断丰富。未来以区块链技术为基础构建的下一代价值互联网,将给人工智能、供应链金融、物联网和大数据共享等领域带来深远的影响。

10.1 工业区块链面临的挑战

10.1.1 技术成熟度有待提高

区块链技术自身发展尚存瓶颈。区块链技术仍存在"性能、安全、去中心化"三者难兼顾的问题,难以满足工业实际应用场景中对海量数据吞吐率、数据存储、数据安全性和隐私保护性、高并发场景续航等方面能力的要求,需要根据具体项目的特点做出取舍。此外,区块链系统由交易驱动,其智能合约尚难以支持工业制造领域中定时器和委托等需要区块链进行事件触发的机制。例如,当前的大多数区块链技术很难达到支撑工业互联网的要求。更大的问题是现有的区块链技术对于查询分析的支持非常差,往往只能把数据镜像在区块链之前进行查询分析,这样就带来一致性的问题。在数据存储能力方面,由于区块链的数据只有追加,没有移除,数据只会增加不会减少,随着时间的推移,区块链对数据存储空间的需要也只能持续地增大,在处理企业数据时这一趋势更明显。

新技术普及的难度和工业的产业本质两方因素叠加,使得区块链技术融合工业发展的过程,注定是参与方多、注重实际效果的探索过程。我国工业门类繁多,场景复杂化和主体长尾性并存，且工业主体由少量大中企业和大量小微企业构成，这就造成需要较长周期才能技术效能放大明显的困境。新技术是为行业服务的工具，其在工业场景中面临的转换风险、市场风险和时间风险都要高于其他行业。

区块链的发展时间还比较短，其互操作性、可扩展性、安全性、隐私保护、可监管性方面的技术成熟度也有待提高。

(1) 互操作性　互操作性是指区块链系统与其他系统或组件之间交换信息，并使用所交换的信息的能力。通常，互操作性体现在应用层互操作性、数据互操作性、链间互操作性等方面。应用层互操作性主要解决分布式应用与底层链之间的耦合问题，一般可采用RPC、REST等技术。数据互操作性主要解决链上链下安全可信交互问题，一般可采用公证人机制、侧链/中继链、哈希锁定、分布式私钥控制等。公证人机制是一种易于维护和扩展的跨链技术，通常由单一指定的独立节点或者机构充当，它同时承担了数据收集、交易确认、验证的任务。公证人无须关注所跨链的结构和共识等特性，只需承担交易确认和冲突仲裁的角色，其较为中心化的处理模式也能带来更高的处理效率，并能较好地保障跨链交易的一致性。侧链/中继链技术是指由侧链或中继链来进行交易，用多中心化的方式来解决信任问题，比较有代表性的项目有Cosmos、Polkadot、趣链科技的BitXHub等。哈希锁定技术通过智能合约来保障任意两个人之间的转账都可以通过一条"支付"通道来实现，完成"中介"的角色，比较有代表性的项目是闪电网络、雷电网络、微众银行的WeCross等。分布式私钥控制技术是指通过分布式私钥生成与控制技术，将各种数字资产映射到一条新的区块链上，从而在同一条区块链上实现不同数字资产的自由交换，比较有代表性的项目是FUSION等。总体而言，当前区块链的互操作性还存在诸多不足，特别是异构跨链技术在可信灵活锚定、系统可扩展性以及跨链模式按需适配等诸多方面仍存在明显不足。

(2) 可扩展性　当前，高性能、高可扩展性等方面的技术瓶颈阻碍了区块链大规模商业落地应用。与传统中心化系统单独处理每笔交易，交易可信性依赖于第三方机构信用背书不同，区块链以区块为单位打包交易，需要全网所有节点对交易达成共识，以保障交易可信性。然而，区块容量、区块间隔时间等因素使得单位时间确认交易数量受限，这成为区块链可扩展性提升的主要瓶颈。现有提升区块链可扩展性的方法包括高效共识算法、分片技术、链上扩容、链下交易等，然而它们在提升区块链性能方面都有一定的局限性，使得区块链真正大规模商业应用仍有不少阻碍。

(3) 安全性　当前，区块链安全研究分散在数据安全、网络安全、共识安全、智能合约安全等不同维度，木桶原理表明区块链系统的安全性取决于最薄弱维度的安全性，单一维度的安全难以保障整个区块链系统的安全。此外，区块链系统中去中心化、安全性和可扩展性这三者中最多只能同时满足两个，使得区块链的安全性受制于去中心化程度和可扩展性。如何构建纵深防御的一体化、平衡区块链三角的安全架构，已成为区块链安全亟待突破的关键问题。从信息安全角度来看，区块链技术主要利用密码学相关原理保证记录数据不可篡改，从而进一步实现区块链记录的数据完整性，达到数据真实可信。但由于密码学自身存在一些缺陷，因此区块链在安全性方面仍然存在一定局限性。

(4) 隐私保护　实用化、差异化、条件化隐私保护机制仍待加强。当前大多数区块链都采用密码学技术统一保护不同交易主体的身份隐私和不同交易的内容隐私等，隐私保护机制距离大规模实用化有一定距离，并且难以差异化满足不同主体对不同交易内容的分级隐私保护需求。此外，现有研究难以在保障区块链隐私的条件下，实现准确高效监管。监管和隐私之间的平衡仍待研究。

在信息安全系统中，隐私数据通常被认为是敏感数据，以及数据所有者不愿披露给其他人或机构的数据信息。为了实现分布式节点间数据同步和交易共识，区块链上部分信息必须公开透明，如公共地址、交易内容、交易金额等。用户创建的区块链地址与用户身份无关，也不需要可信第三方参与，但是当链上用户使用网络地址进行区块链存储、共享或其他业务时，攻击者通过分析网络层区块链存储的传播路径可能会推测出对应该地址的用户真实身份。因此，必须考虑隐私保护问题，并且处理区块链中敏感数据，防止隐私泄露。虽然目前区块链广泛使用的密码学相关技术具有较高安全性，但是将其用于区块链隐私保护研究工作仍然存在许多困难和挑战。全局区块链账本可公开透明地存储交易数据，网络中任意节点都能够获得完整数据副本。潜在攻击者可以通过分析账本中的交易记录对用户交易隐私和身份隐私构成威胁。例如，攻击者通过分析特定钱包的交易详情、资金余额和流向，获取用户交易隐私，通过分析交易之间的关系和潜在标识信息来推测交易者身份信息。

10.1.2　技术标准和相关法规尚不完善

区块链技术的发展会受到政策的制约，也会受到合作伙伴和投资者的影响。目前区块链技术标准和相关法规还不够完善。

区块链技术在工业中的应用有赖于工业互联网的发展和工业企业数字化改革进程。通过对不同类型及层次的供应商的监管发现，目前工业企业的整体信息化水平参差不齐，很难建立起统一的监管标准，这不仅是质量管理方面的问题，也包括供应链管理、环保、碳排放等各方面的问题。这也意味着企业落地区块链创新应用的难度很高，同时企业还会面临高昂的尝试成本。

设立区块链技术标准，制定相关法律法规和政策及信息共享等系列行动，能够使区块链在工业中的应用既风险可控，又达到支持实体经济和服务企业的目的，从而得到良好的社会效益和经济效益。

区块链的分布式特性使得各节点处在不同地区，甚至不同国家，不同节点所处不同地区法律法规都有所不同，这导致区块链系统运行没有统一的法律上的保障。如何制定合适的法律法规、政策来明确区块链中节点的责任和义务，并确保区块链中所有节点都合法合规，当系统中智能合约未按照当事人的真实意愿执行时，所产生的争议纠纷和赔偿条款是否有法律法规界定，是开发者和立法机构需要共同考虑的问题。用区块链技术实现的比特币系统，因其匿名交易的特点吸引了大量用户，匿名性也是区块链的显著特点。区块链技术匿名性和网络规定实名制之间的冲突问题还有待解决。透明性要求整个区块链系统内部所有操作和数据都是公开透明的，系统内部各个节点是相互信任的状态。虽然比特币区块链通过共识机制和加密算法解决了信任问题，并保护了用户个人隐私，但是随着区块链技术应用于更多领域，必然会出现一些需要将虚拟世界和现实生活相结合的场景，如档案存证、资产登记等。当存入区块链的相关信息涉及法律法规问题需要被查看时，若不知道用户个人信息，则难以调用查看，因此在区块链系统中如何在确保透明性的同时也能够保护个人数据隐私是需要解决的难题。

10.1.3　应用安全性存在挑战

制造业数字化转型的不断深化，对工业互联网中平台应用的安全性提出了更高的要求。随着当前工业互联网进入深耕阶段，其进一步发展所面临的问题和挑战逐渐凸显。

隐私和数据保护形势依旧严峻。工业互联网平台采集、存储和利用的数据资源，存在数据体量大、种类多、关联性强、价值分布不均等特点，因此工业互联网平台数据安全存在责任主体边界模糊、分级分类保护难度较大、事件追踪溯源困难等问题。同时，工业大数据技术在工业互联网平台中的广泛应用，使得平台客户信息、企业生产信息等敏感信息存在泄露隐患、数据交易权属不明确和监管责任不清等问题，工业大数据应用存在安全风险。

上链数据的隐私问题一直是值得研究的重点问题。工业区块链项目涉及交易信息、信用信息等敏感性商业信息，因此授信平台对数据隐私保护要求很高，数据存储必须有很强的防截获、防破解能力。

设备安全可靠性问题凸显。海量的设备接入使得身份鉴定、设备管理等成为工业安全的隐患。高度协同的生产单元涉及各种生产设备，这些设备的身份辨识可信、身份管理可信、设备访问控制可信是多方协作的基础，也是实现人与设备、设备与设备之间高效、可信、安全交换信息的前提。同时，对设备的全生命周期管理，需要对设备的从属关系等进行可信的、难以篡改的溯源查询，以便在设备使用可能导致的责任认定中提供具有公信力的仲裁依据。工业领域众多智能设备，使得设备与人类和物体的交互成为常态，因此涉及工业领域设备的用户身份认证的可信性、设备用户注册信息的管理、设备访问控制的实施，以及设备运行状态的自动监测等问题都亟待解决。工业产品日益进化到"云化生产"或网络化生产，越来越多的产品不是在同一条流水线上加工的，而是把原来的流程分成小块，每一个单元都由独立公司、专业公司来做。因此保证每条流水线、每个产品生产过程中的每个流程、每个独立公司或专业公司之间的数据一致性、可用性和分区容错性面临巨大的挑战。

此外，市场经济效益尚未凸显。工业场景中应用区块链技术需要对原有业务系统、底层设施进行改造，企业初期建设成本及业务迁移成本高昂。在区块链赋能工业互联网的经济效益尚未凸显的情况下，企业容易对工业区块链认知不足，建设积极性降低。

产业应用生态尚不完善。工业区块链的覆盖量级和渗透能力较为有限，工业区块链应用供给能力不足，行业内标杆性示范项目缺乏，配套的应用指南尚未出台，短期内发展规模有限，潜力还需进一步挖掘。

对于大型工业企业而言，设备与设备之间需要联网，而设备之间的网络和区块链网络是集成度很高的网络，大量终端设备发送数据到服务器中存储和计算，将消耗大量网络带宽和计算资源，并且大量的终端设备也会增加网络流量，进而引发网络中断、服务延迟等一系列问题。

10.2 工业区块链发展展望

10.2.1 技术发展展望

1. 区块链与隐私计算融合

在数字化社会中,大家对于数据生产要素有着更为强烈的需求,无论是用户服务还是业务营销,都需要使用大量数据,尤其是在分布式协作的业务模式中,各方都希望数据能够顺畅流通,并合理地体现数据价值。但与之相悖的是,数据孤岛仍然存在,数据的粗放式使用问题仍待解决。与此同时,合法合规成为大势所趋。不论是在国内还是国际上,与个人信息保护、数据安全相关的法律法规相继出台,它们都对个人信息保护和数据安全等方面提出了更为严格的要求。这意味着既要确保数据的可追溯,也要尊重用户的个人隐私权益;要求在数据全生命周期中,实现全面规范、合规流通。

在当前的数字经济中,数据要素的重要性已经被逐渐认知,但是如何进行数据流转与治理,依然面临着两大难题:

1)合法合规:随着隐私保护相关法律法规的逐步健全,数据不能再像之前那样明文传输流转。企业需要在保护隐私与满足合法合规要求的前提下实现数据流通。

2)数据权属:企业都将数据看作自己最重要的资产,不愿意和其他机构分享数据。在某些企业的内部,不同部门间也不愿意相互共享数据。

这些难题都可以通过隐私计算来解决,隐私计算的核心能力能让各方在数据离开本地数据库的前提下,完成数据的交互与流通。这一方面保护了传输数据的私密性,解决了合法合规流转的难题,另一方面保护了数据所有机构的数据所有权,实现了数据的"可用不可见"。

隐私计算方案并不能完全解决数据流通中所有安全与隐私问题,特别是隐私计算参与方的数据可信问题,结合区块链形成可信存证与安全审计成为趋势。

区块链可以确保计算过程和数据可信,而隐私计算可以实现数据可用不可见,两者相辅相成,实现更广泛的数据协同。隐私计算与区块链技术相融合,为实现数据价值共享提供了一套更加完整与严密的解决方案。隐私计算技术能解决区块链的扩展和隐私保护问题;区块链技术也能解决隐私计算技术的弊端,使得隐私计算技术更加安全、更加可信。

联邦学习属于隐私计算的一种。联邦学习的最主要特点是在无须任何参与者将其本地数据透露给中央服务器的情况下,允许多方在其组合数据上联合训练深度学习模型。联邦学习的核心步骤是各个客户端下载中央服务器的深度学习模型后在本地进行模型训练,再将训练后的模型传回中央服务器进行聚合迭代至获得理想模型。联邦学习是通过数据不动、模型动,实现数据的可用不可见,达到在保护数据隐私的情况下传递数据价值的。

区块链作为一个去中心化、数据加密、不可篡改的分布式共享数据库,可以解决联邦学习中央服务器故障问题,保证训练模型的安全,也可以保证众多参与方提供数据进行模型训练的数据一致性。区块链的价值驱动激励机制也能够提高各参与方提供数据、更新模型参数的积极性。将区块链与联邦学习相结合并应用在工业物联网中,能够保护数据以及确保数据的可信性。

结合区块链和隐私计算技术赋能工业互联网,借助机器共识、共享账本、智能合约、隐私保护四大技术变革,可实现机器、车间、企业与人之间的可信互联,确保数据从设备端产生、边缘侧计算、数据连接、云端存储分析到设计生产运营的全过程可信,加强工业互联网的各个层面,从而达到融合、开放、灵活、协同、连接、互通、共享、智能、隐私保护、柔性监管的理想状态。

2. 区块链与边缘计算融合

随着通信网络技术的发展,工业互联网中对数据安全性和隐私性的需求为传统工业互联网架构带来前所未有的挑战。虽然区块链与工业互联网融合已经解决了许多难题,但是基于区块链的工业互联网系统中仍存在一些亟待解决的问题,如设备处理计算任务能耗较大,区块链中共识过程效率偏低,区块链系统中存在严重的计算开销等。针对这些问题,在工业互联网架构中融合区块链和边缘计算技术,能够提升设备处理计算任务的能力和区块链节点的共识效率。

区块链与边缘计算相结合的优势在于,边缘计算在计算、存储和网络上的分布式特征与区块链的去中心化模式吻合,服务重点均面向企业及垂直应用行业。将区块链的节点部署在边缘能力节点设备中,能够拓展边缘计算业务范围,提供服务创新和应用场景创新机会。边缘计算设施可以为区块链大量分散的网络服务提供计算资源和存储能力,同时解决在大量节点共存的情况下高速传输的问题,以满足区块链平台在边缘侧的应用诉求。区块链技术为边缘计算网络服务提供可信和安全的环境,提出更加合理的隐私保护解决方案,实现多主体之间的数据安全流转共享和资源高效协同管理,保证数据存储的完整性和真实性,通过可靠、自动和高效的执行方案降低成本,构造价值边缘网络生态。

在传统工业互联网中,接入控制是基于集中式管控和中心验证的,存在单点故障风险。区块链为工业互联网场景下的接入控制提供了一个可靠的、去中心化的通信网络,各个节点之间的控制和协作数据都可以通过"交易"的方式在区块链上加以记录,由智能合约自动执行,使操作具有可追溯性,同时也可以实现异构网络的相互认证。进一步融合边缘计算,管理和验证都在边缘执行,能够提高设备现场安全性,还能够将安全策略同步到整个网络边缘的多个厂区和园区。

区块链作为去中心化、隐私保护的技术工具,与边缘计算融合发展,能够从信任、数据完整性和安全等层面提升边缘计算服务质量,优化业务能力,未来将催生新商业模式和业务场景。随着产业结构转型和数字化程度的不断加深,区块链所构建的边缘价值使能体系将渗透到多个垂直行业,实现数据信息和生产要素的高效协同和共享。

10.2.2 应用场景展望

1. 数字资产

随着大数据、物联网、云计算、人工智能、5G 等新兴技术的快速迭代,我国数字经济蓬勃发展。区块链技术作为永久的、不可篡改的、可验证的、可信任的、可编程的分布式账本技术，给数字资产的创设、发行、保管、交易、使用等提供了新的范式，实现了从信息互联网到价值互联网的重大转型。区块链技术支撑数字资产在互联网中做到安全、透明、可信的价值转移，在未来的数字经济中将发挥至关重要的作用。区块链有利于解决数字资产中确权、真实性、可信度以及流通安全等方面的问题。

（1）**数字资产确权** 利用区块链的数字签名、共识机制、智能合约、时间戳等技术可以对数字资产进行确权，将资产的所有者、生产者和使用者都作为重要的节点加入区块链网络中，建立安全可信的身份体系和责任划分体系，并对数字资产的传输、使用、交易与收益进行全周期的记录与溯源管理，为数字资产的流通提供了坚实的技术基础。

（2）**数字资产真实性和可信度** 数据一旦上链，区块链中的全部节点都维护同一个账本，所有节点都可作为备份节点，使得单点违规操作无法进行，在共识机制中也具有对不良节点的惩罚措施。加密机制的引入实现了对节点的身份验证，数字签名、加密机制等多种加密算法实现了区块链中数据真实有效、不被篡改，以及多方信任传递，并使得数字票据得以灵活便捷地拆分和重组。

（3）**数字资产流通安全** 区块链以链式结构存储数据，并对数据添加时间戳，这种顺序排列的数据结构使得数据操作和活动都可被查询和追踪，为数据全生命周期审计、溯源提供了有效手段。智能合约的引入使得在不需要第三方的情况下可以自动执行合约条款，有助于多方参与者根据事先约定的规则处理交易、结算事务，从而完成数字资产的安全流转。

2. 全产业链

区块链具有数据不可篡改、可追溯等特点，成为解决全产业链信任问题的关键。区块链不仅解决了信息化的问题，产业链实体贸易流程上链后，区块链重塑了供应链节点信用，保护了数据隐私，充分挖掘了产业链业务协同空间，推动了行业生态进阶。区块链将从产品溯源、存证、供应链金融、金融科技服务、用户隐私保护、监管审计等多角度重构产业链生态。

区块链有望在实体经济全产业链各环节发挥积极作用，推动数字经济发展。目前，核心企业与各级供应商之间存在一些供应链金融服务、存证、业务在线协同、金融科技等方面的痛点，用户则更关注产品溯源、个人隐私保护、金融科技创新等，监管审计、司法仲裁更是市场经济健康运行的底线。区块链打造的信用价值网络，正是解决以上相关问题的关键。将区块链和智能物联网技术相结合，全面实现线上数据、线下产品的深度绑定，在全产业链各环节发挥关键作用，推动产业生态进阶。

随着防伪追溯融入商品服务质量评价体系，区块链防伪溯源将逐步成为商品服务全产业链的标配。在金融方面，区块链安全、透明及不可篡改的特性将重构金融体系的成本与业务灵活性。从供应商角度来看，区块链解决方案可以降低获客、数据获取等运营成本，实现利润规模增加。供应链全链条涉及多个厂商以及用户等的数据，一方面数据隐私保护受各方的重视，另一方面，监管和审计的需求对产业链数据协同也提出了新的要求。数据隐私保护与监管和审计同样都是产业链协同的关键环节,利用区块链的加密和互信特征,可以完成数据确权、捍卫数据市场要素的价值。将区块链融合到全产业链中,能够降低成本、提高效率,未来将区块链应用在实体经济全产业链中具有重大意义。

3. 数据要素市场建设

随着数据驱动的数字经济时代的来临,数据要素地位空前提升,成为与土地、劳动力、资本、技术并驾齐驱的生产要素,更成为数字经济时代的关键要素。当数据成为一种新型生产要素,发展和建设数据要素市场,对释放数据红利、推动我国经济高质量发展具有重要战略意义。数据要素市场就是将尚未彻底由市场配置的数据要素转向由市场配置的动态过程,其目的是形成以市场为根本调配机制,实现数据流动的价值或者数据在流动中产生价值。数据要素市场化配置是建立在明确的数据产权、交易机制、定价机制、分配机制、监管机制、法律法规等保障制度的基础上的。

目前数据要素市场处于快速发展阶段,以数据采集、数据存储、数据加工、数据流通等环节为核心的数据要素市场增长尤其迅速。但是,数据在流通过程中存在数据隐私保护、数据权属需要准确界定、非法交易等问题,融合区块链技术可以解决这些问题。

区块链借助密码学、共识算法和分布式存储等技术,通过数据的公开透明、不可篡改与集体维护等措施,促进信任机制。这有助于数据要素更合理地流动和配置,从而服务于经济和社会。另外加密技术确保了数据隐私不被泄露,数据分布式存储更安全,更能满足对未来市场变化迅速做出反应的要求。

区块链在数据流通中构建数据映射和确权体系,为数据生成唯一的数字身份,所有数据在分布式协作网络中的流动均使用数字身份进行明确的确权。区块链可将数据资产封装为可上链的数据对象,通过唯一的赋码机制确保资产唯一性,为每一个数据资产确权。数据资产在流转过程中可能发生合并、拆分,区块链技术则可以确保权属的连续性和可追溯性。

区块链可实现数据共享平台全流程管理与检测,对各参与主体进行身份管理,为数据共享平台各环节的履职与追踪提供数据证据。区块链还基于分布式的架构,实现数据的多方存储与维护,防止技术上、人为上的数据干预风险,保证数据共享平台对数据监督的有效性与客观性。

在数字经济时代,数据要素交易流通对于企业数字化转型尤为重要,是企业完成产业数字化升级必不可少的一个过程。数据要素市场建设处于高速发展阶段,未来,区块链在数据要素市场建设中将拥有广阔的发展空间以及应用价值,同时也将给各行各业数字化带来强大的技术支撑。

10.3 本章习题

10-1 概述目前工业区块链面临的挑战有哪几方面?

10-2 工业区块链在技术方面的发展尚存哪些瓶颈?

10-3　区块链的互操作性体现在哪些方面？
10-4　工业互联网在平台应用的安全性方面有哪些挑战？
10-5　隐私计算出现的背景是什么？
10-6　隐私计算面临的难题有哪些？
10-7　区块链与边缘计算相结合的优势是什么？
10-8　区块链如何解决数字资产中确权问题？
10-9　数据要素市场建设的意义是什么？

参考文献

[1] 韩彬. 我国新型工业互联网发展现状及探索 [J]. 江苏科技信息, 2020, 37 (9): 41-43.

[2] 曾诗钦, 霍如, 黄韬, 等. 区块链技术研究综述: 原理、进展与应用 [J]. 通信学报, 2020, 41 (1): 134-151.

[3] 邓苍川, 龙远朋, 周圣. 区块链技术在工业互联网领域的应用综述 [C] // 中国通信协会. 2020 中国信息通信大会论文集 (CICC 2020). 北京: 人民邮电出版社, 2020: 162-165.

[4] 徐强. 工业区块链: 通往未来工业的金钥匙 [J]. 浙江经济, 2020 (6): 42.

[5] 毕丹阳, 刘东坡, 李海花, 等. 工业区块链应用态势、挑战及对策研究 [J]. 通信世界, 2021 (20): 32-34.

[6] 中国信息通信研究院. 工业区块链应用白皮书 [Z]. 2019.

[7] 中国信息通信研究院. 区块链白皮书 [Z]. 2021.

[8] 蔡晓晴, 邓尧, 张亮, 等. 区块链原理及其核心技术 [J]. 计算机学报, 2021, 44 (1): 84-131.

[9] 张亮, 刘百祥, 张如意, 等. 区块链技术综述 [J]. 计算机工程, 2019, 45 (5): 1-12.

[10] 曹傧, 林亮, 李云, 等. 区块链研究综述 [J]. 重庆邮电大学学报 (自然科学版), 2020, 32 (1): 1-14.

[11] 贺海武, 延安, 陈泽华. 基于区块链的智能合约技术与应用综述 [J]. 计算机研究与发展, 2018, 55 (11): 2452-2466.

[12] 韩璇, 刘亚敏. 区块链技术中的共识机制研究 [J]. 信息网络安全, 2017 (9): 147-152.

[13] 刘懿中, 刘建伟, 喻辉. 区块链共识机制研究: 典型方案对比 [J]. 中兴通讯技术, 2018, 24 (6): 2-7.

[14] 郎芳. 区块链技术下智能合约之于合同的新诠释 [J]. 重庆大学学报 (社会科学版), 2021, 27 (5): 169-182.

[15] 陈龙. 基于区块链的轻量级 SDN 应用层研究 [D]. 杭州: 浙江工商大学, 2019.

[16] 柏亮. 区块链技术在工业物联网的应用研究 [J]. 网络空间安全, 2018, 9 (9): 87-91.

[17] 工业互联网产业联盟. 工业区块链应用白皮书 [Z]. 2019.

[18] 黄廷磊, 邓松, 张姿, 等. 工业区块链技术进展 [J]. 广西科学, 2021, 28 (4): 331-340.

[19] 杨乐, 李萌, 叶欣宇, 等. 融合边缘计算与区块链的工业互联网资源优化配置研究 [J]. 高技术通讯, 2020, 30 (12): 1253-1263.

[20] 黄忠义. 区块链技术在工业互联网平台安全领域探索应用 [J]. 网络空间安全, 2018, 9 (10): 22-25; 33.

[21] 谢家贵, 李海花. 区块链与工业互联网协同发展构建新基建的思考 [J]. 信息通信技术与政策, 2020, 46 (12): 38-45.

[22] 于秋雨, 卢清华, 张卫山. 基于区块链的工业物联网联邦学习系统架构 [J]. 计算机系统应用, 2021, 30 (9): 69-76.

[23] 于建秋, 刘荣, 张宾, 等. 基于工业互联网的区块链技术应用研究 [J]. 物联网技术, 2021, 11 (2): 101-105.